KB154169

가상과 사건

V 아우또노미아총서53

가상과 사건 Semblance and Event

지은이 브라이언 마수미
옮긴이 정유경
펴낸이 조정환
책임운영 신은주
편집 김정연
디자인 조문영
홍보 김하은
프리뷰 이도훈

펴낸곳 도서출판 갈무리 **등록일** 1994. 3. 3. **등록번호** 제17-0161호
초판인쇄 2016년 7월 17일 **초판발행** 2016년 7월 22일
종이 화인페이퍼 **출력** 경운출력 **인쇄** 예원프린팅 **제본** 일진제책

주소 서울 마포구 동교로18길 9-13 [서교동 464-56]
전화 02-325-1485 **팩스** 02-325-1407
website http://galmuri.co.kr **e-mail** galmuri94@gmail.com

ISBN 978-89-6195-140-1 94160 / 978-89-6195-003-9(세트)
도서분류 1. 철학 2. 미학 3. 문화이론 4. 문화연구 5. 예술 6. 인문비평

값 20,000원

이 도서의 국립중앙도서관 출판예정도서목록(CIP)은 서지정보유통지원시스템 홈페이지(http://seoji.nl.go.kr)와 국가자료공동목록시스템(http://www.nl.go.kr/kolisnet)에서 이용하실 수 있습니다.(CIP제어번호 : CIP2016017086)

Brian Massumi

가상과 사건

활동주의 철학과 사건발생적 예술

Semblance and Event
Activist Philosophy and the Occurrent Arts

갈무리

일러두기

1. 이 책은 Brian Massumi, *Semblance and Event: Activist Philosophy and the Occurrent Arts* (Cambridge, Massachusettes: MIT Press, 2011)을 완역한 것이다
2. 인명, 도서명 등은 필요한 경우 한 번만 원어를 병기하였다.
3. 외래어로 굳어진 외국어는 표준 표기대로 하고, 기타 고유명사나 음역하는 외국어는 발음에 가장 가깝게 표기하였다.
4. 단행본 · 전집 · 정기간행물 · 보고서에는 겹낫표(『』)를, 논문 · 논설 · 기고문 등에는 홑낫표(「」)를 사용하였다.
5. 지은이 주석, 옮긴이 주석, 편집자 주석은 같은 일련번호를 가진다. 옮긴이 주석에는 [옮긴이], 편집자 주석에는 [편집자]라고 표기하였다.
6. 원서에서 이탤릭으로 강조한 것은 고딕체로 표시하였다. 원서에서 첫 글자를 대문자로 써서 강조한 것은 진하게(볼드) 표시하였다.
7. 역자가 의미를 보충하기 위해 쓴 말은 [ ] 안에 넣었다. 저자의 대괄호는 〔 〕로 표기했다.

에린과

무한의 생명을

:: 한국어판 지은이 서문

『가상과 사건』은 『가상계』[1]의 속편으로 읽힐 수 있다. 전자는 후자를 추동했던 중심적인 질문으로 되돌아간다. 우리는 경험의 강도를 어떻게 설명할 수 있는가? 각각의 지나가는 경험을 물들이며 그 순간에 살아 있다는 것이 어떤 것인지 독창적으로 표현하는 유일무이하고 환원 불가능한 성질을 우리는 어떻게 설명하는가? 가치, 경험이 우리 생명의 펼쳐짐을 위해 자신을 주장하게 되는 그 순간을 산다는 느낌의 가치를? 그 가치가 개인 경험의 프라이버시를 초월하여 다른 이들과의, 그리고 우리 자신 너머 세계와의 교전으로 확장된다는 (혹은 차라리 그것을 언제나 이미 포함하고 있다는) 것을 어떤 식으로 이해할 수 있을까? 이 질문은 위의 책들이 공유하는 기획을 미학적인 것과 정치적인 것의 교차로에 위치시킨다. 미학적인 것은 경험의 특이한 성질들이 구성되고 표현되는 방식들을 고려하며, 정치적인 것은 어떻게 개인들이 그들이 함께 거주하는 세계를 집합적으로 귀하게 여기고 능동적으로 보살피는지(또는 그렇지 않은지)를 고려한다. 두 권의 책은 미학적인 것과 정치적인 것을 동시에 사유하고자 애쓴다. 이 기획은 작동 중인 사유와 느낌으로의 통합적인 미학적-정치적 접근이다.

그러나 이 두 권의 책에서 질문을 형성하는 방식에는 중요한 변화가 있다. 『가상계』는 구체적인 것의 문제에서 출발했다. 20세기를 관통하는 외침이 있었다. "사물 그 자체로!" 강도는 찬란한 구체성을 지닌 사물들에 재접속하고 있음이 발견되었다. 추상적인 것은 의심스러웠다. 그것은 소외시키고 죽이는 것으로 여겨졌다. 이러한 태도는 통상 추상적인 것과 이성을 등치시킨 결과였다 — 혹은 차라리 이성의 지배, 즉 이성이 구체적인 것의 범주화를 제한하고 판단의 체계를 밀어붙이도록 강제한 결과였다. 『가상계』는 이러한 패러다임 너머로 나아가고자 했다. 다른 방식으로 바라본다면 추상은 죽이는 것이 아님을 이 책은 지적했다. 사실 사물의 생생함이 그 자체로 일종의 추상이 아닌가 하는 논란이 있을 수 있다. 신체는 그것의 퍼텐셜로 살며, 그 퍼텐셜은 더는 존재하지 않는 것에서 흘러나와 아직 존재하지 않는 것을 예고하기 때문이다. 이성은 추상적인 것을 규정하는 한 방식이다. 그러나 그것이 생명의 강도를 해석하거나 길러 내는 것을 목적으로 한다면 이는 자멸적인 방식이다. 거기에는 잠세적인 것이 없기 때문이다. 거기에는 각각의 순간이 그것이 완전히 구체화할 수 있는 것 훨씬 이상으로 자신을 채우는 방식이 없다. 생명이란 그 이상에 대한 약속이 아니라면 무엇이겠는가? 모든 체험된 순간은 당도하는 순간 다음으로 흘러넘치고, 그다음의 퍼텐셜을 이미 어떤 식으로 함유하고 있지 않은가? 추상적인 것을 추상하는 다른 방식은 퍼텐셜의 존재이다. 즉 현재 속에 이미 있는 미래-과거는 언제나 현재를 넘어서며, 이것은 아직 더-도래할 것의 실재성이다. 『가상계』는 이런 의미에서 추상을 구체적인 것을 넘어서는 것으로 긍정한다. 생명이 여하한 주어진 순간에 취하는 특수한 형태를 가차 없이 넘쳐 나와 모든 단계에서 새로운 형태를 취할 그 퍼텐셜을 표현하는 방식으로 긍정하는 것이다.

『가상과 사건』은 이 지점에서 (생명의 흐름이라는 운동과 하나인) 추상의 체험된 실재성이라는 동일한 물음에 새로운 관점을 부여한다. 현재가 그 자신 안에, 당장의 생명-이상의-것의 긴급한 강도 속에 미래의 퍼텐셜을 지니고 있다면, 이 생생함의 과잉 자체가 취할 수 있는 형태가 있는가? 우리는 그것을 보는가? 느끼는가? 그것의 실재성의 양태는 정확히 무엇이며, 우리는 그것을 어떻게 아는가? 달리 말해서 퍼텐셜의 존재는 어떤 형태로 자신을 드러내는가? 퍼텐셜의 존재는 그것이 이미 그리고 거듭해서 넘어서지 않는 현재 속에서 어떻게 우리에게 나타나는가?

『가상과 사건』이라는 제목에서 "가상"은 이것을 가리키는 명칭이다. 그것은 시점의 역전을 나타낸다. 『가상계』에서는 언제나 구체적인 것의 관점에서 추상적인 것에 접근했다. 구체적인 것은 추상으로 열렸다. 들뢰즈의 표현을 빌자면, 문제는 "사물들을 산산조각 내" 표현에 대한 그들의 퍼텐셜을 여는 것이었다. 『가상과 사건』에서는 추상적인 것과 더불어 분석이 시작된다. "상황의 구체성에 비추어 볼 때 추상적인 것의 위상은 무엇인가?"라고 묻는 대신에 질문은 "직접적으로 나타나는 추상의 힘을 담고 있다는 점에서 구체적인 것의 위상은 무엇인가?"가 된다. 요컨대 구체적인 것의 본성 자체가 문제가 되는 것이다. 사물을 구성하는 것이 무엇인가 하는 질문은 그것의 추상적 실재성의 관점에서 제기되며, 우리가 구체적인 것의 위상을 상상하는 방식에 대해 광범위한 중요성을 지닌다. 구체적인 것과 추상적인 것의 대립을 여전히 방어할 수 있을까? 그들이 서로 겨루게 하는 것이 여전히 말이 될까? 그렇지 않다면 우리는 사물들에 대한 감각을 다시 형성하고, 무엇보다 그들의 추상의 힘을 위해 그들을 포용해야 하지 않을까? 사물이란 결국 그들이 한시적으로 표현하는 추상의 힘일 뿐이지 않은가? 『가상과 사건』에서 이 질문은 알프레드 노스 화이트헤드의 과정 철학과의 지속적인 교전으로 이어지면서, 동류인 질 들뢰즈의 사유에 초점을 두었던 『가상계』를 보충한다.

여기서 쟁점이 되는 것은 **체험된 추상**임을 잊지 말아야 한다. 추상은 더는 강도적으로 느껴짐에 반대되는 단순한 사유로 이해되지 않는다. 반대로 그것은 느낌, 즉 지나가면서 현재를 알리는 미래성의 느낌**으로서** 이해된다. 좀 더 정확히 그것은 순간의 핵심에서 **관계성**을 표현하는 그 느낌이다. 즉 순간의 기여적 요소들을 도래하게 될 것의 기능으로서 서로 관계 짓는 것이며, 현재의 순간이 그 자신의 직접 과거 그리고 넘어섬과 맺는 관계이다. 체험된 추상으로서 가상은 유아론적으로 사유에 빠진 주체의 반영이 아니다. 그것은 관계적으로 변화에 빠져 있는 세계의 반영이다.

이 책의 요점은 가상에 해당하는 사고-느낌, 관계적 변화에 대한 직접적 느낌의 형태로 도래하는 이 사고가 생명과 분리 불가능하다는 것이다. 사고-느낌은 그것이 그 자체를 넘어서게 도와주는 생명의 운동과 하나이며, 그 자체의 퍼텐셜을 실연하는 생명과 하나이다. 이 생명의 운동은 도래할 것이 현재적으로 어떻게 나타나는지를 고려한다는 점에서 사변적이다. 그러나 본질적으로 동작적인 이 사변은 철저하게 실용적이다. 즉 언제나 작동-중이다. 세계에 대한 미학적-정치적 해석은 사변적 프래그머티즘으로서 철학의 실천을 요구한다. 사변적 프래그머티즘의 추상을 체험한다는 것이 어떠한 것이며, 그것이 어떤 결과를 가져올 수 있는지에 대해 함께 배워야 할 질적, 관계적 긴급성을 이 책이 어느 정도 분명하게 표현할 수 있었기를 바란다.

차례

서론

활동주의 철학과 사건발생적 예술

무엇인가가 일어나고 있다.[1] 그것까지는 우리가 이미 알고 있다. 무엇인가 벌어지고 있다. 할 수 있는 한 관찰자로서의 거리를 유지하려고 해도 우리는 그곳에, 즉 한가운데 있는 것이다. 그곳에서 사건이 벌어진다. 철학적 사유는 여기서, 그러니까 가운데에서 직접 시작되어야 한다.[2]

모든 직접성immediacy 가운데 있는 것은 "활동의 경험"이다.[3] "근본 개념은 활동과 과정"[4]이다. "단순한 활동bare activity이란[5] 사건이나 변화의 단순한 사실"[6]이다.

단순한 사실, 그곳에서 철학만이 아니라 모든 것이 시작된다. "활동과 변화"는 "사태"the matter of fact [7]이다. "'변화가 일어남'은 경험의 유일한 내용이다."[8] 경험의 그 유일한 내용은 "활동이란 가장 넓고 가장 모호한 의미에서 생명과 동의어이고……어떻게든 존재한다는 것은 능동적이 된다는 것이며……우리는 능동적일 때만 존재한다"[9]는 것이다. 삶에 대해 생각하기 시작하려면 우리는 생명의 활동주의적activist 의미에 거리를 두지 말고 가운데서 시작해야만 한다. 그 언제나 "진행 중인"[10] 가운데의 직접성에서.[11]

화이트헤드가 생명의 직접성에 거리를 두지 않는 자신의 활동주의 철학에 사용한 용어는 "과정 철학"이다. 화이트헤드에게 활동은 사건이나 변화와 마찬가지로 생명의 동의어이며, 그 이상의 개념을 수반한다. "잠세성potentiality [12]의 개념은 과정의 개념을 받아들이는 순간 실존에 대한 이해에 필수적인 것이 된다……직접성은 과거의 잠세성들의 실현이며, 미래의 잠세성들의 보고이다."[13] 어떻게든 존재한다는 것은 "퍼텐셜[잠세적인 것]에서 현실적인 것으로의 변형"[14]으로 이루어지는 "새로움의 생산"에서 능동적이 되는 것이다. 활동주의 철학의 출발지인 "불안정의 원리"principle of the unrest [15]에는 새로운 것의 생산으로서 잠세적 질화 과정의 개념이 필요하다. 그것은 한마디로 "생성"[16]이다.

" '창조성'은 새로움의 원리이다."[17] 존재한다는 것은 애초에 능동적으로 창조적이 된다는 것이다. "이해 가능한 것으로서의 과정에는 계기occasion의 본질 자체에 속하는 창조적 활동의 관념이 포함되어 있다." 퍼텐셜에서 현실적인 것으로의 변형은 "자기창조의 과정이다." "이와 같이 진행되는 변형에 자기향유의 직접성이 들어 있다."[18]

다시 처음부터 — 즉 한가운데서in the midst — 시작하는 단순한 제스처는 개념들의 빠른 폭포수로 이어졌다. 개념들은 무엇인가 일어남에서 시작해 활동의 단순한 사실로, 그곳에서 사건과 변화로, 그러고는 퍼텐셜과 새로움의 생산으로, 생성으로서의 과정으로 도래한다. 즉 생성으로서의 과정은 창조적 활동일 뿐 아니라 **자기창조**self-creation임이 드러난다. 나아가 자기창조는 "향유된다."enjoyed 우리가 의심해도 좋을 어떤 것으로 들어가는 불안의 소용돌이 원리는 미적 평가, 즉 창조성의 향유와 다르지 않기 때문이다. 이것은 어떻게 "거리를 두지 않는가?" 이것은 어떻게 직접적인가? 그것은 그저 자기반성을 의미하지 않나? 자기반성은 세계에 대한 관조적 거리라고 하는 사치를 의미하지 않나? 그것이 바로 우리가 그 불안의 가운데서 늘 부딪히게 되는 단순한 활동주의의 사실에 의해 배제되는 것이 아닌가? 경험의 직접적 "자기향유"self-enjoyment, 그 모든 계기의 "본질 자체에 속함"의 역설은 철학에 대한 이 접근이 그 개념들을 결부시킨 복잡한 매듭이다. 그것은 특정한 이중성duplicity을 바로 그 사고와 세계의 심장부에 새겨 놓는다.[19]

이중성은 사실 직접성의 산물이다. 요컨대 경험의 각 계기는 그 고유한 활동이 아니라 이미 진행 중인 활동 가운데서 그 자체가 된다고 하는 것이다. 도래하는 사건은 세계 주변의 많은 "일반적 활동"을 취해 그것을 그 자신의 "특수한 활동"으로 선별적으로 보낸다.[20] [도래하는 사건의] 특수한 활동은 그 사건이 자신이 정점에 도달하게 될 새로운 변화를 향하여 특이한 방식으로 발생하는 것이다. 이 발생의 정점에서 그것이 대체 어떤 계기일지 정리되기 이전에, 이미-주변에서-일어남과 새롭게-발효함 사이에는 미결정의 첫 순간이 있다. 경험의 계기가 갖는 이 "일차적 위상"primary phase은 과정 철학에서 중추적으로 고려되는 단순한 활동의 중간 순간이다. **단순한 활동**이란, 사건의 막-유발되기-시작함이, 그것이 창조적으로 뒤에 남겨 놓아 곧 사전적 배경 활동이 될 그것의 새로움으로 도래하는 것이다. 막-시작함은, 현행-세계의 일반적 활동 그 "이상"이 도래하는 사건의 특이성이 되는 지점에 있다. 모든 사건은 특이하다. 거기에는 그 사건을 단계적으로 그 나름의 정점으로 가져가는 포물선이 있다. 그것은, 다른 사건은 정확하게 이와 같은 방식으로 가질 수 없는 역동적 통일성이다. 계기의 통일성은 포물선을 이루며 펼쳐지는 위상들이 동일한 사건에 속하면서 함께 유지되는 바로-이런-방식이다.

이 모든 것은 느껴진다. 세계의 일반적인 항상-계속됨의 사전적 상태인 그 이상moreness으로부터 그-자체로-도래함도, 바로 이와 같은 특이한 방식으로 정점을 향해 포물선을 그리는 위상들의 함께-유지됨이라는 통일성도 모두 느껴진다. 현재 일어나고 있는 활동 이상의 것에 대한 세계의 일반적 느낌, 그리고 특수하게 도래하는 활동의 특이한 느낌은 경험의 발생이 갖는 직접적 차원들이다. 그것들은 과정의 이중적 직접성이다.

첫 번째 차원 — 경험이 그 자체의 도래하는 활동 이상의 것에서 막-유발되기-시작함 — 은 사건의 발생이 가지는 **관계적** 차원이다. 그것은 자신보다 큰, 활동의 세계에 직접 참여한다는 관점에서 사건이다. 한가운데서 도래하는 경험의 이 단순한 활동은, 그 말의 어떤 의미로 지각되어야만 한다. 그렇지 않으면 그것은 결과적으로 아무것도 아니게 될 것이다. 효과적으로 무엇인가-벌어짐으로 존재한다는 것은 느껴진다는 것, 즉 (**결과적**으로만[**효과로**서만]) 등록한다는 것이다. 단순한 활동은 그것이 이제 막 도래하고 있는 경험의 문지방에 자리하고 있을지라도 어떤 식으로 유효하며 느껴지는가 하는 것이 이 책 전반에 걸친 중심적인 질문이다. 그것은 모든 논의에서 고심하게 되는 물음으로, 단순한 활동이라는 단어가 그 자체로 등장하지 않는 곳에서마저 그렇다. 그것은 모든 곳에서 그것이 언제나 있는 곳, 즉 정점에 이미 있다.

두 번째 차원 — 단순한 활동으로부터 나와 그대로 그 자체가 되는 경험 — 은 사건의 발생이 갖는 **질적** 차원, 즉 그것의 이와 같음thusness이다. 이것은 사건이 자신을 유지하는 특별함에 대한 사건의 직접적 향유로서 등록된다. 이때 사건은 그것이 이제 하게 될 바로 그러한 방식으로 자신을 유지한다. 이것은 느껴지지 않을 수 없다. 사건의 각 위상은 어떻게든 그 이전 위상에 대한 관련성을 지각함으로써, 이전 단계의 모멘텀을 그 자체의 펼쳐짐으로 집성해야 한다. 그렇게 하는 동안에도 그것은 이미 사건 발생의 운동량을 중계하게 될 뒤에 이어질 위상을 예견하고 있다. 발생의 위상들은 느껴지는 생성의 포물선을 따라 서로 중계하면서 겹쳐진다. 겹쳐짐과 중계 속에서 그것들은 동일한 사건 속에서 자신들의 상호 포함을 공통-지각한다co-perceive. 그것들은 자신들이 공통-발생co-occurrence 안에서 서로에게 속함을 함께-느낀다. 이런 경우가 아니라면 그들의 다양체multiplicity는 "하나"의 사건을 이루지 않을 것이다. 그 사건은 하나로서 함께 유지되지 않을 것이다. 그것은 역동적 통일성을 결여하게 될 것이다. 그것은 정점에 특이하게 도달하기 전에 소멸할 것이다.

사건의 질적 차원은 그것이 현재의 펼쳐짐의 직접성 안에서 어떻게 벌어지고, 함께-느껴지는가 하는 것이다. 지금-어떻게how-now. 사건의 질적인 지금-어떻게는 그것이 그 자체에 참여하는 데 대해 갖는 느낌이다. 이는 펼쳐지는 사건의 **자기관계**에 대한 느낌이다. 사건의, 그 자체의 생성에 대한 이런 "자기향유"가 반성의 한 형식이라면 그것은 단지 사건으로부터 거리를 두지 않을 뿐이 아니라, 그 발생의 본질적 요인이기도 하다. 사건이 그 자체를 완수하는 것은 그것이 이런 포물선의 직접적 방식을 "향유하기" 때문이다. 그리고 사건이 자기창조적인 것의 자격을 얻게 되는 것은 그것이 그 자체를 완수하기 때문이다.

화이트헤드의 과정철학이 중추적으로 고려하는 이중성은, 사건을 이렇듯 공통-발생하는 관계적 질적 차원들로, 구성적으로 이중화하는 것이다. 윌리엄 제임스 특유의 활동주의 철학 — "근본적 경험론"radical empiricism — 은 동일한 이중성에서 영감을 얻은 것이다. **근본적 경험론**의 기본 교의는 경험된 모든 것은 어떤 점에서 실재적이며 실재적인 모든 것은 어떤 점에서 경험된다는 것이다. "변화가 일어남"이 정말로 세계의 기본적인 사태라면 근본적 경험주의자는 "변화 자체가…… 직접 경험된다"고 여겨야 한다.[21] 제임스는 변화의 경험을 관계로 논한다. 이접적disjunctive 관계들은, 최초의 "의사-혼돈"을 능동적으로 "넘어서" 그 나름의 방향을 잡고, 완전히 독자적인 방식으로 고유의 분리된 효과로 향하는 그 운동을 "끝내는" 하나의 경험을 수반한다.[22] 이접은 생성의 문지방을 가로지르는 독립적 전이transition이다. 통접적conjunctive 관계는 생성의 전이하는 연속성이다.[23] 통접적 관계는 상호 간에 넘어간 문지방의 전과 후가, 동일한 사건 속에서 서로를 동일한 사건의 "맥박들"로서 포함하는 방식이다. 통접적이고 이접적인 관계는 둘 다 변화를 고려한다. 근본적 경험론의 관점에서 그 둘은 모두 실재적이며 직접 경험된다.

이접적 관계들은 세계에서 활동의 일반적 조건인 의사-혼돈적 무엇이-벌어짐에 참여하는 최초의 조건으로부터 초래되는 자기와-거리두기self-distancing로 느껴진다. 통접적 관계들은 종종 저항과 장애로 점철된 문지방들을 가로질러 연속되는 하나의 "경향" 또는 "분투"이다.[24] "'활동'이라는 말에 포함된 내용으로서 상상할 수 있는 것은 오로지 과정, 혹은 장애, 분투, 압박, 해방의 이런 경험들뿐이다." 이것들은 "궁극적 특질들"ultima qualia[25]이다. 이접적 관계들을 통접적 관계들에 대립시키는 것은 인위적이다. 경험의 각각의 계기에 어떻게 둘 모두가, 즉 사전적 참여의 이접적 초래와 그러한 분리로 인해 가능해진 계속해서-가로지르는 특질이 수반되지 않을 수 있겠는가? 압박, 장애, 저항은 자기창조에서 경험의 단 한 "방울"을 둘러싼 대양적 무엇이-벌어짐의 의사-혼돈적 다자성many-ness의 연속된 형성적 압력을 나타낸다.[26] 단순한-능동적 관계의 내입ingressions은 사건을 맥박 치게 하고, 그러면서 그 이후의 위상화를 변조한다. 모든 사건은 "일자성과 다자성으로 가득한" 과정의 질적-관계적 경제이다.[27]

> 연속성과 불연속성은 직접적 느낌을 절대적으로 조정하는 문제이다. 통접은 구별과 이접만큼이나 "사실"의 시원적 요소이다. 어떠한 행동이 나에게 이 경과하는 순간이 내 삶의 새로운 한 맥박이라고 느끼게 한다면 또한 그와 동일한 행동으로 인해 나는 옛 삶이 그것으로 연속됨을 느끼고, 그러한 연속성의 느낌은 결코 새로움의 동시적 느낌을 거스르지 않는다. 그것들 역시 조화롭게 서로를 관통한다.[28]

활동주의 철학의 핵심에 자리하는 관계적-질적 이중성은 이분법적이 아니라 차이생성적이다. 그것은 활동에 있어 동시 발생하는 차이들에 관한 것이며, 그들 사이에서 일이 벌어진다. 그런 — 그들의 차이생성을 같은 것으로 간주하거나 삭제하지 않는 — 차이들의 함께-

도래함coming-together은 형성적 힘을 구성한다. 도래하는 경험은 이 힘을 그 발생에 끌어들이고, 그 고유한 경향으로서 전용하는 맥박을 제공한다. 그 활동의 차이생성은 절대 지워지지 않지만, 그것들은 "상호 관통"하여 "조화로운" 결과를 낳는다. 그 차이들은 그것들이 상이하게 함께 되는 방식에서 초래된 통일성의 단일한 효과를 그들 사이에서 공통-구성한다co-compose. 행위와 경험의 통합 – 자기향유하는 발생의 역학적 통일 – 은 그것들의 충동적 차이로부터 나온 활력적 유희에서 출현한다.

이분법이 아니라, 그 한가운데서 활동주의 철학이 시작하는 관계적 질적 이중성이 발생의 동시적 방식들 사이의 공통-구성 원리이다. 원리로서 그것은 특히 서구 철학이 사로잡혀 있는 전통적 이분법들을 무력화시키도록 설계된다. 관여된 차이생성은 이를테면 주체-대상의 이분법 위에 씌워질 수 없다. 이중성은 활동과 그 안에서 웅성대는 새로움이 나타나는 퍼텐셜을 고려한다. 퍼텐셜도 활동도 대상-같지 않다. 그것들은 대상-같기보다는 ("에너지"의 물질성이나 사건을 활성화하는energize 데 수반되는 인과성의 양태들에 대해 전제된 것이 없다고 할 때) 활력적이다. 그것들이 암시하는 기본적 범주가 단지 그것, 즉 발생이기 때문이다. 그것은 대상도 주체도 아닌 사건이다.

활동주의 철학은 발생적인 것을 강조한다는 점에서 근본적으로 **비대상 철학**nonobject philosophy이 된다. 들뢰즈는 "변화alteration의 사건"이 "한 사물의 본질 또는 실재와 마찬가지"라고 말함으로써 활동주의 철학의 주름으로 들어선다.[29] 이것은 달리 말하면 사물의 발생의 새로움 외에 그 사물의 본질이나 실체는 없다는 것이다. "사실 나는 오랜 세월을 사건이라는 이 관념에 대해 글을 써 왔다. 알다시피 나는 사물들을 믿지 않는다."[30] 그는 과정으로서의 세계를 믿는다.[31] 화이트헤드도 상당히 비슷한 생각을 하고 있다. "뚜렷한 대상이 반드시 있어야 사건이 성립하는 것이 아니다. 어디서든 언제든 무엇인가가 일어나고 있으며, 거기에 사건이 있다."[32] 자연 자체가, 과정의 세계가 "지나가는 사건들의 복합체이다."[33] 세계는 대상들의 총합이 아니다. 세계를 그런 식으로 보는 것은 이행passage으로서의 자연의 복합성에 대한 환원적 추상에 참여한 것이다.[34] "사물들을 믿지 않는" 것은 대상들이 과정의 파생물들이라는 것을 믿는 것이며, 그것들의 출현은 추상적 활동의 구체적 양태들이 초래하는, 이행하는 결과라는 것을 믿는 것이다. 이는 대상들의 실재성이 실재적인 것의 범위를 철저하게 다루는 것이 아님을 의미한다. 세계의 실재성은 대상들의 그것을 넘어서는데, 이는 대상들이 있는 곳에는 또한 그것들의 생성이 있었다고 하는 단순한 이유 때문이다. 그리고 생성이 있는 곳에는 이미 더 올 것이 있다. 한 대상의 존재는 그것의 생성으로부터 추상된 것이다. 세계는 사물들의 보물뽑기 주머니가 아니다. 그것은 언제나-싹트고-있다. 세계를 하나의 대상 틀로 지각하는 것은 그것의 싹트는 실재라는 더욱 넓은 범위를 무시하는 일이다.

활동주의 철학은 주관주의적 철학도 아니다. 그것은 하나의 주체를 전제하지 않으며, 다만 "무엇인가"가 일어날 뿐이다. 주체의 지위가 아니라 사건-활동으로 시작한다는 점에서 활동주의 철학은 근본적으로 비인지적 철학noncognitive philosophy이 된다. 인지주의적 접근은 무엇을 하고 있는지 묻는 대신 주체가 세계에 대해 무엇을 알 수 있는지 묻는다. 마치 주체란 그 자체로 이미 한가운데에 도래하는 것이 아니라 성찰적으로 물러서서 세계를 굽어보는 것이고, 극복하는 것은 철학의 과업이라는 듯이 말이다. 인지주의적 패러다임은 주체와 인식자를, 대상과 인식되는 것을 동일시한다. 화이트헤드는 거기서 시작하는 것은 잘못된 출발점에서 시작하는 것이라고 논평한다.[35] 제임스가 강경하게 주장하는 것처럼 주체-대상의 분리를 전제하는 것으로 시작한다면 그 분리가 심연으로 깊이 빠지는 것을 막을 길이 없다. 주체는 어떻게 분단을 넘어 반대편 "바깥에 있는" 객관성에 자신을 재부착할 수 있는가? 의혹은 커진다. 반대편이 없다면 어떻게 되는가? 모두 환영이라면? 데카르트는 자기 난로의 안전함 속에 웅크리고서 그의 신이 그를 위해 실재와의 접속을 제공할 때만 기어 나온다.[36] 덜 거룩하게 구워진 철학들은 심연을 줄타기하는 독창적인 방법들을 창안하거나, 아니면 그것이 거기 있다는 것을 부인하기 위해 뒤틀림을 거친다. 제임스가 보기에 이런 것들은 너무 큰 곡예에 이르게 된다. 본질적 분리는 인식자와 인식되는 것의 범주들이 주체와 대상 위에 덮어씌워지는 순간 전제된다. 그리고 그 뒤로 아무리 조종을 해도, 아무리 독창적인 곡예사라도 그것을 바로잡을 수 없을 것이다. 문제는, 아무리 비틀어도 앎은 여전히 주체에 있고, 알려지는 것은 여전히 반대편에 있다는 점이다. 그것들이 서로 관련되어 있다는 것을 무엇으로 보장할 수 있는가? 전적으로 확실하게 아무것도 없다고 제임스는 말한다.

알려진 해결책은 어느 것이나 교묘한 속임수이다. 인지주의 철학은 주체와 대상의 우아한 선을 밟을 것을 주장할 수 있지만, 그들이 실제로 하는 것은 깊은 골짜기를 가로지르는 "자기초월의" 마법적 비약에 덤벼드는 것이다.[37] 그들은 "비약"한다. 그것은 그들 자신이 전제한 것의 심연을 마법적으로 뛰어넘고자 하는 절박한 시도이다. 그렇지 않으면 형이상학적 마법 지팡이를 흔들어 그것을 사라지게 할 수 없다.[38]

활동주의 철학의 관점에서 철학은 인지주의의 문제를 극복해서는 안 된다. 최선의 접근은, 거기로 가지 않는 것이다. 인지적으로 가지 않는 데는 다만 약간의 변위displacement가 요청된다고 제임스는 설명한다. 주관적인 것과 객관적인 것을 경험의 부분들—과정의 맥박들—이 서로 연결되는 방식들로 여기라.[39] 인지주의 철학이 본질적 분리로 여겨 씨름하는 것을 활동주의 철학은 경험에 의한, 경험 속의, 그 자체의 "승계적 취함"successive takings으로 본다.[40] 여기에는 근본적 회의가 있을 수 없다. 할 수 있는 한 힘껏 회의하라, 그러면 우리가 한 모든 것은 경험이 자기형성적으로 스스로 그 자신으로 되돌아가게 하곤 하는 방식 중 하나를 확실히 보여 줄 것이다. 우리는 자신이 회의하고 있음을 발견했다—의심의 여지 없이 하나의 실재적 사건이다. 회의는 효과를 발휘했다. 우리는 막 결과적으로 회의하는 자가 된 것이다. 활동주의 철학은 전적으로 실재론적이다. 그것은 여하한, 그리고 모든 발효發效, takings-effect의 실재성을 긍정한다. 그것의 물음은 어떤 것이 실재적인지 아닌지가 아니다. 그것은 탈락시키거나 제거하기 위해 나서지 않는다. 오히려 그것은 과정의 어떤 측면들이 한 사건의 발효를 예시하는지 묻는다. 이러한 효과적 실재론은 심지어 전통적 공식에서 그토록 경계했던 주체/대상의 구별에도 적용된다.

활동주의 철학은 과정에 주관적인 것과 객관적인 것 사이의 이중성이 있다는 것을 부정하지 않는다. 그것은 양자의 실재성을 모두 받아들인다. 그것들을 부정하는 대신에 활동주의 철학은 그것들을 사건과 그 발효의 관점에서 재해석하고 다른 방식으로 긍정한다. 구체적으로, 그것들의 "승계적 취함"에서 사건 사이의 중계라는 관점으로 그것들을 이해하는 것이다. 이것은 사건들의 다양체를 내포하면서 주관적인 것과 객관적인 것의 문제를 근본적으로 시간의 물음으로 만든다. 주체와 대상의 문제를 붙들고 씨름하는 것은 다양체와 시간에 대한 활동주의 철학의 해석을 전개하는 한 가지 방식이 된다. 그 개념의 중심성은 활동주의 철학의 변화에 대한 강조에 처음부터 함축되어 있다.

활동주의 철학이 변화의 과정이라는 측면에서 주관적인 것과 객관적인 것을 긍정하는 방식은 과정이 형성적 이중성을 보여 준다는 것을 말하는 것이다. 이는 대상과 주체의 정의를, 앞서 과정의 공통-구성하는 차원들로 논의된 관계적-질적 이중성에 결부시킨다. 과정의 분리적/이접적 측면과 통접적/연속적 측면을 구분하는 것은 그러한 이중성에 대한 또 다른 해석이었다.

화이트헤드는 **활동**의 관점에서 객관성을 정의한다. 그것은 변화의 앞선 사건들에 의해 세계에 남겨져 온 것이며, 다음 사건에 의해 자기창조로 흡수하기 위해 계속될 수 있는 것이다. 대상은 어원적 의미에서 "여건"datum이다. 그것은 "소여", 즉 세계 안에서 이미 능동적으로 발견되는 것, 형성적으로 퍼텐셜로 여겨지는 것이다. "주체"는 이러한 과정의 잔여들의 한가운데에 처해 있는 것이며, 그것들을 자신의 고유한 형상을 갖추도록 세계가 선물한 퍼텐셜로서 취한다. "주체"는 그에 대해 어떤 사건이 발생하는, 선존재하는 어떤 것이 아니다. 즉 주체는 사건의 자기발생하는 형식이다. 경험의 한 계기의 역동적 통일성은 그 "주관적 형상"이다. 사실 "특정한" 주체"the" subject라는 것은 없다. **사건과 분리된 주체는 없는 것이다.** 있는 것은 그저 자신의 발생함에 종속된 사건뿐이다. 사건 자체는 주관적 자기창조이다. 말하자면 일어나는 변화의 이 특이한 자기향유의 지금-어떻게 이다.[41]

과정의 세계의 객관적 차원과 주관적 차원을 정의하는 이런 방식은 객관적인 것을 참여를 야기하는 관계의 정점에 위치시킨다. 어떤 경험의 객관성은, 경험의 도래하는 계기가 그 고유한 생성의 계기로 가기 위해 분리되어 들어갈 때 선별적으로 그 자신에게로 취하는 주변 활동의 양자quantum이다. 그와 같은 대상은, 도래하는 주체가 그것의 한가운데서-자신을-발견함에 선존재하지 않듯, 계기들 사이의 이런 중계에 선존재하지 않는다. 그것은 다음 계기의 생성에 의해 하나의 대상으로 **여겨진다**. 기존의 퍼텐셜은, 중계하는 경험이 그것의 발생으로 가는 경로를 느낌에 따라, 그것[기존의 퍼텐셜]이 결과적으로 취해지는 방식에 의해 객관적으로 결정된다. 객관적인 것은 바로 이 계기의 직접적 과거에 속한다. 그러나 그것은 그 계기의 근접한 미래에도 마찬가지로 직접 속한다. 도래하는 계기의 경과는 그 고유한 활동이 창조해 낸, 퍼텐셜을 포착하는 변화를 이어지는 경험들에 물려줌으로써 그 경험들이 자기창조적으로 취하게 할 것이다. 주관적인 것은 경과하는 현재이며, 계측적 시간의 한 지점으로서가 아니라 하나의 질적 지속으로 이해된다 — 그것은 생성의 한 "구간"을 구성하는 과정의 위상들 서로 간의 역동적 상호포함이다 (이것이 제임스의 "가상 현재"specious present이다).[42]

주관적인 것과 객관적인 것의 이런 정의는 인식자와 인식 대상의 과정적 정의를 위한 기초를 마련하지만, 그것에 직접 연결하지는 않는다. 기술적으로 말해서 활동주의 철학에서 경험의 끝은 그 시작을 알고 있다.[43] 경험의 자기창조하는 계기가 세계의 활동에 대해 궁극적으로 "아는" 모든 것은 그것이 어떻게 그 일부를 자신의 고유한 생성으로 취해 왔는가 하는 것이다. 이것이 정확히 "무엇"이 될지는, 생성이 여전히 과정 중에 있는 한 어떠한 불확정성indeterminacy을 유지한다. 어떤 경험이 "무엇"인가는 그것의 정점에서만 완전히 명확하다. 제임스에 따르면 인식자는 경험의 생성의 끝이다. 그가 "아는" 것은 그것의 시작으로, 이는 소급적으로 아는 것이다. 하나의 경험은 오직 그 절정에서만 — 이는 또한 그것이 "소멸하는" 순간이기도 하다 — 그것이 무엇이었는지 명확하게 안다.[44] 거기 있는 유일한 주체는 완전한 의미에서 "초월체"superject이다. 그것은 경험의 최고점에서 "느낌의 통일성의 최종적 특성화"이다.[45] "새로움으로의 창조적 진전"은 이미 일어나고 있는 활동의 의사-혼돈의 객관적 모호함으로부터 빠져나와, 세세하게 느껴진 최종적 충족에서 그것의 자신에 대한 향유를 주관적으로 "만족하게 하는" 경험의 최종적 명확

성으로 간다.[46]

'순수한'이라는 말은 이 책 전반에 걸쳐 반복될 것이다. 이 용어는 특히 인종에 관한 도덕적 우월성의 관습적 연합들에 대한 비판을 학습한 많은 독자를 분명 불편하게 만들 것이다. 이 말은 여기서 비관습적 의미로 사용되며, 제임스에게서 빌려온 것이다. "순수한"이라는 것은 출현적 경험의 단순한–능동적인 최초의 차오름을 가리키는 제임스의 수식어이다. 경험의 막–출현함은 그것이 "잠재적으로 주관적인 동시에 객관적"이라는 바로 그런 의미에서 순수하다.[47] 세계 속에서 활동의 일반적 진행은 아직, 이미 태동하고 있는 특수한 활동이 결정적으로 되게 될 것으로 자신을 정리하지 못했다. 도래하는 사건의 역동적 통일성은 여전히 작업이 진행 중이다. 그러한 형성 중인 역동적 통일성이 경험의 주관적 형식을 정의할 것이기 때문에 주체가 무엇이 될 것인가 하는 것은 열린 물음이다. 주체가 최종적 정의를 결여하고 있는 한 그 대상들이 결과적으로 무엇이 되어 있을지 또한 불확정적이다. 그 객관적 유산이 차후의 경험에 대하여 그러하듯 말이다. 현재 "주어진" 것은 결국 받아들여진 것으로 입증될 것이다. 결국, 잠세적으로 다시 받아들여지게 되는 것은 전해진 것이 될 것이다. 이런 맥락에서 순수하다는 것은 가치의 위계를 시사하지 않는다. 그것은 물음표를 던진다. 그것은 경험의 자기창조 활동이 그 과정의 역동적 맥박에서 무엇을 산출하는지에 대한 열린 물음을 설계한다. 그것은 경험의 자기창조하는 주체와 그 대상들이었던 것으로 입증될 것의, 만들어지는 가운데 함께하는 과정적 공–존co-presence을 나타낸다. "순수한" 경험은 조금도 축소되거나 저하되지 않는다. 그것은 차고 넘친다. 그것은 "잠재적으로 혹은 잠세적으로" 가득 차 있다.[48] 그것은 모든 경험이 그 시초를 발견하는 과정적 풍부함의 당혹함이다. "그것은, 어떤 종류의 무엇이든 될 준비가 되어 있지만, 아직 어떤 명확한 무엇도 아닌 어떤 것이다."[49] 화이트헤드의 용어로 이것은 "순수한 느낌"pure feeling이다. 그에게 철학이란 "순수 느낌 비판"에 지나지 않는다.[50] 앞으로 이 책에서 '순수한'이라는 단어가 쓰일 때면 독자들은 늘 주체와 대상의 관념, 그리고 그것들이 보통 삽입되는 인지의 패러다임과의 관계에서 활동주의 철학이 초래하는 변위에 대해 생각해야 할 것이다. 관건은 활동주의 철학이, 만들어지고 있는 경험의 풍요로움에 대한 존중에서 이를 한다는 사실이다. 이런 연유로 "순수한" 경험과 "날것의"raw 경험을 동일시하지 않는 것이 특히 중요하다.

"날것의" 경험은 언어에 의해 더럽혀지지 않은 전前문화적 은총precultural grace의 상태를 함의한다. 그것은 "전언어적" 에덴으로, 배움과 그것이 심어 주는 "고도의" 인지적 기능들에 의해 복잡해지지 않은 상태이다. 지금 여기서 다루어지는 개념은 이런 것이 아니다. 여기서 쓰이는 개념은 차라리 모든 "고도의" 인지적 기능들이 가운데로 되돌아오는 것이다. 그것들은 무엇인가가 다시 일어나는 의사-혼돈의 한가운데서 재개되는 한에서만 능동적이다. 그것들은 다시 발생하는 경험의 재창조적 요소들로서, 모든 직접성 속에서 단순하게-능동적으로 되돌아온다. 그것들은 직접적 지각들로서 모든 직접성 속에서 도래하는 "판단들"이다. 그것들은 이를테면 인과적 관계, 유사성similarity, 범주화, 질적 평가, 언어적 연합, 심지어 상징적 형상화에 관련된다. 퍼스는 그것들을 "지각적 판단"이라 부르며, 그것들이 판단의 독자적 행위 없이 발생한다는 점에서 그것이 부적절한 명칭이라는 것을 인정한다.[51] 그는 그것들이 "마치" 어떤 판단이 이루어졌으나 현실적으로 수행되기에는 너무나 즉각적[직접적]이었던 것처럼 도래한다고 말한다. 그것은 현실적 판단 없는 판단이다. 즉, 다음 사건으로의 경로를 느끼는 경험의 단순한-능동적 제1성firstness으로 가득한 채 들어오는, 세계가 획득한 복잡성의 직접적 지각이다. 순수한 경험으로 돌아오는, 그리고 그것을 통과하는 이 "고차원 형상들의 피드백"은, 실천은 지각이 된다는 공식으로 요약된다.[52] 이 책의 2장과 4장은 순수 경험의 이런 요소를 사고-느낌thinking-feeling이라는 용어로 분석하는 가운데 광범위하게 다루게 될 것이다.

근본적 명석·판명함에 대한 데카르트의 동떨어진 꿈을 수반하는 인지로부터 온갖 퍼텐셜과 복잡성을 가진 순수 경험의 정신없는 중간 추이들로의 변위는 파장이 큰 결과를 낳는다. 이것은 인지적 주체-대상의 이분법 자체가 낳는 결과들의 여파가 크기 때문이다. 그것은 앎의 방식들 사이의 분할로 자신을 확장하고, 그로부터 실천 양식들 사이의 위계로 확장해 간다. 이것은 특히 "객관성"을 주장할 위치에 있는 지식 분야들과 그렇지 않은 분야들 사이의 분할에서 특히 명백하다. 지식 실천의 이런 분기점들이 취하는 전통적 형태는 과학과 인문학이라는 "두 개의 문화" 사이의 깊은 간극이다. 같은 분할이 그 거대한 분수령의 양편에 있는 그 분야들 내에서도 (확실히 근본적이지 않은 의미에서) 경험적 방법들과 (다른 편에서는 "단순히" 주관적인 것으로 일축된) 사변적 혹은 이론적 접근들 사이에서 되풀이된다. 이러한 분리는 실천 양식들 사이의 구분으로서, 심지어 정치적 실천과 같이 일차적으로 자신을 지식 실천으로 정의하지 않는 실천들에서조차 반복된다. 이때 그 이분법은 "사실에-근거한" 또는 "상식적" 접근과 "실험적", "이상적", 또는 "유토피아적" 접근들 사이의, 전자의 우월성을 명백하게 함축하는 대립으로 되풀이된다.

활동주의 철학은 이러한 분리들을 근본적인 것으로 인정하거나 그것들이 선전하는 위계를 받아들이기를 거부한다. 그 고유한 근본적 이중성, 즉 관계적인/참여적인 것과 질적인/창조적으로-자기향유하는 것이라는 이중성은 다른 도식을 암시한다. 과정의 관계적/참여적 측면은 마땅히 **정치적**이라 불릴 수 있을 것이고 질적인/창조적으로-자기향유하는 측면은 **미적**이라 불릴 수 있을 것이다. 이러한 측면들은 모순이나 대립으로 다루어지는 것이 아니라, 형성적 퍼텐셜에 대한 모든 사건의 중계라는 공통-발생하는 차원들로서 다뤄진다. 그들은 기존의 학문적 지형에 연관 짓는 방식으로 그리고 관습적으로 두 갈래로 나뉘는 실천들의 연합된 방식들로 분석해내지 않는다. 우리는 앞서 과정의 이접적/분리적 측면과 연접적/연속적 측면이 이러한 이중성을 구사해 내는 방식을 보았다. 활동주의 철학을 위해 그것을 구사하는 또 다른 파생적 구별은 **실용적**인 것과 **사변적**인 것 사이의 것이다. 그러나 방식들의 갈림을 강조하는 대신에 이 구분은 그것들이 함께 도래함을 표현하는 데 쓰인다. **미적-정치적**, **사변적-실용적**과 같이 붙임표가 유효하게 쓰인다.

사변적 측면은 변화의 일어남 속에 사건적으로 표현된 세계의 활동에 고유한 잠세적 특성과 관련된다. 실용적 측면은 퍼텐셜이 하나의 특이한 생성 안에서 명확한-형상을-갖추는 가운데 상관적이고 질적인 양극들이 어떻게 형성적 힘들로서 공통-구성하는가와 관련된다. 실용적이라는 것은 사변적 또는 이론적이라는 것에 상반되는 의미에서 실천적임을 뜻하는 것이 아니다. 그것은 구성의 동의어로서, 과정적 차이생성이 결과적으로 "어떻게" 공통-구성하는 형성적 힘들로서 전개되는가를 말한다. 이러한 실용적 전개는 그 과정에서 무엇이 도래하게 될 것인지가, 그것이 정점에서 그 자체의 "최종적 특성화"에 도달할 때까지 어느 정도 열린 물음으로 남아 있다는 의미에서 늘 사변적이다. 도중에 그것은 스스로 무엇이 되어 있을 것인가를 사변적으로 예견하고 있다. 그 사변은 전적으로 능동적이다. 그것은 경험이, 궁극적으로 그 자체를 가지고 가는 곳에 당도하는 "방식"이다. 형성하는 힘들의 공통-구성은 각각의 경험의 행사에서 새로운 존재의 힘, 즉 생성의 힘이 된다.

이러한 사고에 의해서, 예술이라는 분야는 창조적 구성을 독점하지 않는다. 그리고 정치라 불리는 영역은 실재적 존재의 변화를 독점하지 않는다. 예술에 정치적 측면이 있는 것이나 마찬가지로 정치에는 미적 측면이 있다. 우리가 정치를 한다고 말하는 실천들과 예술을 한다고 말하는 실천들은 모두 통합적으로 미적-정치적이며, 모든 미적-정치적 활동은 통합적으로 사변적-실용적이다. 모든 실천 양식은 그 영역이 전통적으로 어떻게 분류되는 것이든 간에, 저마다 모방할 수 없는 각자의 방식에서 정치적-미적/사변적-실용적이다.

여기서 구축적인 질문이 시작된다. 그것은 이러한 경험에 의한 항들에서 모든 주어진 활동 양태를 이해하는 법을 찾는 것, 관계적-질적인 것의 존재론적 수위성首位性에서 출발하는 것, 그 활동의 전개가 갖는 특이성을 존중하는 것으로 이루어진다 — 비록 "존재론적"이라는 말은 더는 적합하지 않지만 말이다. 과정은 다만 소멸적으로 존재하려 하고 있다. 그러나 그것은 모든 곳에 있으며 언제나 생성 중인 존재의 힘에 관한 것이다. 활동주의 철학의 관심사는 존재론적이라기보다는 **개체발생적**ontogenetic이다.[53]

활동주의 철학은 그 사변적-실용적 태도로 인해, "행동주의" activism라는 명칭을 공유하는 실천들의 한 가지 관습적 유형과 내장된 친화성in-built affinity을 갖게 된다. 이 책에서 탐구되는 활동주의 철학은 예술이나 철학적 실천에 그들 기존 분과의 프레임을 통해 접근하듯, 행동주의에도 그것이 유발되는 어떤 영역에서라도 친숙한 의미로 접근한다. 그러한 친화성은 특히 자신을 문화적인 동시에 정치적인 것으로 보는 활동주의 실천들과 밀접하다. 그것들은 이미 나름의 방식으로 미적-정치적/사변적-실용적 양극과 고투하고 있는 것이다. 이 책의 상당 부분은 전통적 분류의 도식을 따르자면 예술이나 철학의 영역으로 구분될 실천들을 가지고 작업한다. 그러나 이것은 예술과 철학이 서로를 향해 열리도록 하기 위함이며, 그럴 때 그 입구들이 서로를 향해 열려 그것들을 통과해 가는 관계적-질적 과정들에 대한 보다 폭넓은 활동주의적 이해로 나아가는 방식이 되도록 하려는 것이다. 이 책의 궁극적인 사변적-실용적 도박은, 이 열림이 승계된다고 할 때, 뒤따르는 그 경향의 이어짐들이 그 고유한 실천, 즉 글쓰기의 실천으로부터, 더욱 통상적인 의미의 다른 활동주의의 장들로 나아갈 수 있다는 것이다. 이 책에 하나의 중심적인 관심사가 있다면 그것은, 과정이, 여하한 최초의 한가운데서 가지는 정치성이다. 과정의 맥박이 갖는 정치성은 그것이 자기창조적 계승자 효과를 위해 전하는 퍼텐셜의 방식이다.

이를 고려하여 이 책은 특정한 지점들에서 구체적으로 과정의 이어짐을 다루는 개념들을 제시한다. 어떤 경험의 행사行使, exercise가 그 활동을 잔여 형태로 유증하여 승계자가 이어가도록 한다면, 이 이어짐은 그 경험 자체가 발생하도록 결정되는 방식에 의해 육성되는 식으로 예견될 수 있지 않을까? 경험의 한 계기는 어떻게, 다음 행사가 계승하는 자기향유의 새로움을 산출하도록 포물선을 그리는 데 유리한 조건을 쉽게 제공하는 그 활동의 흔적들을 남겨두도록 스스로 결정할 수 있는가? 어떻게, 단순한 활동에서의 그 막-시작됨으로부터 어떤 경험이 그 고유한 자기형성적 경향이 자신을 넘어서는 것을 변조하여 다른 사건들의 잠세화로 향하게 할 수 있는가? 근본적 명석·판명함이 (창조성을 위해서는 다행히도) 제외되어 있으므로 어떠한 사건도 그 승계를 본질적으로 선규정하는 방식으로 법칙을 마련할 수 없다는 것은 자명하다. 그러나 하나의 경험이, 도래하는 것을 향할 방법이 여전히 있을까? 어떤 식으로 하나의 사건은 그 고유한 구성constitution에서, 너머에 놓인 것을 위한 형성적 퍼텐셜을 구축적으로 포함할 수 있을까?

어떠한 계기의 자기향유 너머가 어떻게 그 구성에 효과적으로 포함되는가 하는 물음은 화이트헤드 철학에서 매우 중심적인 **중요성**에 대한 물음이다.[54] 중요성에 대한 물음은 또한 **표현**, 혹은 어떤 계기의 경과에 의해 효과적으로 판정되는 것에 대한 물음이기도 하다.[55] 중요성과 표현은 경험에 추가되는 것들이 아니다. 그것들은 "그저" 주관적이지 않다. 그것들은 효과적으로 굴러가면서 세계의 주관적 측면과 객관적 측면들을 연결한다. 그것들은 세계의 생성의 근본 범주들이다. 그것들은 개체발생적 요소들로서, 과정의 정치성을 구성한다.

뒤에서는 **존재의 기술**techniques of existence 개념을 통해, 경험의 한 순간의 성질이 어떻게 효과적이고 구축적으로 그 자체 너머를 포함하는가 하는 문제에 접근하게 될 것이다. 존재의 기술은, 정향된 변화의 사건들의 사변적-실용적 생산으로서의 과정 자체를 그 "대상"으로 삼는 기술이다. 존재의 기술은 이른바 개체발생에 전념한다. 그것은 직접적이고 질적-관계적으로 작동한다. 그것은 "객관성"을 주장하는 제스처를 취하지 않으며, 상식을 파악했다는 데 대해 자만하지도 않는다. 동시에 그것은 "다만" 주관적인 것으로 규정되기를 거부한다. 그것은 활동주의적 의미에서 주관적 형식들, 즉 펼쳐지는 사건들의 역학적 통일성들을 **창안**해 낸다. 그것은 사건-형성의 정치성에 관여되어 있어서 그 창조성이 어떤 **사건발생적 예술**occurrent art로서 작동하는 모든 영역을 질화한다.

퍼스와 들뢰즈는 **디아그람**의 개념을 가지고 존재의 기술이 실용적-사변적으로 무엇을 하는지를 사유했다. 퍼스와 들뢰즈 모두에 의하면 존재의 기술이 하는 것은 추상이다. 디아그람화는, 세계를 대상들의 총합으로 환원하는 데 관여하지 않을 때 추상화의 절차인 것이 아니다. 정반대로 그 대상들의 발생에 주의를 기울이고 있을 때 디아그람은 추상화의 절차이다. 이런 더 완전한 의미에서 추상한다는 것은, 경험의 한 계기 – 그 주관적 형식 – 의 관계적-질적 포물선을 추출하는 기술, 그리고 그것을 다음 계기가 발견하여 그 자체의 형성에 잠세적으로 이어질 수 있도록 세계 속에 그것을 체계적으로 놓는 기술이다. 어떤 경험의 주관적 형식은, 단순한-능동적인 한가운데서 최초로 발견된 변화 퍼텐셜들이 그 계기 안에서 작동하는 역동적 형식이다. 주어진 퍼텐셜의 최초의 조건 외에, 도중에 이루어지는 퍼텐셜들의 재충전 또한 고려되어야 한다. 이것들은 우연한 침범들, 즉 저항·장애·사용 가능성이다. 경험의 사건은 활동의 이런 융합들에서 오는 압력 아래에서 자기변조한다. 그 자신을 정점으로까지 가져가기 위해서 이미 시작된 계기는 그때그때 그것들의 퍼텐셜을 감지해야 하고, 그것의 생성에 더해진 자극으로서 그 지속적인 전개에 창조적으로 끌어들여야 한다.

존재의 기술로서 디아그람은 자기형성을 위한 이 퍼텐셜들의 다음 계기를 알리는 한 방식이다. "예술의 가장 위대한 점은 적절한 추상들의 도입에 있다."[56] 이것이 모두 경험에 관한 것임을 한순간도 잊어서는 안 될 것이다. 경험에서 사물의 발생이 발견된다. 퍼스는, 추상이라는 말로써 "내가 뜻하는 것은, 어떤 디아그람의 성격들이 다른 디아그람에서 사물들로 나타날 수 있는, 우리의 디아그람들의 변형이다"라고 썼다.[57] 우리가 대상이라 부르는 것들은, 과정의 개체발생적 충만함에서 고려될 때, 전해진 퍼텐셜들로서 서로의 안에 추상적으로 스스로 둥지를 트는 계기들의 주관적 형식 간의 체험된 관계들이다. 그것들은 상호-소여이다. 즉 퍼텐셜이 하나의 경험에서 다른 경험으로 중계되는 체계적 형식이다. "객관화 자체가 추상화이다."[58]

> 추상은 체험된 경험이다. 나는 우리가 일단 체험된 경험에 도달하면 그 추상의 가장 완전히 살아 있는 심장부에 도달하는 것이라고까지 말할 것이다.……우리는 다만 추상을 살 수 있을 뿐이며 아무도 추상 이외의 어떤 것을 살아오지 않았다.[59]

그렇다면 이것은 **체험된 추상의 테크놀로지**technologies of lived abstraction에 관한 책이다.

이 서문이 그 짧은 포물선을 완성했을 때 주요한 논점들이 유예된 채로 남겨지게 될 것이다. 하나는 오늘날 일부에서 크게 비방하는 잠재적인 것the virtual 개념이다. 다른 하나는 생명의 비인간적 형태들—그리고 심지어 물질 자체에 적용된 경험이라는 논점이다.

잠재적인 것이라는 개념은 책이 전개되면서 가상semblance[60]의 가면 아래 길게 이어진다. 가상은 "잠재적 실재성의 경험"을 달리 말한 것이다. 그것은 "잠재적인 것의 경험적 실재"라는 것이다. 잠재적인 것은 추상적인 사건 퍼텐셜이다. 가상은 잠재적인 것이 현실적으로 나타나는 방식이다. 그것은 추상화를 체험한 잠재적인 것의 현존재이다. 여기서 사용된 바의 "가상"은 아도르노와 라캉이 이 용어를 쓸 때처럼 "환영"illusion이라는 의미를 품지 않는다.

잠재적인 것은 잠재적 "공간"으로 이해될 수 없다 — 그것은 결국 사건의 퍼텐셜이다. 그것은 사변적-실용적으로 유용한 개념으로서 완전히 변성되지 않은 채 분리된 하나의 영역으로 다루어질 수 없다. 그것은 결코 관념적 개념이 아니다. 그리고 그것은 결코 현실론actualism과 상반되지 않는다. 이 책에서 제기된 활동주의 철학은 어떤 면에서 철저한 현실론이며, 현실적이라는 용어를 그 어원적 단어인 "작동 중"in act이라는 뜻으로 쓰고 있다. 활동주의 철학의 입장에서 모든 실재적인 것은 작동에 들어가며, 작동 중인 모든 것은 그 고유한 활동 양태에 따라 실재적이기 때문이다.

이 책에서 들뢰즈의 "잠재적"이라는 개념은 화이트헤드의 "순수 퍼텐셜"에 상응한다. 화이트헤드에게 있어 순수 퍼텐셜의 활동은 개체발생적 힘이 경험의 역동적인 확정적-형식을-취함(사건의 "합생"concrescence)에 협력할 때 그 경험의 계기로 "내입"ingress하는 것이다. 잠재적 활동이 내입한다는 것은 "활성화하고" 있는 것이다.[61] 내입에서 퍼텐셜은 목적한 충족을 향한 경험의 활성화된 경향성을 통해 포물선을 그린다. 퍼텐셜은 그 안에 접혀있던 경험이 펼쳐지면서 그리는 포물선을 따라 흐른다. 퍼텐셜은 경향적 방향의 형태로, 혹은 자기형성의 벡터 형태로 접혀있다. 내입에서 퍼텐셜은 추상적이며, 아직 경험의 현실적 경향성으로 완전히 발생하지 않았다. 목적으로서, 혹은 제임스라면 말단terminus이라 불렀을 것으로서 그것은 다시금 추상적이다. 그것이 충족되는 순간은 모든 것이 과정적으로 말해지고 이루어지는 경우이기 때문이다. 경험은 거기 도달하면서 자기소멸하고, 그럼으로써 그 퍼텐셜을 이후로의 유인 — 손으로 잡을 때조차 경험의 쥐는 손가락들 사이로 사라져 버리는 무엇인가를 향한-뻗음 — 으로서만 경험하게 될 것이다. 그러나 그것은 "어떤 것"으로 남는다. 다시 말해 끝까지 전적으로 결정되지 않는다. 그것은 끝날 때까지는 끝나지 않으며, 지향된 것은 최종적인 순간까지 자신을 굴절시킬 수 있다. 따라서 잠재적인 것, 또는 순수 퍼텐셜 개념의 한 가지 역할은, 놀라움을 세계의 생성에서 보편적인 구성하는 힘으로 만드는 것이다. 구성하는 힘으로서 놀라움의 보편성은, 퍼텐셜이 존재의 드라마를 상연하게 되는 "현실화"의 과정을 만든다. 들뢰즈에게 현실화란 순수한, 추상적 퍼텐셜(잠재적 "관념")[62]을 존재화하는 "극화"이다.

잠재적인 것은 과정과 경험의 한계-개념이다. 그것은 일단 원래 상태로 내입적 주도와 더불어 오고, 끝에는 소멸과 더불어 온다. 그것은 과정의 작-동in-act의 바깥쪽 한계들을 표시한다. 그리고, [한계의] 끝에서 끝까지 극적으로 주파한다. 잠재적 한계들은 경험이 그것의 최종적 발효의 새로움을 향해 포물선을 그릴 때 결합적으로 느껴진다. 잠재적인 것은 경험이 그 펼쳐짐의 한끝에서 반대편 끝까지 자신을 통과해 주파할 때 추상적으로 체험된다.

때때로 경험의 정점에서 드라마가 스스로 모습을 드러낸다. 그것은 보인다. 그것은 신체의 시각 장치를 강타하는 감각인상에 상응한다는 의미에서 현실적으로 보이는 것은 아니다. 그것이 현실적으로 보인다면 이는 작-동 중이라는 의미에서이다. 행위 속에서 경험의 자기향유라는 드라마의 이 나타남은 가상이다. 우리가 시야 한구석에 나타난 쥐 한 마리를 포착했다고 해 보자. 우리는 그 쥐의 운동이 우리의 눈과 더불어 그리는 포물선을 느끼는 것만큼 녀석을 그렇게 많이 보지는 않는다. 우리는 그 운동이, 쥐가 막 우리의 시야 밖에 있던 직접적 과거로부터 연속된다고 느낀다. 그 운동이 우리를 향하는 것으로 느껴진다면 직접적 과거에 대한 느낌은 우리의 반대 방향으로 향하는 우리의 운동의 직접적 미래를 포함하게 될 것이다. 우리는 쥐의 운동이나 우리 자신의 운동 벡터를 실제로 "보는" 것이 아니다. 우리는 느껴지는 접근의 선 형태로 위상화해 나가는 – 쥐의 진입과 우리의 물러섬 – 사건의 역동적 통일성을 직접 경험한다. 사건의 포물선이 그 직접적 과거를 주워 모으고, 설치류가 등장한 이후의 직접적인 미래를 향해 종종걸음 치는 것에 대한 이러한 집적적 지각은 가상의 한 예이다. 사건의 포물선이 보인다면 그것은 추상적 선처럼 비감각적으로 보이는 것이다.[63] 그것은 직접적 추상에서처럼 공포의 가상 현재에서 보인다.

사건의 추상적 선을 보는 느낌은 시각-효과이다. 그것은 인간-쥐 차이생성에 내재하는 사건을-촉발하는 긴장의 효과이다. 그것은 사건의 역학적 통일성에 대한 추상적 지각 안의 차이생성을 표현한다. 그때 우리는 우리가 우리의 눈으로 그것을 보았다고 느끼거나, 혹은 아마도 그것을 느낌 속으로 보았다고 느낀다. 달리 말해서 사건의 역동적 형식은 시각 "안에서"보다는 시각과 더불어 혹은 시각을 통해서 지각적으로, 즉 시각-효과로 느껴진다. 그것은 체험된 추상이다. 다시 말해 그것은 사건의 형태에 대한 유효한 잠재적 시각으로, 그것이 그리는 포물선에는 그것의 직접적 과거와 직접적 미래의 보이지 않는 차원들이 포함된다. 사건의 체험된 추상은 선의 비감각적 형상 속에서 일어나는 변화에 대한 무형적amodal 지각이다. 그것은 사건에 대한 직접적 지각이다(들뢰즈의 "시간-이미지"는 이 책에서 사건의 가상이라 명명하게 될 잠재적인 것의 나타남에 관해 다룬 그의 저작 중 주요한 사례이다).[64]

'무형적, 비감각적'이란 사건의 형태로 발효하는 지각이 실제로는 어떤 특수한 양태의 감각지각 속에 있지 않다는 점을 말하는 방식들이다. 어떤 가상이 "보일" 때 그것은 잠재적으로 보인다. 그 밖에 달리 어떻게 잠재적인 것이 현실적으로 나타날 수 있겠는가 — 잠재적으로가 아니라면? 가상을 본다는 것은 잠재적 시각을 갖는다는 것이다. 그것은 체험된 추상의 사건 속에서 잠재적인 것을 투-시하는 것seeing-through이다.

사건에는 기이한, 경험의 과잉이 있다. 가상은 무형이므로 원칙적으로 그것은 어떠한 양태로도 지각적으로 느껴지는 것일 수 있었다. 이는 그것이 보일 때 잠재적으로 시각에 나타나는 것은 그것이 시각적 감각-효과 이외의 다른 것, 이를테면 청각-효과로 나타날 수도 있었다는 점에서 경험에 대한 잠세적 변이의 전조임을 뜻한다. 생각해 보면 우리는 아마 사건에 대해 본 것보다 들은 것이 "현실적으로" 더 많을 것이다. 그 동물[쥐]이 우리의 시각장으로 들어오기 전에, 지각 가능하지만 아직 주의를 기울이지 않은 종종걸음이 선행했기 때문이다. 사건의 직접적 미래로의 연속됨이 음향 효과로서 명백하게 나타나지 않았을 이유가 없다. 사실 청력이 뛰어난 일부 사람들의 경우라면 그랬을 것이다. 그러므로 잠재적인 것의 문제는, 현실적 행사를 넘어서는 감각들의 추상적 구성이라는 물음과 분리할 수 없다. 이 책에서 잠재적인 것의 개념은 일차적으로 이런 맥락에서 등장한다. 즉 존재의 기술이 존재의 공통-구성하는 힘 속에서 감각들을 어떻게 재구성하는가, 또한 감각들을 재구성함에서 행위 속의 잠재적인 것의 과잉 실재를 어떻게 포착하는가 하는 맥락이다. 여기서 경험의 새로운 계기들을 향한 디아그람적 연계는 체험된 추상이 우리의 구체화한 동물적 삶에서 느껴질 방법을 재창안하기 때문이다. 새로움의 미적-정치적 산출은 경험적 삶의 형상들의 과잉 발명이다.

잠재적인 것 개념을 생산적·사변적-실용적으로 사용하는 비결은 그것을 결코 작-동과 떼어 놓지 않는 것이다. 이를 얻기 위해서는 상당량의 개념적 유연체조가 필요하지만 그럴 만한 가치가 있다. 열쇠는 언제나 잠재적인 것을 모든 사건의 발생이 동시에 일어나는 차원으로 간주하는 것이다. 다시 말하지만, 이것을 이분법적으로 받아들이지 말고 창조적 차이생성으로, 모든 경험이 체험된 추상의 하나의 계기인 한, 모든 경험에 본질적인 하나의 성분으로 여겨야 한다.

한계-개념으로서 잠재적인 것은 역설을 빼놓고는 — 그리고 역설을 개념적으로 생산적인 것으로 만드는 작업이 없이는 생각할 수 없다. 활동주의 철학이, 여하한 형이상학이 그렇듯 역설을 가지고 긍정적으로 꾸려 가야 하는 몇 가지 주요한 지점들이 있다. 이것은 철학의 자기형성에서 핵심적인 순간이다. 그것은 어떤 철학적 사유 과정이 그것이 사유할 수 있는 것의 한계에 가까워지는 순간이다. 그 한계 경험을 생산적인 것으로 만들려면 사고는 그때, 블랙홀에 진입하는 우주선처럼 산산조각이 나기 전에 돌아서야 한다. 그것은 그 자구自救적 굴절을, 새로운 개념 또는 오랜 개념들의 새로운 변형의 형태로 자신에게 새겨 넣어야 한다. 이것은 역설을 해소하거나 묵살하려고 하지 않는 방식으로 이루어져야 한다. 그것은 역설을 진지하게 한계로서 받아들임으로써 이루어진다. 그로부터 돌아서고 돌아섬의 필요성을 구축적으로 마음에 새기면서 말이다. 역설의 한계-체험은 철학의 자기창조적 전진을 이어가기 위한 충동으로 방향을 바꾼다. 그것은 사고–과정의 자기변조로서 받아들여져 왔다. 그것은 더는 논리적 모순으로서 우려되지 않는다. 그것은 과정에 역閾으로liminally 내재하는 창조적 요소로 능동적으로 전환됐다. 그것은 실증적 요소가 되었다. 자기형성적 필연성으로서 비모순noncontradiction의 이러한 긍정은 창조적 철학의 서명적 활동의 핵심이 되는 특징이다.

잠재적인 것의 역설 – 그것이 결코 현실적이 아니지만 언제나 어떤 식으로 작-동 중이라는 – 은 앞서 논한 자기향유 개념을 수반하는 직접적 자기성찰의 역설과 밀접하게 연합된다. 가상은, 체험된 추상 안에서 직접적이고 비매개적으로 자신을 성찰하는 사건이다. 고심해야 할 다른 역설들도 있다. 이를테면 활동주의 철학을 위한 관계의 역설이 있다.

관계성은 방금 언급된 차이생성의 개념에 결부되어 있었다. 하나의 효과가 차이들을 가로질러 촉발되었다고 말해졌다. 그 차이들은 도래하는 경험이 그 자체로 발생할 때 이를 형성하는 요인이 될 것의 활동 양태에 관련된다. 그 효과는 상이한 요소들 사이에서 도래한다. 경험은 그 요소들에서 도약해 고유한 사건으로 자신을 가져간다. 사건이 모습을 드러내는 것은 그것이 역동적 통일성이 되었기 때문이다. 그것은 자신이 고유하게 펼쳐지는 역동적 통일성으로 도약하기 이전의 차이생성들을 드러내지 않는다. 그러나 차이생성을 지워 버리지도 않는다. 사건은 그것들을 자신의 출현으로 소산시킨다. 그것들은 그 발생의 섬광 안으로 물러난다. 차이생성들이 조건화한 사건은 그것들을 남겨 두고 떠나간다. 사건은 떠나갔고, 그러므로 그것들은 도약 효과 속에서만 모습을 드러낸다.

번개의 섬광을 예로 살펴보자. 그것의 출현은 전자기의 차이생성에 의해 조건화된다. 차이생성은 보이지 않는다. 보이는 것은 차이생성의 작동의 역동적 통일성이다. 섬광은 그 작동의 결과이지만 그것만이 단독으로 보인다. 그 효과는 조건들로부터 솟아올라 그 자신의 출현으로 들어간다. 그것은 외-효과extra-effect, 즉 그 변별적 조건들을 넘어서는 자기전시로 도래하는 역동적 통일성이다. 그 고유한 사건의 직접성 속에서, 번개라는 사건은 절대적·자기향유적으로 그 자체의 발생의 특이성 속에 흡수되며, 보이는 것은 그것이다. 경험의 모든 계기는 다양성 가운데 이러한 "순전한 개체성"을 선보인다.[65] 경험의 한 사건은 발생하는 자기향유의 "작은 절대자" little absolute이며, 이는 조건화되어 있지만 자기창조적이지 않다.[66]

사건은 그것을 위한 조건을 마련하는 차이생성적 요소들 사이에서 일어난다. 번개의 발생으로 해소되는 전자기의 기울기장은 복합적인 장 현상이다. 그 장은 기본 입자들의 군집 사이의 거리를 포섭하며, 활성화하는 긴장으로 그것들을 가져간다. 섬광은 장력의 사건적 해소이다. 이런 방식으로 장은 자체를 넘어서는 하나의 외-효과로서 나타난다. 전시된 외-효과는 기본 입자들의 군집이 긴장에 포섭된 채 바로 그렇게 함께 도래했다는 것의 표현이다. 기여 요소들의 강도적 포섭은 관계적 장을 — 그러나 오직 이 사건의 발발만을 위해 — 구성한다. 번개가 치지 않았다면 그것은 기여 인자들이 바로 이런 방식으로 함께 오지 않았기 때문일 것이다. 관계와 사건적 해소의 섬광은 하나이다. 섬광은 관계의 존재이다.[67] 섬광이 일어나지 않았다면 그 관계는 결과적으로 없었을 것이다. 그것은 어떤 효과로서 해소되지 않았을 것이다. 활동주의 철학에서 존재하는 것은 느껴지는 것, 즉 유효하게 등록하는 것이다. 존재한다는 것은 발효한다는 것이다. 존재한다는 것은 행위에 들어가는 것이며, 비록 그 행위가 보이는 전부라고 해도, 그리고 그 수행이 해소되며 보여 주는 것이 점점 희미해진다 해도 그러하다.

관계의 역설은 비관계의-관계라는 말로 요약될 수 있다. 어떤 발생에 기여하는 요소들은 그것들이 효과로 도래할 때 관계에 들어가게 되며, 그것들은 자신을 넘어 과잉될 때 효과로서 나타난다. 그것들은 원래 서로 이질적이다. 그것들이 긴장 속에 있다면 그것은 바로 그들의 위치 사이의 차이의 함수로서이다. 그것은 그들이 서로에 대해 가지는 거리의 기능이다. 요소들은 현실적으로 접속되지 않는다. 그들의 거리는 장 효과에 포섭된다. 이 장 효과에는 사건의 발발에서 정점에 달하는 긴장이 수반된다. 사건은 그 요소들의, 그것에 대한 기여로부터 효과적으로 도약한다. 외-효과로서 그것은 그 요소들에 그 "원인"으로서 접속하지 않는다. 그것은 그 자체의 발생의 순진한 개체성으로, 즉 그 작은-절대성으로서 도래한다. 비관계의 관계라는 구절은 사건의 개념 속에서 그것을 조건화하는 요소들의 차이생성적 지위와 작은 절대자로서 그들의 순전한 발생의 역동적 통일을 하나로 모으는 방식이다. 그것은 "불균등한 군집에 의해 조건화된, 그리고 개별적-절대적 자기창조적인 것"과 동의어이다.[68]

이로부터 도출되어야 할 요점은 활동주의 철학적 의미에서 관계는 연접적이지 않다는 것이다. 비관계의 관계라는 역설은 통상 상호작용 혹은 상호작용성[쌍방향성]interactivity이라 불리는 것을 관계적인 것으로서의 질화에서 배제한다(2장). 비관계의 관계 개념의 확장적 사용은 이 책의 여러 지점에서 이루어졌다(예컨대 2장과 4장에서 경험적 "융합", 혹은 싱크레시스synchresis[69]라고도 불리는 것에서). 또한, 표현에 관계된 지점도 있다. 표현은 언제나 외-효과적이다. 주체는 외-발효하는 사건의 주관적 형식 혹은 역동적 통일이다. 표현에 선행하거나 표현 바깥에 있는 주체는 없다. 주체의 존재는 발생하는 관계의 외-존재extra-being이다.[70]

비관계의 관계라는 이 개념을 경험의 계기들 사이에서 발생하는 것에 적용한다면 우리는 경험들 자체를 차이생성들로 취급하게 될 것이다. 그 결과는 경험의 계기들이 현실적으로 서로 접속된다고 말할 수 없다는 것이다. 그것들은 그들의 차이생성을 그 고유한 외-존재의 역학적 형식으로 표현하는 변화의-일어남이라는 더욱 포괄적인 사건 속에서 상호 포섭된 존재라는 의미에서만 "함께 도래한다"고 말할 수 있다. 경험의 계기들이 현실적으로 접속하지 않는다는 것은 화이트헤드의 "동시적 독립"contemporary independence 교의이다.[71] 그것은 상이한 경험들의 관계가 순수하게 효과적임, 즉 효과의 창조적 수준에 있음을 뜻한다. 그들의 관계는, 경험의 사건들의 순전한 개체성 사이의 지울 수 없는 차이를 효과적으로 표현하는 비관계의 창조적 작동이다. 그 덕분에 각자는 작은 절대자이다.[72]

이것은 쓸쓸하게 들릴 수 있다. 확실히 이것은 적나라하지 않다. 그러나 화이트헤드는 그것을 창조성의 필수적 조건으로 긍정한다. 관계의 비관계는 세계 속에서 경험이 연접적 어울림의 제약에 얽매지 않고 그 고유한 새로움의 산출로 절대적으로 들어갈 "자유로운 활동 범위"elbow room를 만들어 주는 것이다.[73] 이는 현재에 대한 순응보다는 새로움의 출현을 활동의 원리로서 보존한다. 그것은 또한 세계 전부를 표현적인 것으로 만든다. 순수하게 자기표현적이다. 그것은 변화의 세계가 자기창조적 표현으로 만들어져 있음을 뜻한다. 생명의 형상의 창조적 자율성에 맞추어져 있는 미적-정치적 활동주의 철학에 이것은 명백한 이점이 된다.

그 밖에 이런 고찰이 가져다 주는 결과는 경험의 상이한 계기들이 세계의 단순한 활동에의 그들의 상호 참여로 인해서 내재적으로만 관련된다는 것이다. 이러한 세계의 단순한 활동 속에 그들은 정점에 올랐다가 소멸한다. 단순한 활동의 의사-혼돈은 각각의 계기에 내재적이다. 그것이 처음으로 그 계기들에 그들을 창조적으로 받아들이고자 술렁이는 퍼텐셜들의 형태를-갖추도록 한다는 의미에서 그러하다. 단순한 활동은 사건의 자기형성으로 차오른다. 이는 또 다른 역설, 즉 내재성 개념에 관한 역설로 이어진다. 경험의 한 계기가 그것이 발생한 단순한-능동적인 퍼텐셜의 세계 속으로 소멸해 갈 때, 그것은 다음 계기의 전개로 잠세적으로 흡수되도록 그 자신의 자기형성적 활동을 세계에 기탁한다. 그것은 자신을 초월하여 자신이 유래한 내재성으로 되돌아간다.[74] 그것은 그 자신의 자기충족이라는 형태로 그 자신 너머로 연속되는 과정에 유증한다.

비연접적 관계의 개념은 비관계의-관계가 "참여"의 의미를 변화시킨다는 구절로 요약된다. 일견 참여가 사라져 버린 것처럼 보일 수 있지만 실제로 그것은 배가되었다. 그것은 일단 기여하는 요소들로 이뤄진 군집의 장화fielding로 도래한다. 대기 입자들의 군집은 — 그 각각은 경험의 한 계기로 응당 고려될 수 있다 — 상호 개입과 공명resonance의 소요 속으로 들어감으로써 번개가 치는 조건들을 창조한다. 도래하는 사건을 위해 밤하늘을 활성화하는 전체-장 효과의 산출에 저마다 능동적으로 참여한다. 전체 장 효과는, 각각의 기여 요소의 모든 다른 활동에 대한 원격 참여의 역동적 표현이다. 각 요소의 활동의 특이성은 일반적 장 활동 속에 융합된다. 그러한 일반적 장 활동의 긴장은 사건을 강화하고, 섬광의 추가된 새로움이 그 자신의 특수한 활동의 대조적인 밝음 속에 장 활동을 배경으로 부각된다. 조건화된 요소들의 참여는 거리를 두고, 즉 그 요소들 사이에서, 실제로 그들을 분리하고 있는 간격들을 가로질러 일어난다. 사건은 이제 그 대조적인 출현의 장이 된 것을 배경으로 두드러지게 도래한다. 그것은 그 출현의 장으로부터 방향을 틀어 그 자신의 발생의 절대적 개별성으로 간다. 사건은 일반적 배경 활동이 그것에 유증한 퍼텐셜을 취했다. 퍼텐셜의 이런 순전한 참가는 비관계의-관계 개념에 관련된 두 번째 참여이다. 여기서 참여는 (역동적인 상호 포함의 포섭적 의미에서 통접적인) 장화의 융합적 참여에 대해 발생적으로 응답하는 부분사partitive(이접적 혹은 독립적)이다. 이 두드러지는 관점에서 볼 때 사건은 이중으로 참여적이다 — 그러나 결코 연접적이지는 않다. 그것은 비국소적이다. 그 조건들은 멀리서 장화되고, 그 정점의 눈부심은 그것이 출현하는 장으로부터, 그것과 두드러지게 대조를 이루면서 스스로 거리를 둔다(개체발생적 대비에 대해서는 3장을 참조).

비관계의-관계 개념은 관계의 **비국소성**nonlocality 개념이다. 관계는 두 가지 공통-내포된 의미에서 비국소적이며, 관련된 두 가지 양태의 참여에 상응한다. 1) 퍼텐셜의 장화는 요소들 사이의 간격들에서 오고, 2) 사건의, 그 자신의 발생의 통일성을 향한 방향전환은, 외-효과적 존재로서의 자신과 그 탄생을 위한 조건을 창조하는 퍼텐셜의 배경 사이의 분만의 간격parturitional interval을 확고하게 하는 것이다. 참여가 뜻하는 것은 관계의 이중적 비국소성이라는 관점에서 재분절되어야 한다. 그럴 때 재분절에 관련된 것 중 하나는 인과성 개념일 것이다. 번개의 섬광은 [인과에 따라] **야기된** 것이라기보다는 **조건화된** 것이다. 그것은 자신의 조건들에 따라 자신을-야기한다. 그것이 야기되었다고 말하는 것은 발생적 수동성을 암시할 것이다. 비관계의-관계라는 패러다임은 모든 곳에서 상이한 양태로 (장화와 발발勃發, striking에서, 일반적 활동과 특수한 활동에서, 그리고 무엇보다 그것들의 경첩을 이루는 활동에서) 활동을 발견한다.

잠재적인 것의 역설로 되돌아가서, 그 역설은 제임스가 인용한 앞의 구절에 이어지는 부분에서 포착된다. "나타나지 않는다는 점에서 일자성oneness과 다자성 양쪽 모두로 가득하다."[75] 세계가 표현으로 이루어져 있다면 제임스의 구절은 현실적으로 나타나지 않으면서 표현되는 세계의 측면들이 있음을 함축한다. 가상 개념은 이러한 역설을 생산적으로 만드는 한 방식이다. 그것은 예컨대 현실적으로는 시각에 보이지 않으면서 시각과 더불어 혹은 시각을 통해 보이는 것은 결과적으로 절대 지각적으로 느껴지지 않는다는 착잡을 다루도록 마련되었다. 가상은, 나타나지 않는 것이 실재적인 것으로 여겨져야 할 방식을 통해 유효하게 자신을 표현하는 형식이다. 앞에서 제시한 사례는 쥐-선線의 비감각적 지각이었다. 쥐-선은 감각들의 차이생성적 상호 참여에 의해 구성되었다. [비감각적 지각에] 기여하는 감각 양태들의 다양성은 경험의 설치류로-굴절된 벡터화의 추상적 시야에서 능동적으로 보이지 않게 되었다. 그러나 번개의 경우와 같은 가상도 있다. 비록 그것의 역동적 형상이 출현할 때 광선이 현실적으로 망막에 부딪히는 결과를 수반한다는 의미에서는 그것이 현실적으로 감관에 보이지만 말이다. 번개의 가시성은 현실적으로 드러나지 않으면서 밤하늘을 채우는 기본적 활동의 소요를 시각으로 가져갔다. 그것은 가담했지만 드러나 보이지는 않았다. 번개의 번쩍임은 일자성과 다자성 모두로 가득한 대기라는 빙산의 찬란한 일각이었다. 그 장의 측면들은 개체발생적 배경 속으로 요란하게 사라졌다. 번개는 결코 그 전모를 드러내지 않는 보다 광대한 사건의 눈에 보이는 일각이다. 사건의 조건화와 발생의 충만성은, 현실적으로 나타나는 것이 시선을 끄는 방식의 역동적 형상에서 지각적으로 느껴진다. 사건을 조건화하는 요소들과 정점이 현실적인 것이라고 해도 사건의 전체entirety는 잠재적이다. 이중으로 비국소적이고, 비감각적으로 현시하며, 효과로서만 등록되고, 세 가지 점 모두에 있어 실재적으로 추상적인 것이다.

이런저런 유사한 방식에 있어, 번개의 경우든 쥐의 경우든, 드러나지 않는 것의 유효한 실재라는 개념은 과정의 사고에 정향된 철학에 본질적이다. 이유는 간단하다. 현실적으로 나타나지 않는—그러나 나타나는 것에서 어떤 식으로 늘 표현되는—주요한 것들은 과거와 미래이다. 요소들의 대기장은 번개가 치는 것의 직접적 과거였다. 쥐-선은 반갑지 않은 조우 또는 도망이라는 직접적 미래로 추상적으로 연속되었다. 과정—사건, 변화, 새로움의 산출, 생성—은 모두 지속을 시사한다. 그것들은 시간 개념들이다. 과거, 현재, 미래는 언제나 공통-내포하고 있다. 그것들은 서로에게 상호 포함된다. 그러나 그것들은 서로를 상이하게, 즉 경험 발생의 역동적 통일성의 상이한 차원으로서 포함한다. 그것은 정의상 대등한 위치에 (다시 말해 감각적으로) 나타날 수 없다. 가상은 그것이 감각적 지각과 비감각적 실재 사이에서 지각적으로 느껴지게 하는 차이 속의 이런 본질적인 불균등성disparity을 표현한다. 가상은 언제나 시간의 표현이며, 이는 비록 그 비감각성이 시간에 영원의 뒷맛을 부여한다 해도 그러하다. 고전적 사례는 프루스트의 마들렌이 현실적으로 나타나지 않으면서도 나타나도록 촉발한 유년 시절의 세계에 대한 체험된 가상이다. 현실적으로는 나타나지 않지만, 과거의 가상은 실재적으로 느껴진다. 거기에는 경험의 사실로서 그것에 부과된 자기 창조의 자발성이 수반된다. 가상은 시간의 경과라는 영원한 사태의 체험된 표현이다.

파울 클레는 가상들을 구성하는—나타나지 않는 경험의 차원들을 그런데도 어떤 표현적 행위의 역동적 통일성 안에 나타나게 하는—과업이 미적 활동을 규정하는 것이라고 말한다.

> 상이한 차원에 속하는 부분들을 가지고 구축되는 전체의 개념에 도달하기는 쉽지 않다. 그리고 자연뿐 아니라 예술도……그러한 전체이다. 왜냐하면……우리에게는 그것을 구성하는 부분들에서 몇 개의 차원을 동시적으로 소유하는 하나의 이미지를 논할 수단이 없기 때문이다.……그러나 이 모든 어려움에도 불구하고 우리는 구성 부분들을 매우 자세하게 다루어야 한다.……전적으로 다른 방향으로, 새로운 차원으로, 어쩌면 이전에 탐구했던 차원들에 대한 기억recollection이 쉽사리 지워질 수도 있는 유원悠遠함remoteness으로 이어지는 새로운 부분을 자신이 대면하고 있음을 알게 될 때 우리는 용기를 잃을 수 있다. 시간의 흐름에 따라 시야에서 사라지는 각 차원에 대해 우리는 다음과 같이 말해야 할 것이다. 이제 너는 과거가 되고 있어. 그러나 어쩌면 나중에 어떤 결정적인—어쩌면 행운인—순간에 우리는 새로운 차원에서 다시 만날 수 있고, 그래서 다시 한 번 너는 현재가 될 수 있지.[76]

구성할 때 우리는 "구성 부분들"—활동에 기여하는 요소들—을 매우 자세하게 다루어야 한다. 그러나 우리가 구성 부분들을 상세하게 파악할수록 그것들은 점점 더 유원함 속으로 사라지는 경향을 띄게 된다. 유원함에서 구성 부분들은 비관계 속으로 멀어져 가는 것이다. 그러나 그것들은 또한 경험을 구성의 새로운 방향들로 보내면서 새로운 경험적 차원들로 나아갈 수 있다. 앞서 설명한 것처럼 디아그람은 활동주의 철학이, "결정적인" 순간들을 특수하게 겨냥하여 경험의 경과의 복잡성을 조종[항해]하는 사변적-실용적 절차를 부르는 데 쓰는 단어이다. 이것들은 경험의 경과의 한순간이 다른 순간으로 이행하는 지점들로서, 그것에 생성하는 퍼텐셜, 즉 존재의 기술을 알려 준다inform(그 형태를-갖추게 한다in-form). 예술과 자연에 대한 클레의 언급은 이런 맥락에서 그들이 둘 다 구성적 실재들이고, 그들의 구성에는 생성의 디아그람적 경험이 수반되며, 경험의 이런 생성이 그 다차원성에서 미적임을 시사한다.

이것은 우리를 최종적인 물음으로 이끈다. 생명의 비인간적 형태들에서의 경험, 그리고 무생물 자체에서의 경험에 대한 물음이 그것이다. 세계가 표현으로 만들어졌다는 점은 이미 주장했다. 이 맥락에서 이 말은 세계가 경험으로 만들어진다는 것과 같다. 세계가 경험으로 만들어진다면 그 안에는 모든 곳에 지각이 있을 것이다. 활동주의 철학의 입장에서 비인간적인 것에 대한 물음은 비인간적 지각이라는 물음을 중심에 두고 돌아간다. 우리가 "침묵하는 물질"로 구분해 오곤 하던 것이 사실은 지각하며, 따라서 활동주의 철학의 계율에 따라 경험적으로 자기창조적이라는 것을 어떤 식으로 말할 수 있을까?

이 물음은 이 책에서 부수적으로 다루어질 뿐이다.[77] 화이트헤드가 지각을 "고려함"taking account으로 정의한다는 점을 말하는 것으로 충분할 것이다.[78] 고려함은 한 사건이 그 생성의 포물선을, 다른 사건들의 영향에 대한 자신의 느낌이라는 한 기능으로서 그 최초의 조건들 속에서든 과정에서든 굴절시키는 것을 의미한다. 화이트헤드는 하나의 전자電子를 경험의 한 계기로 본다. 그것은 원자의 핵의 전자기장을 그 궤도의 역동적 형상에서, 그리고 그 양자 특성(그 궤도와 에너지 수준으로 표현된 역동적 형상의 단일성)에서 "고려한다." 그 전자는 핵이라는 자신의 동료 피조물들의 "중요성"을 등록하고 자신의 고유한 길을 만드는 역동적 통일성 속에서 그것을 표현한다. 강변의 나무들은 주변의 산들을 고려한다. 즉 빗물이 그 산들을 타고 내려올 때 어떻게 견딜지, 자신들의 성장에서 산이 드리우는 그림자와 어떻게 타협할지, 혹은 산을 배경으로 바람을 어떻게 피할지 등을 고려하는 것이다. 나무의 삶은 경험의 계기들의 "사회"이며, 다른 사건들 ― 날씨 사건, 지질학적 사건, 지구의 중력, 태양의 뜨고 짐 ― 에 대한 그것의 고려함은 연속되는 성장 패턴에 기여한다. 나무의 나이테들은 이 성장하는 체험된 추상이 단독으로 보이는 방식들 가운데 하나이다. 우리는 그 패턴에서 생명의 가상을 일별한다. 그러나 인간적 지각과의 조우 외부에서조차 전자, 산, 나무는 지각작용들을 수반한다. 그것들은 그 자체로 지각작용들이다. 그것들은 그들이 고유한 자기형성적 활동 속에서, 언제나 그리고 이미 주변에서 일어나고 있는 활동의 세계를 어떻게 고려하는가이다.[79]

우리가 볼 때마다, 우리가 지각적으로 느낄 때마다, 우리가 추상을 체험할 때마다 우리는 경험의 비인간적 계기들을 받아들이고 있다. 우리는 그들의 활동을 계승하고 있으며, 그것을 생명의 인간적 형식으로서 우리만의 특수한 활동 속에 집어넣고 있다. 연속되는 성장 패턴에 기여하는 경험의 계기들의 사회로서 우리의 인간적 자기를 호출하는 것은 우리를 즐겁게 한다. 우리가 우리의 "인간성"이라고 지각적으로 느끼는 것은 생명의 가상이다. 모든 가상이 그렇듯 그것은 특수한 존재의 기술들을 통해 창조되는데, 이 경우 역사적 비례라는 존재의 기술이 그것이다. 그리고 모든 가상이 그렇듯 그것은 사라지는 순간에 가장 잘 드러난다.[80] "인간적"인 것은 특이하게 역사적인 잠재적 실재로서 역시 우리가 인간이라고 부르기 좋아하는 동물적 신체를 통하여 나타난다. "인간성"은 우리의 동물적 신체의 집단적 삶의 역사적 경로에서 특정한 일화를 표현하는 하나의 나이테이다.

생명의 모든 동물적 형태가 그렇듯 인간은 존재의 기술을 가지며, 그것의 역할은 주변에서 언제나 일어나고 있는 비인간적 활동을 선별적으로 그 자신의 특수한 활동으로 보내는 것이다. 그 존재의 기술은 신체 자체이다. 감관은 존재의 기술로서의 신체가 가지는 절차이다. 신체는 단순한 활동의 자리이다. 즉 인간과 물질 사이의 구별없음indistinction의 지대, 명확한 경험적 형태를 취하기 시작하기 전 무엇인가 벌어짐이 언제나 이미 막 유발되고 있는 곳이다. 우리는 그들의 활동을 우리 자신의 것으로 받아들이면서 봄seeing이라는 사건을—확실히 전자에게는 새로운 것을 산출한다. 새로운 결과의 산출을 향해 사건이 포물선을 그리는 가운데 물리적 물질, 생명 물질, 인간적 생명-물질은 능동적으로 식별 불가능하다. 신체는 인간적 경험이 그 한가운데서 자신을 발견하게 되는, 활성-물질의 구별 없는 강도적 환경이다.

경험은 언제나 발명한다. 모든 지각은 창조적 활동으로서 변화의 사건을 산출하는 데서 정점에 달한다. 지각은 그 고유한 사건이다. 그 "내용"은 그것의 실현됨의 역동적 형상과 하나이다. 지각이 발명하는 것은 본질적으로 그 자체이다. 그것은 자기창조적이다. 그것이 상응하거나 그것이 반성하거나 재현하는 어떤 것도 "외부에" 있지 않다. 모든 지각은 — 동물의 삶의 경우 그 자신의 생성의 신체적 환경에 대하여 — 내재적이다. "밖에 있는" 어떤 "대상"을 볼 때 우리는 그 자체의 발생에 내재하는 우리 자신의 삶의 경과라는 가상을 보고 있는 것이다. 그 대상이 변화의 흐름 속에서 나태하게 모습을 드러낼 때 우리가 그것의 덩어리짐에 배타적으로 집중한다면 우리는 다음과 같은 추상을 체험하고 있는 것이다. 즉, 우리가 습관적으로 생명에 상반되는 것으로서의 물질이라고 부르고 싶은 유혹을 받는 것, 혹은 우리가 추상적인 것과 대조적으로 구체적인 것으로 생각하고 싶어 하는 것의 근본적으로 관성적 덩어리들에 세계가 도래한다는 추상이다.[81] 이것이 화이트헤드가 "잘못 놓인 구체성의 오류"라고 부르는 것으로, 그는 이것이 상식은 말할 것도 없고 철학은 물론 고전 과학 대부분의 접근에서 나타나는 골칫거리라고 여긴다.[82] 들뢰즈는 이것을 다음과 같이 바꿔 말한다. "구체적인 것의 반대는 추상적인 것이 아니라 이산적인 것the discrete이다."[83] 이산적인 것이란 불활성 물질 덩어리의 나태한 그저-거기에-있음이다.

"사실 자족적인, 국소적 위치 내에 자기충족적으로 존재하는 물질 입자의 관념은 하나의 추상이다."[84] 단순한 사실에는 "분리된, 자족적인 국소적 존재의 가능성은 없다."[85]

> 내가 주장하고 있는 학설은 물질적 본성도 생명도 우리가 그것을 "정말 실재적인" 사물들의 구성에 본질적인 요소들과 융합하지 않는 한 이해될 수 없다는 것이다. 그 사물들의 상호연접과 개별적 성격은 우주를 구성한다.…… 경험의 계기에서 생명의 기능을 생각할 때 우리는 앞선 세계에 의해 현시된 현실화된 여건과 경험의 새로운 통일 속으로의 융합을 촉진할 준비가 된 채인 비현실화된 잠세성들,[86] 그리고 이 자료와 그 잠세성들의 창조적 융합에 속하는 자기향유의 직접성을 구별해야 한다.[87]

체험된 추상은 그런 것이다. "추상은 본성의 상호작용 양태를 표현하며, 단순히 정신적인 것이 아니다. 추상할 때 사유는 그저 본성을 따를 뿐이다—혹은 오히려 자신을 본성 속의 한 요소로서 보여 주고 있다."[88] 신체로 말하자면 "그것은 외부 세계의 일부로서, 그것과 연속적이고," 동일한 "물질"(혹은 과정적 사실)로 만들어져 있다. 그것은 동일한 일반적 활동에 참가한다.

> 사실 〔신체는〕 그곳의 다른 어떤 것—강, 혹은 산, 혹은 구름만큼이나 자연 일부이다. 또한, 까다롭게 정확성을 따지자면 우리는 어

떤 신체가 어디서 시작되고 어디서 외부의 자연이 끝나는지 정할 수 없다. 특정한 분자가 하나 있다고 치자. 그것은 자연 일부이다. 그것은 수백만 년 동안 운동해 왔다. 어쩌면 멀리 떨어진 성운에서 시작되었을 수도 있다. 그것이 신체로 들어간다. 그것은 어떤 식용 채소의 한 요소일 수도 있다. 혹은 공기 일부로 폐로 들어간다. 그것이 입으로 들어가거나 혹은 피부를 통해 흡수된다면 정확히 어느 순간에 그것은 신체 일부가 되는가? 나중에는 정확히 어느 순간에 그것은 신체 일부이기를 그치는가? 정확성은 논외이다.[89]

유일하게 확실한 것은 신체가 가담하리라는 점이다. 그것은 세계의 일반적 활동의 일부를, 삶을-전진시키는 변화가 일어날 퍼텐셜을 표현하는 그 자신의 특수한 활동으로 가져갈 것이다. "삶에 대한 관념의 추상 속에 고려되는" 물질은 교착상태에 빠진다. "우리에게는 아무것도 발효하지 않는 활동의 관념이 남아 있다."[90] 아무것도 일어나지 않는다. "공허한 현실성."[91] 비활동주의 철학inactivist philosophy.

활동주의 철학인 사변적 프래그머티즘의 사고는 궁극적으로 자연에 속한다. 그 미학-정치학은 하나의 자연 철학을 구성한다. 그것이 모습을 드러내는 사건발생적 예술은 자연의 정치학이다.

그 관계적-질적 행위를 한마디로 요약하면 생태학이다. 활동주의 철학은 존재의 힘들에 관한 생태학을 고려한다. 한가운데서 생성하기. 인간적인, 아니, 인간적이며 그 이상인 자기향유의, 창조적 변화의 일어남.[92]

1장 에테르와 당신의 분노 : 사변적 프래그머티즘을 향하여

프래그머티즘은 종종 그 목적의 측면에서 오류를 범하는 것으로 이해된다. 무엇인가가 "유용하기 때문에 참"[1]이라고 하는 프래그머티즘의 금언은 미국식 도구주의의 철학적 절정으로 쉽게 희화된다. 대상은 그것의 목적, 즉 공리주의적 기능을 수행하는 그것의 퍼텐셜에 따라 세계 속에 등장하는 것으로 보일 것이다. 세계는 그 안에서 단호한 개인들이 의지에 따라 움직이는 착취 가능한 자원들의 무한한 집합이다. 그들은 사용된 세계 안의 사용자이다. 세계가 기능적 "현금-가치"[2]에 따라 규정된 대상들의 선구성된preconstituted 집합이라고 주장하는 극단적인 객관주의는, 목적의식이 분명한 인간 행위자가 그 자원들을 자유롭게 취하는 변경 주관주의로 이음새 없이 선회한다. 그 결과 프래그머티즘은 또한 주체 편에서의 오류로도 이해될 것이다. 윌리엄 제임스의 "순수 경험"과 같은 개념들은 그들이 명백하게 형언할 수 없는 주관적 본질에 호소할 때조차 객관주의를 확인해 준다. 유용성에 정박하지 않는다면 주체는 "흐름" 속에 휩쓸려 버릴 것이다.

제임스가 『진리의 의미』 서론에서 간곡히 제안하는 바와 같이 프래그머티즘의 힘을 평가하기 위해서 그것을 근본적 경험론의 연합된 이론의 문맥에서 이해할 필요가 있다. 『근본적 경험론에 관한 시론들』은 처음에 목적-대상에 대한 강조를 확인하는 것처럼 보인다. "앎이 현실적이고 실천적으로 다다르게 되는 것은, 지각대상들로-나아감, 다시 말해 지각대상들로-종료〔됨이다〕a terminating-in-percepts."[3] 그러나 "나아감"이라는 것은 이미 "사용"에 비해 훨씬 제약이 없다. 흡사 "지각대상"이 기능적 대상에 비해 그러하듯 말이다. 근본적 경험론이 주관주의도 객관주의도 되지 않으리라는 점은, 종료가 "세계가 제공하는 일련의 전이의 경험들을 통해" 일어나지만, 경험도 도달된 지각대상도 주관적으로 봉쇄된 의식 측면에서 이해되지 않을 것이라는 제임스의 설명에서 즉각적으로 선언된다.[4] 근본적 경험론에서 근본적인 것은, 한편으로는 거기에 기능적인-목적들로-나아가는-객관적-전이가 있고, 다른 한편으로는 주체 안에 그것들에 상응하는 경험들과-지각대상들이 있다는 점이다. 고전적으로, 대상과 그것에 연합된 조작은 세계 속에 있는 반면 그것을 등록하는 지각대상은 주체 안에 있다. 이와는 대조적으로 제임스가 말하고 있는 것은 **둘 다 전이 중이라는** 것이다. 사물들과 그들의 경험은 함께 전이 중이다. 이론적으로 객관주의와 주관주의의 양극단 사이에는 진동이 없다. 대상과 주체가 공유된 운동의 같은 쪽으로 쏠리기 때문이다. 질문은 그들을 같은 쪽으로 쏠리게 하는 **그들의 운동이 어떤 구별을 만드는가** 하는 것이다. 프래그머티즘을 도구주의와 동일시하는 이들이 그 답을 듣는다면 놀랄 것이다.

제임스는 회의론자인 친구에게 어떤 건물에 대해 묘사하는 단순한 사례를 이용한다.[5] 우리의 묘사를 입증할 수 있다고 말할 만한 것은 아무것도 없다. 그 친구의 입장에서 우리가 부정확한 사실이나 거짓을 말하지 않음을 확실히 알 수 있는 방법은 그 건물까지 함께 걸어가 우리가 말한 것이 그가 지금 우리와 함께 경험하고 있는 것으로 수렴한다는 사실을 가리켜 보이는 것뿐이다. 경험의 진리는 충족된 기대이다. 여기까지는 전부 지극히 평범하다. 그러나 제임스에게 지시적으로 가리키는 것은 주체에 의한 대상의 외적 참조라기보다는, "보행적"ambulatory 운동 속에서 두 주체를 동일한 위상으로 색인하는 것이다. 지시사는 주체들을 동일한 충족의 두 개의 극으로서 일치시킨다. 그것은 대상을 가리키기보다는 분배를 수행한다. 대상은 "그 자체로"는 중요하지 않다. 그것은 움직여 감 속에 결부된 이접적 관점들(회의론과 설득에 대한 열망)에서 접근될 때 차이생성적으로 중요하다. 대상은 운동의 그러한 주관적 양극을 위상화할 때 다시금 중요하다. 그들의 접근의 차이는 "저거야!"라고 가리키면서 말하는 공동의 능력에서 해소된다. 지시적 감탄은 그 요소들이 위상에 접어들게 하는 방아쇠로서, 운동 안으로 대상의 조작적operative 포함을 나타낸다. "대상"은 연결된 경험의 감탄부호이다.[6] 그러한 강조하는 역할에서 그것은 운동에 의해 "계속된다." 대상은, 관련된 "주체들"과 더불어 운동의 통일성으로 통합되는 차이생성적 양극으로서 중요하다. 통일성은 그 지시적 수행만큼 지속한다. 그것은 사건, 즉 주관적 요소들과 객관적 요소들을 합쳐서 동일한 동력을 공통-규정하는 상호 참여로 만드는 것이다.

사건의 여파 속에서 통일성은 차이생성들로 다시 해소되며, 운동은 상대적으로 다시 탈-규정되어 연속된다. 다시 말해 그 지점에서 무엇이 지시되었는지를 두고 나중에 가서 불일치가 일어날 가능성이 있다. 그때 운동은 다른 통합과 재규정을 외치며 그 걸음을 되짚어 지시를 반복할 수 있다. 대상은 다시 한번 운동에 의해 이어지지만, 더 이상 회의론의 대상만이 아니라 논쟁의 대상으로서 새로운 능력capacity 속에서 이어진다. 그 대상이 두 번째에도 첫 번째와 같이 운동에 의해 차이생성적으로 이어지는 엄밀하게 "동일한 것"이냐 아니냐 하는 것은 프래그머티즘이 관심을 두는 문제가 아니다. 관심의 대상은 펼쳐지는 차이생성들이, 그들이 역동적으로 상호 연관된 극들로서 중요성이 있는 통합하는 사건들의 안팎에서 위상화한다는 것 — 현행의 다자성 속에 강조된 일자성이 있다는 것이다.

"말단"의 전이적-규정적 본성이 일단 강조되면 사건의 요소들의 동일성이 그들의 통합에 앞설 수 없음은 명백하다. 대상이 규정적으로 무엇이 될 것인가와, 주체들의 역할이 엄밀히 어떤 것이 될 것인가는 각각의 통합 후에 회고적으로만 명석해진다 — 그 시간 즈음에 그들은 이미 다른 말단으로 이동 중이다. 이미 전체적으로 다시 되어 가는 중인 것이다. 제임스는 주체와 대상을 구성하는 것이 달라진다고까지 말하려고 한다. 어떤 말단에서 주체였던 한 요소가 다음에는 대상으로 이어질 수 있으며 혹은 동시에 둘 모두로서 기능할 수도 있다.[7] 지각주체인 우리가 언제든 다른 이에 의해 지각될 수 있다는 점을 기억한다면 이는 명백하다. 그 다른 이의 경험 속에서 우리는 하나의 대상으로 나타난다. 또는 어떤 대상이 객관적 지위에서 주관적 지위로 가로질러 가면서 기억으로 재탈환될 수 있다.[8]

주체와 대상은 프래그머티즘에 의해 주어진 조작적 규정들이다. 그것들은 어떠한 종류의 형이상학적 모순이나 대립에 놓이지 않는다. 그것들은 사건 속에서 그들의 복수적 이어짐에 따라, 언제나 임시적인 정체성에 우선하는 동력을 가진 지속하는 통합 운동과 탈동조화decoupling, 위상화와 탈위상화 속에서 추가로 규정된다.[9] 주체와 대상은 변이들로서—그들 자체뿐 아니라 서로 간에도—직접 파악된다. 그들의, 서로를 가로지르는 제약 없는 능력은 세계의 "재료"stuff 그 자체이다.[10] 그것이 경험의 재료인 것과 마찬가지로. "경험의 세계"라는 말은 중복적이다.

이런 제임스식 움직임들은 "순진한" 도구주의와 프래그머티즘을 동일시하는 어떤 관점도 약화한다. 후자가 세계의 지속하는 자기발명에 대한 철학으로 단호하게 방향을 틀게 함으로써 말이다. 창조적 철학으로의 이런 전환으로 인해 프래그머티즘은 다른 어떤 경향들보다 베르그손과 화이트헤드와 연맹하게 된다.[11] 군데군데서 제임스는 그런 전환을 한층 더 날카롭게 만든다. 그는 우리가 참으로 여기는 관념들이 99%가량의 빈도로 "지각적으로 종료되지 않"으며, "지속하는 것……은 완결된 의미의 앎을 대체한다"고 쓰고 있다.[12] 작동 중인 요소들의 동일성이 감탄을 나타내는 순간만이라도 규정적으로 명석한 객관적 혹은 주관적 역할로 결정화하게 되는 유효하게 종료된 경험은 예외이다. 세계는 통상 규정적 자기구두점들에서 한계를 시험한다.

> 예컨대 에테르-파동과 당신의 분노는 나의 사유가 결코 지각적으로 종료시킬 수 없을, 그러나 그들에 대한 나의 개념들이 나를 그들의 바로 직전까지, 색 가장자리chromatic fringes로, 그리고 그들의 실재적인 다음 효과들인 마음을 상하게 하는 말들과 행동들로 이끄는 것들이다.[13]

촉발-대상을 말단으로 하여 거기에 도착하는 일은 좀처럼 없다. 세계(경험)는 보통 "실재적인 다음 효과들"에 임박하는 데 만족한다. 하나의 말단은, 중력에 의해 우리를 끌어들이지만, 원심력에 의해 바로 밀쳐 내는 끌림 영역basin of attraction과 같다. 세계는 우리의 분노에서 멈추지 않는다. 어떤 분노한 말이나 행동은 눈덩이처럼 커져서 우리와 우리에게 속한 주변의 모든 것을 휩쓰는 드라마로 펼쳐진다. 우리는 언제나 다음 효과로의 원심적 돌진 속에 실재적으로 살아가고 있다.

> 우리는 말하자면 전진하는 파고점의 앞쪽을 살아가며, 앞으로 떨어지는 확정적 방향에 대한 우리의 감각이 우리가 우리 경로의 미래에서 대처할 수 있는 전부이다. 그것은 마치 미분 계수가 자체를 그려진 곡선의 적절한 대체물로서 의식하고 다루어야 하는 것과 같다. 하나의 경험은…… 속도와 방향의 변이에 대한 것이며, 여행의 끝에서라기보다는 그러한 전이들 안에 산다.[14]

목적-대상에 도달하거나 객관적 목적을 충족하기보다 우리는 영원히 서로를 대체하는 경험들의 연장 속에서 파도와 같은 경향들에 따라 움직여진다. "우리는 앞을 향해 살아간다." 그러나 우리가 늘 이미 굴러 왔기 때문에 "우리는 뒤를 향해 이해한다."[15] 즉 참여가 인지에 선행한다. 이것이, 우리는 두려워서 달리는 것이 아니라는 제임스의 유명한 말의 의미이다. 우리는 우리가 달리기 때문에 두렵다.

우리는 언제나 임박해 있어서 달려가는 현실을 의심할 새도 없이 계속해서 굴러가고 있다. 우리가 통과해 가는, [파도의] 마루와 골의 참 혹은 거짓에 관한 문제 — 그것이 "단순히" 주관적인지, 단순한 출현 또는 환영인지 — 는 발생하지조차 않는다.

> 이런 〔전이적〕 말단들은…… 자립적이다. 그것들은 다른 어떤 것의 "진리"가 아니라 단순히 **존재하며**, **실재**이다. 그것들은 "아무것에도 기대지 않는다."…… 차라리 경험의 전체 직물이 그것들에 기댄다.[16]

실용적 진리는 끝내 (혹은 더 정확히 끝없음 가운데) 의지와 길 사이의 기능적 어울림이나 주관적 지각과 자기동일적 대상 간의 명제적 상응에 의해 근본적으로 규정되는 것이 아니다. 오히려 그것은, 실재적-다음-효과들로 굴러가는 경험의 한계 시험의 자립과 관련되어 있다. 우리가 경험하는 것은 우리의 대상들의 확고한 정의나 우리 자신의 주관성이라기보다는 그것들의 함께 계속됨 — 그것들의 공유된 모멘텀이다. 세계에 휩쓸린 존재는 그 안에서 **체험된 믿음**lived belief을 구성한다. 다시 말해 직접적이고 움직이는 구체화한 참여적 믿음을 구성하는 것이다.[17] 믿음은 명제적이지 않다 ("그것은 〔현존재로〕 존재한다"that is [what it is]). 그것은 공포, 분노, 혹은 기대의 의심할 여지 없는 질주로, 그 대상은 그것이 완전히 정의되기 전에 이미 빠르게 과거로 축소되었다 ("그거였어!"so that was it!). "명확히 느껴지는 전이들은…… 앎이 담거나 의미할 수 있는 모든 것이다."[18] 파도를 탈 때 우리는 "온갖 종류의 무엇이 될 준비가 되어 있지만, 아직 어떤 명확한 **무엇**도 아닌 **그것**, 일자성과 다자성 모두로 가득한, 그러나 그것이 나타나지 않는다는 점에서 그들로 가득한 그것" 안에 있다.[19] 제임스는 이에 대해 다음과 같이 쓴다.

> [이것이] 내가 순수 경험이라 부르는 것이다. 그것은 아직은 다만 잠재적으로 혹은 잠세적으로 대상이거나 주체이다. 당분간 그것은 있는 그대로의, 질화되지 않은 현실성이며 단순한 **그것**이다.[20]

> 우리는 우리의 관념〔무엇인가를 지각하는 데 대한 우리의 기대〕이 현실적으로 그 지각대상에서 종료될 때에야 비로소 처음부터 그 관념이 참으로 **그것**을 인지하고 있었음을 "확실히" 알게 된다. 우리는 지각대상의 회고적 입증 능력에 의해 우리가 그것의 현실적 인식자였음이 입증되기 전까지 **잠재적** 인식자였다.[21]

주체들과 대상들의 공유된 운동이 어떻게 구별되는가 하는 물음에 대한 뜻밖의 답은 **잠재적–현실적**이다. (마루에서) 주체와 대상은 "아직" 결정되지 않는다. 그들은 다만 잠재적 주체이거나 잠재적 대상이다. 현실적으로 그들은 그들이 되어 있게 될 것what they will have been이다. 주체와 대상은 잠재적–현실적 구별의 같은 편에서 규정된다. 즉 그들은 회고적으로 (골에서) 나뉘는 것이다. 그들의 현실적 규정은 일종의 실험적 도플러 효과로서, 그들의 이미 경과함을 다음 파도가 밀려 올라오기 전의 순간적인 정적 속에 직접 등록한다. 주체와 대상은 유용한 효과를 초래하는 목적적 운동의 선구성된 정초가 아니다. 그들은 효과들이다. 다시 말해 운동–효과, 점차–

물러남이기도 한 직접 등록된 성과이다.

제임스는 어떻게 주체와 대상을 위상화로 또는 효과로 바꾸면서 우리가 세계에 대해 직접적이고 의심의 여지 없는 믿음을 가진다고 말할 수 있는가? 주체와 대상 사이에 정립된 관계가 없다고 해도 우리에게는 여전히 경험의 그 자체에 대한, 경과하지만 유효한 관계가 있기 때문이다. "사유는 사물과 동일한 것으로 만들어진다."[22] "출발점은 인식자가, 말단은 의미되거나 인식된 대상이 된다."[23] "최초의 경험은 최종적 경험을" 회고적으로 "인식한다."[24] 사유와 사물, 주체와 대상은 분리된 존재들이나 실체들이 아니다. 그들은 경험의 그 자체에 대한 관계의 환원 불가능하게 시간적인 양태들이다. 파도의 마루는, 마지막 말단에서 그것의 시작점으로부터 이미 예견된 목적-대상을 향하여 밀려 올라가는 전진하는 모멘텀 혹은 장래의 경향성, 그리고 시작점을 회고적으로 인식하는 주체가 되게 하는 실재적-다음-효과의 역류 사이의 간섭패턴이다. 경험 속에서, 계속되는 것은 되돌아온다. 세계는 목적에 도달하려는 그 고유한 기대들 너머 그 자신에게로 굴러든다. 그것은 시종일관 눈덩이처럼 커진다. 세계는 그 자체의 모멘텀에 산다는 의미에서 자립적이다. 그럴 때 세계는, 모든 회전의 끝이 시작으로의 회귀인 만큼 더욱, 그 자신을 둘러싸고 늘 "가산적으로"[25] 자신의 운동을 접으며, 나아가 그 현실적 반류伴流, wake 속의 박편들과 같이 잠재적 주체들과 대상들을 파생시킨다. 경험 세계의 모든 것은 이러한 자기증대 운동에 담긴다. 거기에는 어떤 대립이나 모순도 없으며, 다만 자족적 생성의 생산적 역설이 있을 뿐이다. 동일한 모멘텀을 통한 그 이상-되기와 다수-되기, 즉 다수의-그-이상의 하나를-향하여.

이로부터 우리는 근본적 경험론을 구성하는 것이 무엇인가, 그리고 프래그머티즘과 짝지어졌을 때 그것이 도구주의가 되지 못하게 하는 것이 무엇인가에 대한 제임스의 중심적 정의로 가게 된다. 그것은 **관계의 수위성**이다. 세계는 그 자신과의 계기적 관계를 중심으로 회전한다. 제임스는 관계들이 관계의 항들(주체, 대상, 감각 자료)만큼 실재적이라고 주장한다. 그리고 관계들은 그 자체가 경험된다.

> 경험들을 접속하는 관계는 그 자체가 경험된 관계여야 하고, 경험된 어떠한 종류의 관계든 체계 안의 다른 어떤 것이나 마찬가지로 "실재적"인 것으로 간주하여야 한다.[26]

> 경험의 부분들은 그 자체가 경험의 일부인 관계들에 의해 다음에서 다음으로 뭉친다. 직접 파악된 우주는 요컨대 어떠한 외계의 횡단-경험적 연접적 바탕도 필요로 하지 않으며 다만 그 고유한 권리 속에 연쇄되거나 연속된 구조를 가진다.[27]

일례로 증여가 있다. 증여와 같은 관계에 대한 우리의 상식적인 사고방식은 그것을 항들로 분석하거나 부분들로 분해한 다음에 그것들을 다시 합치는 것이 될 것이다. 이 경우 우리는 증여를, 주는 이(A), 선물(B), 받는 이(C)로 분해한다. 이론상 우리는 A와 B(주는 이와 선물), 그리고 B와 C(선물과 받는 이)로 재접속하여 증여를 다시 얻어야 한다. 그러나 우리가 실제로 얻게 되는 것은 두 개의 승계적 보유이다. A가 B를 보유하고, C가 B를 보유하지만, 이 보유들을 결합해 줄 아무것도 없다. 이 보유들을 결합해 주는 것은 항들이나 그들의 부분-대-부분 접속들에 있지 않다. 이 보유들을 결합해 주는 것은 넘어감의 다자성-안의-일자성이다. 그것은 스스로 보유되지 않은 채 부분들과 그것들이 보유하고 있는 것들을 관통하는 것이다. 또한, 보이지 않지만 놓칠 수 없이 경험되는 것이다. 그것 — 관계 — 은 주는 이에게 있지 않다. 선물에 있는 것도 아니며 받는 이에게도 없다. 그것은 이들 모두를 관통하는 것이며, 이들을 동일한 동력 안으로 결합한다. 그것은 통합적으로 다수의 사물이다. 다시 말해 "연쇄되거나 연속적"이다. 그것은 선물하게 하는 여하한 경향이다. 그것은 다른 이를 기쁘게 하려는, 혹은 다른 이를 자신에게 엮으려는 욕망이다. 그것은 대가를 돌려줘야 하는 의무이다. 선물은 결코 혼자 하는 것이 아니기 때문이다. 그것은 그 이상을 요구한다. 그것은 계열적이고 현행적이다. 어떤 선물이 바람직한가 또는 적당한가, 그리고 언제 해야 하는가 하는 타이밍과 순서를 규정하는 관습들 속에 있다. 그것은 또한 선물의 감각적 성질들(낭만적이지 않은 표현으로는 그 "감각 자료") 속에 있다. 그것은 향기나 반짝임이다. 그것은, 서로에게 또는 서로의 주변으로 접혀 하나의 경험적 외피를 형성하는 이 모든 것들이다. 그것은 "나타나지 않는다는 점에서 일자성과 다자성으로 가득한" 장場 — 증여를 위해 선물을 보유하는, 그리고 승계적 보유들을 동일한 사건으로 유지하는 비신체적 매체이다. 보유하는/결합하는, 통합적이고 보이지 않는 유예의 매체. 그것이면 된다.

유예-사건은 사회성의 비신체적 외피이다. 선물 관계는 완전히 사적이거나 객관적이지 않다. 그것은 직접적으로 사회적이다 — 사회적 관계에서 항들의 특수한 본성에 특이하게 독립적이라는 점에서 그렇다. 주는 이나 받는 이는 남성이거나 여성일 수 있고, 젊거나 늙었을 수 있고, 등등일 수 있다. 선물은 꽃이거나 다이아몬드 등등의 것일 수 있다. 보유들을 결합하는 그것은 기타 등등의 다양체이며, 온갖-종류가-될-준비가-되어 있는 것이다. 관계는 관계 속에서 항들의 특수한 규정들의 유예다. 그것은 항들만큼이나 실재적이며, 그 실재성은 다른 질서에 속한다. 그것은 내포 질서implicate order, 서로에게 사건적으로 접혀 있는 것들이-될-준비가-되어 있는 질서이다. 내포 질서가 한 사건의 질서라면, 그럴 때 모든 사건이 그렇듯 실재적-다음-효과들은 그것의 벌어짐으로부터 펼쳐질 것이다, 즉 연속될 것이다.

다시 한 번, "실재적-다음-효과"란 "전이가 우선이다"라는 의미이다. 선물은 제공자의 건네줌이 중단 없이 받아들여지는 사건에 의해 증여의 대상으로 규정된다. 상호적으로, 주는 이와 받는 이는 대상이 사건적으로 건네짐에 의해 증여의 주체들로 규정된다. 근본적 경험주의의 관점은, 도처에서 체험된 매체, 혹은 경험된 관계의 외피는 항들의 될-준비가-된 (잠재적인) 공존이고, 그것은 항들이 경과하면서 무엇이 될 것인지 결정하는 운동의 해체 불가능한 통일성 안에서 유지된다는 것이다. 그것은 관계 속의 항들이 그들의 관계와 다른 질서에 속한다는 경험 법칙으로 나타난다. 관계의 항들,

전체의 부분들은 사건들의 경로 위로 연속적으로 펼쳐진다. 그러나 그렇게 되는 것은, 그들을 동일한 사건 속에 전체화하고 장화하는, 접어 넣어진 질서, 또는 내포 질서 덕분이다. 공존의 논리는 분리의 논리와 다르다. 속함belonging의 논리는 일부가 됨의 논리와 다르다.

이것은 전체 그림을 (실재적인 것, 그것이 나타나지 않는 유예된 방식들을 포함하여) 얻기 위해서는 통접적 논리와 이접적 논리 두 가지를 동시에 가지고 운용해야 함을 의미한다. "근본적 경험론은 통일성과 불연속성 모두에 공정하다."[28] 그것은 진리와 환영, 주체-대상의 상응이라는 형이상학적 논점들을 연속성과 불연속성이라는 논점들로 번역한다.

이것들은 기본적으로 프래그머티즘의 논점들이다. 즉 언제 어떻게 단절할지, 그리고 단절할 때는 언제 어떻게 관계를 장화할 것이며 어떤 실재적-다음-효과로 그렇게 할 것인지. (우리는 결코 선물을 회수할 수 없다. 그것은 비신체적으로 우리를 서로에게 엮으며, 그렇게 함으로써 우리의 분리된 채로 있어 온 상태에 비가역적으로 끼어든다.)

근본적 경험론과 진리의 실용적 이론은 특이한 구축주의로 더불어 나아가며, 거기서 경험은 자립적인 동시에 자족적이고, 단절과 관계의 경과하는 논리들에 따라 언제나 발명된다. 사물은 언제나 경과하는 가운데 유용한 것으로 드러나기 때문이다. 그것은 에테르 파장만큼 잠정적이고, 당신의 분노만큼 덧없으며, 선물만큼 타락하기 쉽다. 사물들의 유일한 선험적 기능은 생성의 그것이다.

이런 식으로 사물들에 접근함으로써 우리는 우리 경험의 인지적 위상을 두고 소란을 떨지 않게 된다. 불신하고 있는가, 당신은? 조금 환영적이라고 느끼는가? 걱정하지 말라. 모든 것은 그것의 다음-효과만큼이나 실재적이다. 그저 다음-효과를 실재적으로 느끼게 해 줄 단절과 관계에 집중하라. 그런 어떤 사건에서도, 언제나 그렇듯, 우리는 이미 경험의 세계 속에 중복적으로 내포되어 있다.

우리는 세계를 믿기 때문에 목적을 가지고 그것을 주파하는 것이 아니다. 세계는 놀랍게도 이미 우리를 주파한다. 그리고 실재적으로 느껴지는 그것이 세계에 대한 우리의 믿음이다. 실재적으로, 참으로 임박하는 잠재적 참여가 현실적 인지에 선행한다. 이것이 제임스가 "우리는 사변적 투여에 의존해 산다"[29]라는 말로 의미하는 바이다. 우리는 세계가 우리의 삶을 주파하는 그 안에 우리 자신이 "투여된" 것을 발견한다. 모든 의식적인 순간에 그에 대한 우리의 참여는, 생명의 모멘텀에 대한 거부할 수 없는 느낌과 더불어, 이미 그리고 다시금 불신에 저항하면서 새롭게 작동되어 우리에게로 막 도래했기 때문이다. "사변"은, 세계 속에서 실재적-다음-효과들로의 영원한 이어짐 속에 우리의 능동적 내포에 대한 사고-느낌이다.

어떤 효과를 느껴지게 하려는 단절-과-관계, 이것이 예술의 정의이다. 근본적 경험론의 잠재적 우호적 관계주의에 의해 증식된 프래그머티즘은 결국 도구주의나 어떤 속류 기능주의와 연합하는 것이 아니라 예술(살아 있는 예술, 삶의 예술들)과 연합한다. 그것은 목적-용도보다는 전이적 표현, 즉 창조적 철학과 관련된다. 진리는 "밖에" 있지 않다. 그것은 제작 과정에 있다.

2장 벌어지는 것에 대한 사고-느낌 : 근본적인 것을 경험론으로 되돌려 놓기

V2_불안정한 매체 연구소Institute for the Unstable Media 1 : 인터랙티브 아트interactive art에서 중심이 되는 것은 — 회화와 조각, 비디오 설치 미술 등의 좀 더 전통적인 미술에서처럼 — 작품이 관객에게 모습을 드러내는 미적 형상이라기보다는 작품이 관객에게서 촉발하는 행동behavior입니다. 그럴 때 관객은 작품의 참여자가 되고, 작품은 참여자의 행동에 반응을 보입니다. 인터랙티브 아트에서는 대상과 관객이라는 고전적 이분법의 양편 모두로부터 행동이 필요합니다. 회화나 설치 또한 특정한 행동들을 — 응시에서 흥분으로 — 촉발하지만, 그들이 관객에게 영감을 준 행동의 결과로서 그것들 자체가 변화하지는 않습니다. 그것은 일방통행이고, 거기에는 교환이 없습니다. 이로부터 몇 가지 질문이 생겨납니다. 첫째, 인터랙티브 작업은 관객에게서 어떤 행동을 환기하려는 목적을 갖는데 그렇다면 그것은 "흥미로운", 또한 그러므로 어떤 식으로 미적인 형상을 갖지 않고서 그렇게 할 수 있을까요? "작품을 만져도 됩니다"라거나 "작품과 상호작용할 수 있습니다"라는 표지를 다는 것으로 충분합니까? 상호작용이 관객이 지속적으로 상호작용하게 만들 수 있을 만큼 "흥미로운" 것은 언제입니까? 이러한 상호작용이 우리가 예술의 현상과 연합하는 종류의 미적 경험을 생성할 수 있거나 해야 할까요? 혹은 인터랙티브 아트는 보다 전통적인 미술 형식들에 비해 다른 종류나 유형의 경험들에 관한 것입니까?

브라이언 마수미(이하 BM) : 당신이 이런 물음들을 제기해 주어서 반갑습니다. 나는 지금이야말로 인터랙티브 아트와 관련해 미학을 다시 논의해야 할 때라고 생각합니다. "작품과 상호작용할 수 있습니다"라고 써 붙여 놓는 것만으로 충분치 않다는 것은 명백합니다. 우리 삶에서 점점 더 많은 것들이 그렇게 말하고 있지만 우리는 그것들을 예술이라고 부르지 않습니다. 종종 우리는 그것들을 어떤 강한 의미에서도 흥미롭다고조차 말하지 않습니다—차라리 재미있다고 말하죠. "상호작용해 주세요"만으로 충분히 규정할 수 있는 범주가 있다면 그것은 예술이 아니라 게임일 것입니다. 엄밀한 의미의 게임 너머에는 다른 영역들로 이주한 게임 패러다임이 있습니다.[2] 우리는 그것을 정보통신에서 대규모로 보지만 마케팅, 디자인, 트레이닝, 교육에서도 보게 됩니다. 게임 패러다임은 그런 곳에서 진지하고 유용해집니다. 상호작용성은 유용한 것을 덜 지루하게, 진지한 것을 보다 매력적으로 만들 수 있습니다. 그것은 퍼포먼스를 강화합니다. 그것은 거대한 사업입니다. 그것은 좀처럼 예술을 자처하지 않죠. 이 때문에 인터랙티브 아트를 예술로 만드는 것은 무엇인가 하는 물음을 더욱더 끈질기게 던지게 되는 것입니다.

V2 : 그렇다면 당신은 그 질문에 어떻게 접근합니까? 특히 인터랙티브 아트가 전통적인 예술과 구별되는 점을 규정할 수 있게 해주는 방식으로 말이죠.

BM : 개인적으로는 그 질문에 접근하기 위해서 형상이라는 물음으로 되돌아갈 수밖에 없다고 생각합니다. 그런데 그것은 미학과의 재접속을 요구합니다. 그것은 새로운 미디어 아트에서 환영받는 입장은 아니죠. 미학적 범주들은 과거에 속한 것이라고 보는 태도가 만연해 있습니다. 많은 사람은 당신이 거론한 이유로 [미학적 범주들을] 그냥 적용하지 않는다고 말할 것입니다. 상호작용은 양방향이고, 그것은 참여적이며, 형상形相을 전시하기보다는 행동을 환기한다는 이유 말입니다. 확실히 형상은 죽었다고들 말하게 되었습니다. 우리가 더는 그런 식으로 생각하거나 말할 수 없다는 것입니다. 그것은 거의 금지명령입니다. 그것이 진지한 문제가 아니라고 말하려는 것이 아닙니다. 그것은 진짜 문제를 확인시켜 줍니다. 많은 새로운 미디어 아트에서 참가자의 반응으로 정확히 무엇이 벌어질지가 결정되고, 결과물이 가진 일종의 개방성을 보게 되는데 우리가 어떻게 형상에 대해 말하겠습니까? 작동할 때마다 상호작용이 변이를 산출하고, 그 변형이 원리상 무한하므로 특정한 예술 작품the artwork이라는 것이 존재하지 않는데요? 예술 작품이 많은 결과물을 낳는데요? 또는 그 작업이 네트워크화되어 있어서 상호작용이 시간과 공간 속에 분산되어 있고 결코 하나의 특정한 형상으로 갈무리되지 않는 경우와 같이 그것이 전파되는데 어떻게요?

우선 우리는 형상이 완전히 고정되어 있다는, 안정된 형상이 있다는 관념을 벗어나야 합니다 — 구상화와 같은 전통적인 미적 실천들에서조차, 혹은 장식적 모티프처럼 일상적인 것에서조차 그렇습니다. 고정된 형상 같은 것이 있다고 하는 관념은 사실 예술에 대한 가정인 동시에 지각에 대한 가정이기도 합니다. 그것은 시각이 역동적이지 않다고 — 그것이 그저 그곳에, 단순하고 불활성으로 있는 어떤 것을 수동적이고 투명하게 등록하는 것이라고 가정합니다.

시각이 안정적이라면 미술을 역동적으로 만들기 위해 운동을 추가해야 합니다. 그러나 시각이 이미 역동적이라면 질문은 달라집니다. 그것은 운동이 있고 없고의 문제가 아닙니다. 운동은 언제나, 어떤 경우든 있습니다. 따라서 우리는 운동의 종류를, 경험적 동역학의 종류를 구별하고, 그다음에 그것들이 어떤 차이를 만드는지 물어봐야 합니다.

V2 : 운동은 어떤 식으로 시각에 존재합니까? 당신이 이 맥락에서 장식적 모티프에 관한 이야기를 꺼내니 우리 둘 다 관심 있는 저자인 예술 철학자 수잔 랭거가 떠오릅니다. 예술에서 지각적 운동에 관한 그의 이론들을 말하고 있는 겁니까?

BM : 바로 그렇습니다. 랭거는 우리가 현실적으로는 보지 않는 것들을 보게 된다는 것을 알려 줍니다. 우리 모두 그것을 알고 있지만 우리는 그것을 환영이라고 부름으로써 털어 버리는 경향이 있습니다. 마치 무엇인가 일어나지만, 그것은 실재적이지 않고 거기에는 경험에 대해 말해 주는 아무런 중요한 것도 없다는 듯이요. 하지만 "무엇인가 벌어진다"는 것이야말로 실재의 정의 아닙니까? 질문은, 우리가 현실적으로 보지 않는 것들을 본다는 불편한 현실이 지각의 본성에 관해 정확히 무엇을 말하는가 하는 것입니다. 자, 그것은 모든 것을 변화시킵니다. 랭거는 우리가 많은 전통적 장식 미술에서 보는 나선형 식물 문양 종류라는 단순한 사례에서 출발합니다. 그는, 우리가 나선을 보는 것이 아니라 나선을 그리는 것spiral*ing*

을 본다는 명백한 사실을 진술합니다. 우리는 그 디자인을 **통해** 흐르는 **운동**을 봅니다. 모티프를 본다는 것은 그런 것입니다. 형상들은 움직이고 있지 않지만 우리는 그것을 보며 운동을 보지 않을 수 없습니다. 그것은 실재의 또 다른 정의일 수 있을 것입니다. 즉 우리가 그것을 대면했을 때 경험하지 않을 수 없는 것입니다. 그것을 환영이라고 부르는 대신 ― 우리가 현실적으로 볼 수 없지만 보지 않을 수도 없는 이 운동을 ― 그냥 추상적이라고 부르면 어떻습니까? 실재적이고 추상적인 것입니다. 이러한 추상의 실재성은 현실적으로 거기 있는 것을 대체하지 않습니다. 그것을 보충하죠. 우리는 그것을 현실적 형상과 **더불어** 그리고 그것을 **통해** 봅니다. 그것은 현실적 형상으로부터 **도약합니다**takes off. 현실적 형상은 그것을 위한 발판과 같습니다. 그 디자인이 현실적으로 거기 있지 않다면 우리는 그 운동을 보지 못할 것입니다. 그러나 우리가 그저 현실적 디자인만을 본다면 우리는 우리가 지금 보고 있는 것 ― 모티프 ― 을 보고 있지 않을 것입니다. 현실적 형상과 추상적 동력은 동일한 경험적 동전의 양면입니다. 그것들은 분리 불가능합니다. 그것들은 동일한 실재의 두 차원처럼 융합되어 있습니다. 우리는 이중으로 보고 있습니다.

V2 : 그리고 그것은 어떤 대상 ― 말하자면 그 모티프를 암시한 잎사귀들 자체를 보는 것과는 다르다? 당신은 이것이 지각의 본성에 관해 무엇인가 말해 준다고 이야기하고 있지 않았습니까?

BM : 그렇습니다, 다음 질문은 대상들에 대한 이른바 자연적 지각에서 동일한 것이 일어나는가 하는 것입니다. 그렇다는 것은 명료합니다. 예컨대 하나의 대상을 보는 것은 볼륨을 보는 것입니다. 우리는 볼륨을 추론하지 않습니다. 우리는 대상의 양감[볼륨감]을 그것에 대해 생각할 필요 없이 직접, 비매개적으로 봅니다. 우리는 "보자, 저기 나를 향한 면이 있어, 거기에는 뒷면이 있는 것이 틀림없어. 이건 저것이 3D 사물이고, 따라서 내가 그 주변을 걷고 그 외부를 보고 만질 수 있다는 뜻이지"라고 생각하지 않습니다. 우리가 이렇게 생각하지 않는 것은 우리가 아무것도 생각하지 않기 때문입니다. 우리는 그냥 봅니다. 우리는 우리 앞에 대상으로서 직접, 비매개적으로 있는 것을 봅니다. 우리는 그것에 "뒤가 있음"을 실제로 반대편을 둘러보지 않고도 압니다. 그것이 바로 그 대상을 한 표면에 대한 추론이 아니라 대상에 대한 지각으로 만드는 것입니다. 우리는 실재적으로 그러나 내포적으로 – 추상적으로 – 그 대상의 양감을 보고 있습니다. 한 대상의 지각된 형태shape는 볼륨에 대한 이 추상적 경험입니다. 어쨌든 그 일부인 것입니다. 왜냐하면, 우리는 또한 대상의 중량감도 직접, 비매개적으로 보기 때문입니다. 우리는 예컨대 질감texture을 통해 무게감을 봅니다. 양감과 무게감은 그 자체로 가시적인 것이 아닙니다. 그러나 어떤 대상을 보면서 그것들을 못 볼 수는 없습니다. 사실 우리는 그것들을 그 대상의 형상에서 봅니다. 형상은 현실적으로 그것이 아닌 – 그리고 현실적으로 비가시적인 온갖 종류의 것들로 가득합니다. 기본적으로 그것은 퍼텐셜로 가득합니다. 우리가 어떤 대상의 모양을 볼 때 우리는 그 반대편까지를 빙 돌아서 보는 것이 아닙니다. 실제로 우리가 보고 있는 것은 반대편을 보는 우리의 능력입니다. 우리는 그 대상의 형상에서 걸어 다니고, 다시 바라보고, 손을 뻗어 만지는, 우리 신체가 가진 퍼텐셜을 보고 있습니다. 그 대상의 형상은 능동적인, 구체화한 퍼텐셜들 전체가 현재의 경험 속에 나타나는 방식입니다. 요컨대 시각이 운동감각으로 연계되고, 운동감각이 촉각으로 연계될 수 있는 방식입니다. 우리가 대상에서 보는 퍼텐셜은 우리의 신체가 자신이 처하게 된 세계의 일부를 삶의 이 특수한 순간에 연결할 수 있도록 해주는 방식입니다. 우리가 직접, 비매개적으로 한 대상을 볼 때 우리가 추상적으로 보는 것은 체험된 관계—생명 역동성입니다.

되풀이하지만 우리는 우리가 대상의 현실적 형상이라고 생각하는 것을 대신해서 그것을 보는 것이 아닙니다. 우리는 다시 이중으로 보고 있습니다. 그러나 이번에 우리는 그 일련의 추상적 퍼텐셜들"과 더불어 그리고 [그것들을] 통하여" 현실적 형상을 보고 있습니다. 우리가 한 표면만이 아니라 어떤 대상을 직접 보고 있는 이유는, 우리가 보고 있는 것의 양감과 무게감—그 대상의 비가시적 성질들마저 경험할 때에야 비로소 그 대상을 볼 수 있기 때문입니다. 어떤 대상을 본다는 것은 그것의 성질들을 투시해 보는 것입니다. 그것이 이중성입니다. 우리가 현실적으로 가시적이지 않은 것을 질적으로 보고 있지 않다면 우리는 대상을 보는 것이 아니며, 우리는 객관적으로 보고 있는 것이 아닙니다. "대상화 자체는 추상이다.……추상은 자연의 상호작용 양태를 표현하며 그저 정신적이기만 한 것이 아니다."[3] 들뢰즈는 그 점을 이해시킵니다. "추상적인 것은 체험된 경험이다.……우리는 추상적인 것만을 체험할 수 있다."[4]

특정한 경향은 구체화한 지각에서 이것을 깊이 고찰합니다. 예컨대 알바 노에는 모든 시각적 지각이 "잠재적"이라고 결론 내립니다.[5] 그는 본다는 것이 일종의 행동이라고 말합니다. 다만 나라면 그것이 현실적 행동이 없는 행동—잠세적으로 나타나는 행동을 수반하는 행동이라고 하겠습니다. 우리는 결코 우리 눈앞에 현실적으로 있는 것을 그저 등록하지 않습니다. 시야를 통해 우리는 늘 지각 불가능한 성질들을 보고, 추상적 퍼텐셜을 보고, 내포적으로 생명 역동성을 보며, 잠재적으로 관계를 체험합니다. 그것을 대상이라 부르는 것은 다만 일종의 약칭입니다. 그것은 사건입니다. 한 대상의 출현은 온갖 종류의 잠재적 운동으로 가득한 하나의 사건입니다. 무엇인가 일어났으므로, 다시 말해 신체가 능력을 부여받았으므로 이것은 실재적 운동입니다. 그것은 관계적으로 활성화되었습니다. 그것은 도래할 수 있는 것을 위하여 태세를 갖추고서 세계 속에 살아 있습니다. 그것은 또한 "보입"니다—거기에는 모든 지각에 수반되는 살아 있음의 감각이 있습니다. 우리는 그저 보는 것이 아니라 우리 자신이 살아 있음을 느낍니다. 모든 지각은, 대니얼 스턴의 용어를 빌자면 그 고유한 "활력 정동"vitality affect과 더불어[6] 도래합니다.

그러므로 우리는 어떤 모티프에서 운동을 봅니다. 그 형상은 신체가 일습의 특정한 퍼텐셜들을 위한 태세를 갖추도록 합니다. 디자인은 특정한 활력 정동—이를테면 우리가 바스락대는 잎들의 가지를 따라 시선을 내리고 손으로 그 운동을 따라가는 것과 같은 감각을 불러일으킵니다. 그러나 그러한 생명 역동성은 그것을 위한 퍼텐셜이 현실적으로 체험되지 않은 채 도래합니다. 그것은 우리가 "현실적으로" 잎들을 볼 때와 동일한 체험된 관계이고, 동일한 퍼텐셜입니다. 그러나 그것은 순수하게 잠세적입니다. 우리는 그것을 체험해 낼 수 없습니다. 우리는 단지 내포적으로—이런 형태로—그것을 안에서 체험할 수 있을 뿐입니다. 흡사 그 모티프가 잎이라는 추상을 취하여 그것을 보다 추상적으로 보이게 만든 것 같습니다. 더없이 추상적인 지금의 외양으로 만든 것입니다. 그 신체에는 능력이 주어졌지만 능력은 달리 갈 곳이 없습니다. 그것은 유예되어 있습니다. 랭거는 이것을 "가상"[7]이라 부릅니다. 그 개념은 예술과 생생함aliveness에 대한 발터 벤야민의 초기 저술에서 놀랄 만큼 유사한 방식으로 등장합니다.[8]

가상은 대상 지각에 고유한 추상을 취하여 그것을 더 높은 힘으로 가져갑니다. 그것은 현시된 퍼텐셜들을 유예시킴으로써 이것을 합니다. 퍼텐셜들의 유예는 그것들을 시각적 형상으로 유지함으로써 그것들을 더욱더 분명하게 만듭니다. 촉각과 운동감각으로의 연계는 일어나지 않을 것입니다. 이러한 퍼텐셜들은 단지 나타날 수만 있으며, 시각적으로 나타날 수 있을 뿐입니다. 전 영역 지각full-spectrum perception인 사건은 잠재적이며, 잠재적인 것에 머물 것입니다. 생명 역동성은 순수한 시각적 외양으로서 잠재적으로만 현시됩니다.

이는 다른 수준의 활력 정동을 낳습니다. 가상을 보는 것은 다르게 느껴집니다. 장식적 모티프처럼 지극히 평범한 것에조차 시야가 비가시적인 것을 본다고 느끼는 다소 두려운 낯섦의uncanny[9] 감각이 있습니다. 시각의 활동, 현재의 그것과 같은 종류의 사건, 그것이 언제나 갖는 잠재적 차원이 강조됩니다. 그것은 일종의, 지각 안의 지각 사건에 대한 지각입니다. 우리는 시각 자체의 활력 정동을 경험합니다. 이것은 내가 말했던 지각의 이중성이 자신을 깨닫게 되는 것과 같습니다. 일종의, 지각의 직접적이고 비매개적인 자기참조성입니다. 나는 원격 지각이나 언어에 의해 매개된 지각에 대해 생각하는 자기참조성을 뜻하는 것이 아닙니다. 이것은 지각 속의 지각에 대한 사고이며, 그것이 느껴질 때 그 발생의 직접성 속에 있습니다—시각적 형상을 한 사고-느낌입니다.

가상은—순수 외양, 자기추상적 지각, 사고-느낌 등—무엇이라 불리든 이른바 자연적 지각 속에서 발생합니다. 범주라는 것이 있은 적이 있다면 그것은—잎사귀 모티프를 보는 것이 잎사귀를 보는 것보다 뭔가 덜 자연적이라든지 하는 식의—호도하는 범주입니다. 하지만 거기에는 중요한 차이가 있습니다. 어떤 대상에 대한 지각은 또한 가상에 대한 사고-느낌을 수반합니다. 다만 가상에는 배경이 있습니다. 어떤 대상은 우리가 그것의 뒤쪽, 볼륨, 무게와 같은 것들을 사고하고-느끼는 한에서 가상입니다. 그러나 그 사고-느낌은 그 대상성objectness이 암시하는 잠재적 행동의 흐름 뒤로 미끄러집니다. 우리는 활력 정동, 즉 질적 차원의 "두려운 낯섦의" 우려가 간과된 채 지나가도록 내버려 둡니다. 대신에 우리는 지각이 제공하는 작용과 반작용의 도구적 측면을 향합니다. 경험의 자기성찰에는 배경이 쳐집니다. 관계적 생생함의 감각은 살아 있는 것 안으로 사라집니다. 대상이 현재 상태인 대상으로서 나타나는—마치 그것이 그 고유한 질적 본성의 아우라와 더불어 자신을 이중화하는 듯한 – 방식의 "두려운 낯섦"은 행동의 연쇄 속으로 사라집니다. 우리는 지각 안에 살아 있기보다는 지각을 살아 냅니다[실행합니다]. 예컨대 우리는 의자가 그저 의자일 뿐이 아니라는 것을 잊습니다. 하나의 의자인 데 더해서 그것은 의자 같이like 보입니다. 대상의 그 자체와 "같음"likeness, 그것의 직접적 이중성은 모든 지각에 기시감의 실마리를 줍니다. 그것이 두려운 낯섦입니다. 사물들의 "같음"은 질적 가장자리, 또는 전적으로 인기 없는 용어를 쓰자면 다자성의 전조인 아우라입니다. 그것은 지각에서 지각의 경과를 대신합니다. 그것은 이 과거의 의자와 그것과 "같은" 미래의 의자들의 느낌입니다. 그것은 생명이 계속된다고 하는, 이 의자의 느낌입니다. 그것은 대상에서, 행동이 아닌 생명 자체의 흐름과 그 대상의 관계, 그 역동적 전개, 그것이 언제나 그 고유한 퍼텐셜을 통해 지나가고 있다는 사실을 현시합니다. 그것이 그 의자가 우리를 앉힐 수 있다는 것을 우리가 알았을 때 생명이 느끼는 방식입니다. 안토니오 다마시오의 말을 빌리면 그것은 "무엇이 일어나는가에 대한 느낌", 지금 여기 살아 있음, 과거에 많은 다른 곳에서 그러했고 앞으로 여러 번 도래하게 될 살아 있음이 무엇과 "같은"가[어떠한가] 하는 배경의 느낌입니다.[10] 예술은 그 활력 정동을 표면화합니다.

이 모든 것은 예술과 "자연적" 지각을 합치는 방식을 암시하는 동시에 여전히 그들을 구별하는 방식을 간직합니다. 예술에서 우리는 현실적 형상"과 더불어 그리고 그것을 통하여" 생명 동역학을 봅니다. 혹은 차라리, 우리는 이런 식으로 언제나 관계적이고 과정적으로 보지만 예술은 우리에게 우리가 이런 식으로 본다는 것을 보게 합니다. 그것은 활력 정동이 느껴지도록 하는 기술입니다. 그냥 두었다면 행위의 흐름 뒤로 미끄러지거나 그저 내포적으로 느껴질 것에 대한 외현적explicit 경험을 만드는 기술. 지각 불가능한 것을 나타나게 만드는 기술. 모든 지각에서 동일한 것이 벌어집니다. 모든 경험에는 인위성artfulness이 있습니다. 예술과 일상의 지각은 서로 연속됩니다. 그러나 일상의 경험에서는 강조점이 다릅니다. 그것은 전부 강조점의 문제, 언제나 함께 일어나고 절대적으로 서로를 필요로 하는 경험의 차원들의 전경과 배경의 경제입니다. 예술은 역동적인, 현행적으로 관계적인 극極을 전경에 놓습니다. 일상의 경험은 대상으로-정향된 것, 작용-반작용이라는 도구적 극을 전경에 놓습니다. 그 [도구적] 극은 그것이 우리의 행위에 두드러진 위치 — J. J. 깁슨의 용어로는 "행동유도성"affordance 11 — 를 제공하므로 안정적인 인상을 줍니다. 우리는 두드러진 위치에 주목합니다. 그리고 그 동일한 동전의 반대편, 지나가는-관계 쪽이 우리가 지각으로부터 추출할 수 있는 용도 뒤쪽으로 미끄러지게 합니다. 예술은 모든 형상이 생명의 전 영역에 걸친 **역동적 형상**이라는 사실을 상기시킵니다. 고정된 형상 따위는 없습니다 — 그것은 달리 말하면 시각의 대상이 잠재적이라는 것입니다. 예술은 필연적으로 그러나 정상적으로 지각되지 않은 사실을, 우리를 살아가게 하는 사물들에 대해서만큼이나 생명 자체에 대한 질적 지각 안에서 지각 가능하게 만드는 기술입니다. 예술은 — 삶의 잠재성을 더 완전히 경험하면서 — **삶을 안에서 살기**living life *in*의 기술입니다. 삶을 보다 강렬하게 살기. 존재의 기술(3장).

이것은 또한 예술에서 상호작용의 문제를 다루는 방식을 시사합니다. 그리고 그것이 예술이냐 아니냐 하는 물음이 어째서 그토록 지속적으로 제기되는가 하는 이유를 시사합니다. **상호작용성**이라는 용어에도 불구하고 경험의 역동적 형상은 그 모든 차원에서 거의 강조되지 않습니다. 강조되는 것은 기술적 대상의 형상, 그것이 무엇을 제공하는가 하는 것입니다. 강조되는 것은 그것이 행위에서 반응으로, 그리고 다시 반대로 연계하기 위해 제공하는 두드러진 자리입니다. 사회적 관계란 그런 것이겠지만, 경험의 역동적 형상은 기술적 대상의 현실적 형상 속에 구체화하므로 도구적 행동유도성으로 환원되는 경향이 있습니다. 그것은 객관적 기능으로 구체화합니다. 기술적 대상은 행위로-가득-차 있습니다. 그러나 행위의 의미는, 존재하는 필요 또는 욕구로 받아들여지는 것에 반응하도록 폭넓게 선결정된 작용-반작용의 기능적 순환에 제한되고 종속됩니다.

상호작용은 행위들 사이에서 대체로 도구적 기능으로 환원된 채 앞뒤로 오가는 바로 그런 것입니다. 가상의 교훈은 지금 일어나고 있는 것의 체험된 실재가 질적으로 그 이상의 것이라는 것입니다. 그것은 삶의 "두려운 낯섦의" 그-이상을 세계 속에서 전개되는 체험된 관계로서 포함합니다. 그 세계의 모든 순간에는 잠재성이—추상적으로 느껴진, 삶 자체의 "뒷면" 혹은 양감이 강도적으로 퍼져 있습니다. 집중된 것이 도구화된 작용-반작용 순환들일 때 전면으로 부각되는 것은 행위의 흐름 속에서 차회성nextness의 요소입니다. 경험의 양감, 그 전방위성과 그-이상에-대한-선호는 느낌을 회피합니다.

그러므로 나는 상호작용성과 관계를 구별합니다. 나는 **상호작용성**이라는 말을, 그 객관적으로 구체화한 도구적 기능의 매개변수들로 수축하는 경향이 있는 역동적 형상을 가리키는 데 씁니다. 나는 **관계**라는 말로 역동적 형상이 실재적으로 포함하고 있는, 그 가상 안에서 잠재적이고 추상적으로 자기표현된 활력의 전 영역을 가리킵니다. 상호작용성은 도구의 기능에 집중하여 가상적semblant 표현을 훼손하는 지경에 도달할 때 그 고유한 예술적 차원을 배경으로 만듭니다. 그것이 우리가 인터랙티브 아트의 참여자들에게서 너무나 흔히, 그 경험이 비디오 게임처럼 느껴졌다는 논평을 듣게 될 때 벌어진 일입니다. 우리는 종종 우리가 발견하고 정복해야 하는 트릭이 있다고 느끼며, 일단 그것을 해 내고 나면 거기에 대해 감을 잡고 그것이 어떻게 "작동하는지" 알게 되므로 관심을 잃게 됩니다. 우리가 그에 대한 감을 얻었을 때 무엇인가가 보다 설득력이 있어지는 대신 강도를 잃는다면 이는 그것이 완전히 체험된 관계보다는 선규정된 객관적 기능의 수준에서 작동하고 있음을 확실히 보여주는 징표입니다.

모든 인터랙티브 아트가 이런 일을 하고 있다고 말하는 것이 아닙니다. 다만 이것이 인터랙티브 아트 앞에 자동적으로 놓이게 되는 함정이고, 그것이 본성적으로 붙들고 씨름해야만 하는 문제라는 것입니다. 문제는 이것이 게임과 어떻게 다른가 하는 점입니다. 이는 주류 정보 자본주의가 이미, 게이밍 패러다임을 일반화함으로써 상당한 이득을 보며 하는 것과 같은 일을 하는 것은 아닐까요? 그것의 어떤 점이 새롭거나 다르거나 강도적 느낌이거나 활력적으로 방대하거나 잠재적으로 자유롭습니까? 작용–반작용 순환이 예술적으로 중지되거나 (이 문맥에서는 더 나은 경우로) 행위선 action line 자체에 그 자체의 연속적 가상, 제공되고 취해진 행동유도성의 기능적 지각을 이중화하는 그것의 특이한 사건성에 대한 현행적 지각이 수반될 때, 역설적으로 경험의 역동적 형상의 강도는 가장 효과적으로 나옵니다. 작용–반작용을 중지하거나 추상적으로 이중화하는 지각에 대한 지각의 산출은 들뢰즈가 자신의 『시네마』 1·2(1986, 1989)에서 과거의 역동적 형상과 관련하여 길게 전개하는 관념입니다.

V2: 당신이 상호작용성을 궁지에 몰아넣은 것처럼 들립니다. 인터랙티브 아트가 구체적 행위에 관한 것이고 예술이 더 추상적인 지각에 관한 것이라면 그것은 결코 실제로 예술을 열망할 수 없을 것처럼 들립니다. 당신이 그 문제에 접근하는 방식 또한 예술에 대한 매우 오래된 어떤 관념들—예컨대 그것이 "무관심적"이라는 고전적 관념을 소생시키는 것처럼 보입니다. 그 관념에 대한 모더니즘적 견해는 예술이 "소격"estrangement에 관한 것이어야 한다는 것입니다. 인과적 작용–반작용 연쇄의 유예라는 당신의 관념은 이런 개념들을 회복시킨 것일 뿐이 아닌가요? 그것은 많은 새로운 미디어 아트의 이면에 자리하는 주요한 동기를 무시합니다. 많은 이들이, 예술을 하는 전통적 방식은 바로 그것이 유예하기 때문에 수동화되

는 것이라고 여깁니다. 그 예술적 제스처는 예술의 "자율성"에 대한 잘못된 인식을 창조하기 때문에 비판됩니다. 그것을, 그리고 예술의 아우라를 가리켜 많은 이들은 엘리트주의라고 말할 것입니다. 인터랙티브 아트는 예술을 그 게토로부터, 갤러리로부터, 프레임으로부터 삶 속으로 끌어내도록 의도됩니다. 그런데 당신은 그것에 생생함이 없다고 말하고 있습니다. 상호작용성이 종종 해방적인 것으로 여겨지는 것은 이런 것을 시도하기 때문입니다. 많은 실천가에게 있어서는 그것이 중요한 점입니다. 이런 식의 비판에 대해 어떻게 답하시겠습니까?

BM : 나는 삶을 예술로, 또 예술을 삶으로 가져가려는 시도들을 전적으로 지지합니다 – 다만 종종 이것이 왜 그리고 어떻게 이루어져야 하는가를 설명할 때 등장하는 예술과 삶에 대한 모든 추정에 동의한다고 말하기는 어렵습니다. 이를테면 나는 이런 종류의 비평에서 프레임화의 개념이 종종 매우 환원적이라고 생각합니다. 그러나 그 문제로 들어가기에 앞서, 상호작용에 대한 일종의 전제專制, tyranny가 있을 수 있다는 점을 기억하는 것이 중요하다고 생각합니다.

상호작용성은 힘의 관점에서 중립적이지 않습니다. 푸코에 의하면 사실은 가장 부당한 권력의 체계들 가운데 참여를 명령적으로 강제하는 것들이 있습니다. 특히 그 명령이 자신을 "참으로" 혹은 "진정하게" 표현하라는 것일 경우에 그렇습니다. 우리는 끊임없이 설명을 요구받습니다. 우리는 – 체제를 위해 – 자기 자신으로 존재해야 한다는 명령 하에 있습니다. 우리는 현재의 우리 존재를 위해 자신을 드러내야 합니다. 사실 우리는 자신을 표현하는 가운데 현재의 우리 존재가 됩니다. 우리는 쿡 찔린 해삼이 자기 내장을 뱉어내듯 속속들이 노출됩니다. 우리는 가장 내밀하고 민감한 주름들에 이르기까지, 우리를 현재의 우리로 만드는 연동 리듬까지 노출됩니다. 이것은 발생의 권력입니다. 이 권력은 막 유발되고 있는 우리 생명의 연조직으로 내려가서, 상호작용적으로 우리의 생명을 끄집어내 그것의 미래 존재가 되게, 그리고 그것이 존재하는 체제에 맞는 것이 되게 합니다. 이것이 푸코가 "실증적" 힘 또는 "생산적" 권력이라고 부르는 것입니다. 그것은 그 자체를 행사함으로써 상호작용적으로 그 권력의 대상을 산출합니다. 그 권력의 대상은 우리의 삶입니다. 우리의 행동만이 아닌, 우리의 노동만이 아닌 — 우리의 삶입니다. 푸코가 "생명권력"biopower이라 부르는 것이 이것입니다(2008). 그것은 부드러운 전제soft tyranny입니다.

우리는 오늘날 어디서나 부드러운 전제를 봅니다. 그 숨길 수 없는 증거는 양성 피드백 고리입니다. 예컨대 우리는 신용카드를 가지고, 아마 우리 삶의 필요나 욕구를 충족시키기 위해 물건들을 삽니다. 우리는 자신의 약한 지점들, 요컨대 필요, 욕구로 구매합니다. 그 본능적 행동이 실제로 하나의 상호작용입니다. 말하자면 우리는 막 어떤 데이터 마이닝 작업에 참가한 것입니다. 우리의 인풋은 마케팅 분석 기구에 자료를 제공하고 그것은 상품 개발 기계에 자료를 제공합니다. 그 체계는 결국 인풋에 상응하는 새로운 상품들과 우리에게 도달하는 새로운 방식들을 가지고 우리에게 되돌아와서 우리의 리듬을 마사지하고, 우리의 본능을 환기해 우리에게 지불하도록 합니다. 새로운 필요와 욕구가 창조됩니다. 우리의 삶이 그것을 중심으로 회전하기 시작하는 완전히 새로운 경험 양태들마저도 창조됩니다. 우리는 체계와의 상호작용 속에 생성되었고, 변화되었습니다. 우리는 말 그대로 우리 자신을 구매하여 존재합니다. 동시에 체계는 자체를 적응시켰습니다. 그것은 상호 생성 속에서 상호 반응성의, 일종의 이중 포착입니다.

이것은 상호작용성이 권력의 체계일 수 있다는 손쉬운 예일 뿐입니다. 내가 방금 말한 것과 같은 종류의, 기능의 선결정된 한도들 내에서 상호작용의 한계는, 피드백을 통해 상호작용을 진화하게 함으로써 극복될 수 있다고 흔히들 생각합니다. 생명권력에 대해 내가 든 사례는 바로 진화하는 상호작용의 일례입니다. 상호작용성을 옹호하는 것으로는 전혀 충분하지 않습니다. 우리는 그것이 경험의 어떤 양태를 산출하는지, 그러한 경험의 양태들은 어떤 생명의 형상들로 발전할 수 있는지, 그러한 발전에서 어떤 권력 체제들이 발생할 수 있는지를 평가할 방법들을 가지고 있어야 합니다. 권력 요소는 언제나 거기에, 적어도 지평 위에 있습니다. 우리는 그것을 중심으로 전략을 짜야 합니다. 우리는 우리의 참가자들을 쿡 찔린 해삼으로 만들지 않을 방법에 대해 전략을 짜야 합니다. 동시에 그들이 가시 돋친 피부를 둘러쓴 채로 있도록 하고 싶지도 않지만 말입니다. 단순히 상호작용을 극대화하는 것, 심지어 자기표현을 극대화하는 것이 반드시 그 방법은 아닙니다. 나는 우리가 창조적 출구를 남겨 두어야 한다고 생각합니다. 우리는 도피로를 구축해야 합니다. 싱크홀을 만드는 것입니다. 그리고 내 말은 그것들을 붙박이로 만들어 넣으라는 것입니다 — 그것들을 경험에 내재하도록 하는 거죠. 내부의 주름들이 상호작용 속에 나오면 그때 내부-외부의 전체 상호작용을 다시 접습니다. 상호작용이 그 고유한 퍼텐셜로 돌아서는 곳에서, 그 퍼텐셜이 스스로 나타나는 곳에서 소실점이 나타나게 합니다. 그것이 미적 효과를 산출한다는 것의 정의가 될 수 있을 것입니다. 내가 앞서 이야기하던 가상들이란 미적 효과의 정의가 될 수 있습니다.

내가 이야기하는 방식으로 이해할 때 미적 효과는 단순히 장식이 아닙니다. 나는 어떤 장식의 예에서 시작했지만 내가 말하고자 했던 요지는 예술이 장식적이라는 것이 아니라, 장식 미술조차 아무리 수수한 것이라도 하나의 창조적 사건이라는 것입니다. 그것은 가상을 창조합니다. 가상은 생명에로의 잠세적 "이상"more에 대한 현재의 지각 속에서 하나의 가주어입니다. 그것에 대한 프레임화는 그 퍼텐셜의 강도나 범위 혹은 진지함을 결정합니다.

그런 식으로 단순한 대상은 그 고유한 "같음"에 의해 이중화됩니다. 우리는 그저 단일한 현재의 사물에 대한 경험을 가질 뿐인 것이 아닙니다. 우리는 동시에 그것의 존재를 경험하는 것이 무엇과 같은지[어떤 것인지]를 경험합니다. 그 "같음"이 대상을 그 자체에 대한 변이로서 나타냅니다. 우리는 우리의 삶 속에 이것과 "같은" 다른 나타남이 있었기 때문에 그것이 무엇과 같은지 지각하며, 그 이상이 도래할 것임을 내포적으로 예견합니다. 같음은 연속됨의 비가시적 기호입니다. 이것은 대상과 그 자신 사이에 어떤 거리를 만듭니다. 일종의 자기추상인 것입니다. 그 사물은 자기 자신을 나타내고, 또한 시간이 흐르면서 자신과의 차이를 나타냅니다. 시간 속에서 그것은 변이를 거치며 삽화적으로 나타날 것이기 때문입니다. 그것은 현재의 이런 변이들을 수용하며, 이로 인해 그것은 일종의 직접적인, 체험된 추상입니다. 이것은 대상에 특정한 속성의 후광을 드리우면서 현존재를 그 고유한 특수성 너머로 연장합니다. 그 사물은 그 자체인 동시에, 삶의 과정에서 그것과 같은 다른 것들을 위한 가주어입니다. 가상은 현재의, 미래의 변형의 최첨단인 동시에 과거의 변이들로부터의 도플러입니다. 그것은 사물들의, 지각된 가변성의 여백이며, 동일한 장르에 속하는 특수자들의 잠세적 나타남, 동일한 스타일의 나타남에 대한 사고-느낌입니다. 가상은 라이프 스타일에 대한 직접적 지각입니다. 그것은 삶의 모티프 — 다양한 반복들의 패턴으로서 사물에 대한 직관과 같은 것입니다.

각각의 반복은 어느 정도 서로 다를 것입니다. 왜냐하면 적어도 각 반복에 그 고유의 특이한 경험적 성질을 부여하고 그것을 유적 모티프의 객관적 해석으로 만드는 미세변화가 있을 것이기 때문입니다. 가상은 각각의 특수자를 특이한-일반적인 것으로 만듭니다. 가상은 가변성의 차이에 대한 사고-느낌인데, 왜냐하면 그것이 변형을 통해 차이를 현시하기 때문입니다. 같음들은 서로 중첩되고 서로를 오염시킬 수 있으므로, 우리는 불확정성에 대해 말할 수조차 있을 것입니다. 의자는 그 자체와 같고 그 옆의 의자와 같습니다. 그러나 앉을 수 있다는 점에서 그것은 소파와도 같습니다. "같음"이 어디까지 가느냐 하는 것은 신체와 사물의 관계에 의해 결정됩니다. 그것은 재인이나 연역처럼 그 자체가 인지되지 않습니다. 그것은 통합적입니다. 사고가 느낌과 하나 됩니다. 즉 더-멀리-사고하는 것이 현존재에 대한 느낌과 융합됩니다. 그러나 그 융합은 비대칭적인데, 현존재에 대한 느낌은 현재에 정착될 수 있는 것에 집중되는 반면 더-멀리-사고하는 것은 중심을 벗어나 그 이상을 향해 멀어지고, 그럼으로써 양자가 결코 평형을 이루지 않은 채 역동성을 만들기 때문입니다. 정확히 어디로 가고 있는지 지금 방향을 제시할 수는 없지만, 이것은 현재의 지각에 그 고유한 모멘텀을 부여합니다. 그것은 ~의 반영 또는 ~에 대한 반성이라기보다는 열린 경향성입니다. 그것은 자세posture입니다 — 특정한 스타일로 움직이려는 경향을 자세라고 부를 수 있다면 말이죠. "같음"은 엄격하게 논리적인 범주들의 경계를 모호하게 만듭니다. 그리하여 신체는 습관·반사신경·능력competencies을 지향하고 그것으로 움직이고 그것을 이전하며, 사고-느낌은 어떤 것에서 다른 것으로 역동적 자세들을 혼합하고, 짝짓고, 섞음으로써 그것들에 대한 레퍼토리를 확장하고, 그 고유한 살아 있는 퍼텐셜을 탐구하고 새로운 자세들을 취합니다 — 세계와의 협업을 통해, 세계가 그 앞에 던져 놓은 것과 더불어 자신에게 세계를 제공하는 새로운 방식을 발명합니다. 특이한-유적이라는 것은 단순히 특수자가 아닌 것만큼이나 일반적 범주가 아닙니다. 그것은 그것을 분류하는 방식으로 위치가 정해지지 않습니다. 그것은 움직이는 중입니다 — 그것은 성향적 연속체*dis*positional continuum입니다. 장소-특정site-specific 따위는 없죠. 그 말 자체가 화이트헤드가 근대성의 기본적 오류라고 본 "단순 정위"simple location

의 개념을 상기시킵니다.[12]

어쨌든 사유와 상상력은 이러한, 퍼텐셜의 예비적 확장의 첨단입니다. 그것들은 특수한 현재의 자세로부터 현실적으로 떠나지 않고서도 그 자세를 벗어날 수 있기 때문입니다. 특수한 현재의 자세가 가장 많이 제시하는, 또한 그것이 가장 가용적으로 또는 자율적으로 만드는 잠세적 다음 단계들에 제한되지 않고서 말입니다. 사유와 상상력은 경계를 모호하게 만드는 요인들을 기하급수적으로 상승시킵니다. 느껴진 것은 모든 방향으로 차츰 흐려지는 퍼텐셜의 확장하는 사유-웅덩이에 둘러싸입니다. 그것은 생명의 웅덩이에 떨어진 한 방울이 파문을 일으키고, 그 파문이 주변으로 무한히 퍼져나가는 것과 같습니다. 윌리엄 제임스는 그런 측면을 이야기했습니다. 그는 경험이 "방울방울"in "drops" 도래한다고 말했죠.[13]

사물의 가상 혹은 순수한 외양은 그것이 그 자신에 대해 취하는 일종의 과정적 거리입니다. 일상의 과정에서 우리가 습관적으로 그리고 반은 무의식적으로 삶의 한 방울에서 다음 방울로 나아갈 때, 우리는 파문에 신경 쓰지 않습니다. 우리는 가상이 전력으로 나타나지 않게 하면서 그것을 통해 다음을 봅니다. 마치 그 사물이 잠세적으로 그 자신에 대해 취하는 거리에서 물러서는 듯합니다. 그것은 자신에게 접근합니다. 그것은 자신과의 거리에서 자신에게로 들어갑니다. 그 결과 그것은, 너무도 보잘것없어서 우리가 마지막 것이 무엇과 "같았"는지 거의 알아채지 못한 채 다음 것으로 지나가는 평범한 어떤 것으로 나타납니다. 퍼텐셜의 가장 유효하고 자율적인 파문 고리만이 나타나고, 그럴 때조차도 종종 인식의 문턱에 가까스로 섭니다. 들뢰즈는 예술에 대한 저술에서 종종, 실재적으로 지각하기, 완전히 지각하기, 요컨대 예술적으로 지각하기 위해서 우리가 "사물들을 산산조각 내야" 한다고 말합니다.[14] 우리는 그것들을 다시 열어젖혀야 합니다. 우리는 그것들의 가상을 가능한 한 강제적으로 드러내야 합니다. 우리는 그 사물에 그 거리를 되돌려 주어야 합니다. 들뢰즈는 프랜시스 베이컨을 인용해, 우리가 그것에서 사하라를 만들어야 한다고 말합니다.[15] 역시 베이컨의 말을 빌자면 우리는 이것을 "실제로"matter of fact 해야 합니다. 원리로서가 아닙니다. 의견으로서가 아닙니다. 순수하게 논리적인 범주들, 수열들, 관계들에 따라서가 아닙니다. 재현하기 위해서가 아닙니다. 반성하기 위해서가 아닙니다. 대신 사건으로서입니다. 온전히 자신만의 스타일을 가진, 그 고유한 특이한-유적인 논리를 예시하며 무한히 확장하는 만큼 실재적으로 나타나는 체험된 관계의 한 방울 속에서.

사물들의 이런 떼어냄이 내가 "유예"라는 말로 의미하는 것입니다. 그것은 "무관심함"에 상반됩니다. 우리가 이 무관심함을 중립성 또는 미온적 태도의 주관적 자세로 해석할 경우에 그렇습니다. 가상은 주관적이지 않습니다. 내가 설명하려고 했던 것처럼 그것은 특정한 대상the object을 어떤 대상an object으로 만듭니다. 거기에는 대상의 일반적 깨어남 속에 나타나는 특이한 생생함 외에 어떤 주체도 없습니다. 주체는 생명입니다. 이 생명입니다. 들뢰즈라면 "한" 생명이라고 말할 것입니다.[16] 그러므로 내가 이야기하고 있는 과정은 결코 어떤 엘리트주의에 의해 봉쇄될 수 없습니다. 왜냐하면, 그 과정은 최소한 그 가장 바깥쪽 주변에서, 특수한 사회적 집단화가 그것에 강제하는 데 성공할 수 있을 어떤 표준적 취미나 냉정함도 언제나 넘어서기 때문입니다. 그 과정은 그 모든 것에 상반됩니다. 그것은 강도화하기입니다. 활기를 띠게 하기. 잠세화하기.

단일한 것들과의 관계에서만 이것을 말하는 것은 인위적입니다. 모든 것은 다른 것들과 함께 어떤 상황 속에서 나타납니다. 상황 자체가 하나의 생명-방울입니다. 좀 더 큰 방울로서 그 고유한 퍼텐셜의 파문들은 그것을 이루는 것들의 파문들과 중첩되지만, 또한 그것들로부터 나뉠 수 있고, 그것들을 그 자신에서 뺄 수 있고 혹은 다른 배치 안에 녹여 낼 수 있습니다. 모든 외양은 생명의 교차로에 있습니다. 그 한계에서 나타나는 것은 그저 한 방울이거나 하나의 웅덩이가 아니라 대양 전체입니다. 거기에는 고요한 구간과 난류, 서로를 상쇄시키는 잔물결들과 결합하여 확대되는 다른 잔물결들이 있으며, 물마루와 골, 치명적인 파도의 부딪힘, 그리고 다른 상황의 해안에서의 부드러운 찰랑거림이 있습니다. 제임스에게 경험이 방울방울 도래한다고 하는 것은 그것이 "대양적" 느낌과 더불어서 도래할 수 없다는 의미는 아닙니다.

인터랙티브 아트가 할 수 있는 것, 그것의 힘은 **상황**을 그 "대상"으로 삼는 데 있다고 나는 생각합니다. 기능이 아니라, 용도가 아니라, 필요가 아니라, 예비적이든 아니든 어떤 행위가 아니라, 작용-반작용이 아니라 말이죠. 그러나 하나의 상황은 그 고유한 복합성의 작은 대양을 가집니다. 그것은 어떤 상황을 취해 그것이 제공하는 상호작용들을 "엽니다." 인터랙티브 아트를 위한 물음은 우리가 어떻게 상호작용을 산산조각 내는가 하는 것입니다. 상호작용을 설정하기는 쉽습니다. 우리는 그런 본보기를 얼마든지 가지고 있습니다. 그러나 그것을 어떻게 설정해야 그것을 따로따로 떼어 내고, 역동적으로 경계를 모호하게 하고, 그리하여 그것이 향하는 관계적인 퍼텐셜을 드러내게 될까요? 그리하여 단순한 설정이 아니라 자구적 생명-운동, 생명-주체를 만드는 가운데 상황의 객관성이 자기추상하게 될까요? 요컨대 우리는 어떻게 한 상황의 가상을 만듭니까? 이것들은 기술적인 질문이고, 본질적으로 프레임화에 관한 것입니다. 어떤 사건을 상황적으로 프레임화하는 것, 혹은 성향적 생명-주체를 수용하는 것이 무엇을 의미하는가 하는 질문입니다. 우리는 거기에 기술적으로 접근할 수 있지만 — 사실 관여된 대상의 본성이 무엇이든 그것은 언제나 기술의 문제입니다 — 우리가 그렇게 한다면 그것은 우리가 우월하게-기능하는 기계를 만들었기 때문이 아닙니다. 그것은 우리가, 상호작용으로부터 체험된 관계로의 강조점의 이동을 [기계의] 조작에 심어 놓았기 때문입니다. 우리는 체험된 관계가 실재적으로 나타나게 만드는 방식들을 창조하고 있습니다. 우리는 사고-느낌의 질적 수준에서 작동하고 있으며, 그럴 때 우리는 단순히 행위들을 끌어내는 것이 아니라 존재와 생성의 스타일들을 모으고 있습니다.

물론 어느 정도 내포적으로 이미 이런 일을 하는 실천들이 있습니다. 그것들은 통상 좀 더 확정적인 방식을 취하며, 조각조각 흐트러뜨리고 주변화하기보다는 규칙적이고 방어 가능한 행동유도성들, 기능적이거나 도구적인 자리 잡기를 보장하는 데 보다 초점이 맞추어져 있습니다. 건축이란 "장소-특정적" 생명-디자인 외에 달리 무엇이겠습니까? 제도란 경험의 광역적 건축이 아니면 무엇이겠습니까? 건축과 제도는 위치선정과 배치, 현재를 정착시키기와 정착을 전파하기 사이의 과정적 연속체에서 역동적으로 접속된 양극입니다. 범주나 규모, 장소, 분포를 불문하고, 존재하는 실천들을 비집어 여는 실천입니다. 그 실천들의 퍼텐셜이, 습관적 기능에 대해 자기추상하고 자기차이화하는 거리를 두고, 그들 자신의 잠세화한 가상 속에 다시 나타나도록 하는 방식으로 말이죠 — 그런 종류의 변형된 실천을 (라파엘 로자노헤머Rafael Lozano-Hemmer가 인터랙티브 아트에 대한 고유한 접근에서 적용한 절묘한 용어를 빌어) **관계적 건축**[17]이라 부를 수 있을 것입니다. 관계적 건축은 사물들의 목적을 확산하는 것에, 즉 잠세적 확장에 정향되어 있지만 반-제도적입니다. 그것은 불안정하게 만듭니다. 그것은 방금 언급한 과정적 연속체의 성향적 포섭을 밀어붙입니다.

나는 이런 각도에서 인터랙티브 아트에 대해 재고해 볼 것을 권합니다 — 어떤 상황을 구축하거나 존재하는 상황으로 들어가 그것을 관계적 건축으로 열어젖히는 것이 그 소명이라는 전제에서 말입니다. 이를 하는 방법, 퍼텐셜을 다시 나타나게 하는 기본적인 사항들을, 에린 매닝과 나의 공저[18]에서는 **관계의 기술**이라 부릅니다. 이 책 전반에서 논의되는 존재의 기술은 관계의 기술입니다. 우리는 기술이라는 말을 질베르 시몽동에게서 영감을 얻은 의미로 씁니다. 그는, 출현하는 관계적 퍼텐셜과 생성이라는 유사한 용어들을 가지고 기술적 창안에 대해 설명하며, 그럴 때 기술적 대상과 예술을 서로에게 종속시키지 않은 채로 동일한 궤도 상에 위치시키는 방식을 취합니다.[19] 차이는 물론, 기술적 과정의 규제 원리들이 좁은 의미에서 유용성과 시장성, 이윤-생성 능력이라는 데 있습니다. 예술은 어떤 드러난 유용성도, 어떤 사용-가치도 갖지 않을 권리, 많은 경우에 교환-가치조차 갖지 않을 권리를 주장합니다. 기껏해야 그것은 사건-가치를 가집니다.

바로 이것이 예술을 그 나름대로 정치적인 것으로 만드는 것입니다. 그것은 현재의 프레임화나 규제 원리들의 한계 너머로, 존재하는 상황들의 불확정적인, 그러나 관계적으로 잠세화된 주변들을 밀어붙일 수 있습니다. 미학적 정치학은 외부의 목적성들에 얽매이지 않고 종속되지 않은 발명의 탐구적 정치학입니다. 그것에 이러한 자유를 부여하는 것은 그것이 가진 유예적 측면입니다. 가장 유효한 퍼텐셜들, 이미 가장 편안하게 구체화한, 잘 수용되고 유용하게 제도화된 퍼텐셜들의 유예는 더욱 엉뚱한 퍼텐셜들이 파문을 일으킬 기회를 줍니다. 미학적 정치학은 고유한 모멘텀을 가지며, 외부의 목적성에 기대지 않는다는 의미에서 "자율적"입니다. 그것은 자신의 힘으로 고유의 내장된 성향들에 도달합니다. 미학적 정치학은 그것이 나타나는 역동적인 형상 속에서 그 고유한 원동력을 창조합니다. 자신을 정치적이라고 명시적으로 규정하는, 그리고 예술의 상표를 주장하지 않는 실천들은 그들이 유사하게 동떨어진 사건-가치를 스스로 만들고자 유사하게 분투하고 그것을 실재적으로, 경향적으로 현재 상황 속에 나타나게 하는 한 미학적 정치학으로 규정될 수 있습니다. 이런 종류의 실천은 적어도 상황주의자들 이래로 지속적으로는 아니지만, 방울방울, 그리고 경계를 흐리면서 우리와 함께 해 왔으며, 우리의 시대에 포스트-시애틀 반지구화 운동으로 새로운 모멘텀을 얻었습니다.

명시적으로 정치적이 되고자 시도하는 예술적 실천들이 종종 실패하게 되는 까닭은, 중요한 것은 역동적 형상임에도 그들이 정치적이라는 것을 정치적 내용을 갖는 것으로 이해하기 때문입니다. 예술적 실천은 공공연히 정치적 내용을 갖지 않아도 미적으로 정치적일 수 있고 새로운 생명의 퍼텐셜들, 생명의 새로운 잠세적 형상들을 발명할 수 있습니다. 공공연한 정치적 내용을 가진 예술이 내가 지금 말하는 의미로 정치적이라면 그것은 예외적인 경우라고조차 말할 수 있습니다. 그것이 가능하다는 것은, 의미뿐 아니라 가상을 만들도록 했기 때문, 즉 의미-생성이 그 자신의 특수한 내용에 퍼텐셜을-밀어붙이는 거리를 취하는 역동적 형상 안에서 경험적으로 나타나도록 주의했기 때문입니다.

나탈리 제레미젠코Natalie Jeremijenko와 역기술국Bureau of Inverse Technology의 작업은 이런 점에서 눈에 띕니다. 최근의 인터랙티브 기획들에서 제레미젠코는 이 경우 인간-동물 관계에 초점을 맞춘 환경적 쟁점들에 대해 성찰할 것을 고무할 뿐 아니라 상호작용들을 통해 참여자들이 이를테면 물고기처럼 지각하도록 합니다. 관념적 내용은 지각적 생성에 의해 이중화됩니다. 물고기처럼-사고하기-느끼기는 그 상황 속의 가상이었으며 그 너머를 가리킵니다. 경험의 어떤 성질이 내장되어 있으며, 그것은 예술가도 관객도 (환경을 인지하는 물고기였던 적은 한 번도 없으므로) 예견할 수 없었을 다른 상황들 속에서 그 뒤에 전개될 수 있는 사유, 감각, 더욱 많은 지각으로 잠재적으로 이어질 수 있을 것입니다.

미학적 정치학은 에너지 보존 법칙을 거부합니다. 그것은 상황에 에너지를 더하기보다는 상황에서 더 많은 창조적 에너지를 얻을 수 있습니다. 그것은 통상적인 좁은 의미의 기술적 창안보다 급진적인 방식으로 창의적입니다. 그와 같은 것을 이전에 본 적이 없기는 하지만, 창조적인 것은 기구류나 장치가 아닙니다. 장치는 그로부터 새로운 경험이 도약하는 한에서 창조적입니다. 그런 경험은 그것만의 특유한, 체험된 성질을 가지며 그로 인해 특유의 자기차이화의 모멘텀을 가집니다.

V2: 장식적 모티프에서 국제적인 정치적 운동으로, 심지어 인간 물고기로 상당히 멀리 갔군요. 어떤 이들은 설명이 과도하다고 비난할지도 모르겠습니다. 이를테면 당신이 제시한 모든 주요한 사례들은 시각적입니다. 새로운 미디어 아트에서 거의 보편적으로 공유되는 한 가지 방향성은 시각적인 것으로부터 촉각적인 것으로의 전환입니다. 시각적인 것이 오랫동안 시각 중심주의라는 이름 아래 지배의 형식으로 비판되어 왔기 때문에 이런 전환은 하나의 정치적 제스처로 여겨집니다. 당신이 제기하고 있는 관점은 그에 대해 어떤 입장을 취하고 있습니까? 당신은 어떻게 단순한 시각적 사례들로부터 시각의 지배에 반하여 신체의 다른 차원들에 접근하고자 하는 인터랙티브 아트로 일반화할 수 있습니까?

BM : 시각은 악평을 받아 왔습니다. 사람들이 시각적인 것에 대해 말할 때 그들이 실제로 말하고 있는 것은 거의 언제나 지각 연구에서 교차양상적 이전cross-modal transfer이라고 불리는 것 — 상이한 감각들이 상호 작동하는 특정한 방식의 특정한 양태에 관해서입니다. 예컨대 고전적 원근법에[20] 의한 회화는 어떻게 깊이의 경험을 창조해 냅니까? 이른바 자연적 지각에서 대상 인식과 관련해 내가 이야기하고 있던 퍼텐셜, 전진하고 돌고, 뒤편을 보고, 만질 수 있는 퍼텐셜의 직접적 경험을 촉발하는 방식으로 선과 색채를 구성함으로써입니다. 이것은 직접적인 시각적 경험입니다. 그러나 시각은 잠세적 운동감각과 촉각성tactility을 자신 안에 포함하는 식으로 이루어져 왔습니다. 그것은 대상 자체가 그랬던 것처럼 가상이지만, 우리가 실제로 다가가서 만질 수는 없으므로 유예된 객관적 퍼텐셜을 수반하는 가상입니다. 그것은 대상 없는 대상-지각입니다. 그 대상은 이미 추상입니다. 그것을 일면적인 표면이 아닌 하나의 대상으로 나타나게 한 것이, 나타나지 않은 것 또는 오직 잠재적으로만 나타난 것 — 다른 감지感知로의 중계라는 의미에서 추상인 것입니다. 원근법적 회화는 대상-지각을 "속이"지 않습니다. 그것은 대상-지각을 다른 식으로 활성화합니다. 깊이의 경험은 광학적 "환영"이 아닙니다. 그것은 깊이가 빠진, 깊이에 대한 실재적 경험입니다. 깊이의 경험은 그 통상적인 경험적 프레임화로부터 도약해 다른 프레임으로 진입하도록 만들어져 왔습니다.

원근법적 회화가 하는 것은 대상 지각의 바탕에 이미 있는 추상으로 다가가 그것을 보다 큰 힘으로 가져가는 것입니다. 거기서 그 대상 자체, 그리고 그것을 만지는 것뿐 아니라 그 주변으로의 이동이 추상됩니다. 즉 순수 외양 속에 실재적으로 잠재적으로 나타납니다. 그 순수 외양은 현실적 대상 — 캔버스, 프레임, 안료를 통해 일어납니다. 그러나 의당 현실적 대상인 회화는 그것이 다가가는 추상 속으로 사라집니다. 그려진 깊이를 경험하고 있을 때 우리는 캔버스를 바라보고 있는 것이 아니라 어떤 장면을 보고 있습니다. 우리는 캔버스를 통해, 그것에서 출발한, 그리고 질적으로 상이한 지각적 사건인 추상을 바라보고 있습니다. 우리의 지각은 가상으로, 캔버스의 유령과 같은 지각적 분신으로 빠져들어 갔습니다. 가상은 사물성objecthood에 안정된 자리가 없이는 일어날 수 없습니다. 그러나 그것이 일어날 때, 그것은 현실적 객관성의, 두려운 낯섦의 과잉 속에 있습니다. 물론 두려운 낯섦 효과는 시간이 흐르면서 사람들의 지각이 익숙해지면 약화합니다. 처음에 그것은 직접적으로 나타나고, 그뿐 아니라 어떤 [물리적] 힘처럼 부딪혀 옵니다 — 최초의 시네마적 이미지들이 기차의 잠재적 전진을 마주한 관객들이 달아나도록 한 것을 생각해 봅시다. 가상은 단지 힘과 같은 것이 아닙니다. 그 "같음"이 힘, 생명의 추상적 힘입니다. 뤼미에르 형제의 움직이는 이미지들은 문자 그대로 살아 있는 신체들의 달아남을 촉발할 수 있었습니다.

가상의 힘은 포착하여 이용할 수 있습니다. 원근법적 회화의 발전이 궁정 사회의 탄생과 연합되었던 것은 우연이 아닙니다. 그 "아우라"가 포착되어, 유럽의 특정 지역이 절대주의로 나아가고 있을 때 군주의 명성-가치prestige-value를 높이는 데 이용되었습니다. 미적 사건-가치는 그 정치적 구성체에 의해 포착되어 정치적 명성-가치로 번안되었던 것입니다. 프레임 속 캔버스로부터 도약한 가상은 궁정 제도에 의해 다시 프레임에 들어갔고, 이는 그 고유한 역동적 체계에 통합되는 추상적 기능을 그것에 부여했습니다.

사진 또한 가치를 다시 프레임화할 때 아우라를 빌려주었습니다. 사진의 가상은 생산과 소비가 사유화되었을 때 나타났습니다. 그것은 회화의 성대한 "아우라"를 새로운 시민 사회의 기둥인 개인 자본가 시민에게로 이전하는 데 쓰였습니다. 사진 초상은 사적 부르주아 개인이 그의 공적 역할에서 얻었던 **사회적** 명성가치를 더는 보여줄 수 없었습니다. 이것은 그저 간이역일 뿐이었습니다. 왜냐하면, 가상은 상당 부분 사진이 가능하게 만든 이미지의 새로운 거래에 힘입어, 시장 상품 대상의 마술로 이미 다시 이주하고 있었기 때문입니다.[21] 맑스의 "상품 물신주의"의 귀신같은 힘이란 소비 가공품들을 통해 체험된 생명의 가상 외에 달리 무엇이겠습니까? 거기에도 여전히 일종의 아우라가 있습니다. 그 일상적 삶의 가장 평범한 세부들에 이르는, 구매하는, 사인私人으로서의 개인에게 영향을 주는 일종의 **인칭적** 자본가적 명성-가치가 있는 것입니다. 평범한 삶의 아우라. 쿨함의 기예. 혹은 더욱 주류적인 방식으로, 라이프스타일 마케팅.

그러나 그것을 어떻게 포착한다 해도 가상적 퍼텐셜의 잔여가 남아 있습니다. 가상적 퍼텐셜은 특이하게, 유적으로 무궁무진합니다. 사진의 가상의 잔여적 힘을 롤랑 바르트는 "푼크툼"punctum이라 불렀습니다. 그는 사멸한 생명에 대하여 그 삶 이후에 존속하는 체험된 성질이 가지는 두려운 낯섦의 감각이라는 측면에서 기술했습니다.[22] 바르트에게 푼크툼이란 사진이, 그것 특유의 유일무이하고 환원 불가능한 방식으로 죽음을 향한 유적 생명 경로를 따라갈 수밖에 없도록 했던 그 모든 특이성 속에서 삶의 느낌, 어떤 삶을 숨 쉬게 하는 정동적 힘입니다. 그것은 삶의 내용 자체에 관한 것이거나 그에 관한 어떤 기념물이 관찰자에게서 불러일으킬 수 있는 심리학적 연합들에 관한 것이 아니며, 심지어 슬픔에 관한 것도 아닙니다. 그것은 직접적이고 비매개적이며 두려운 낯섦의, 더 없는 생명의 역동적 성질에 대한 사고-느낌의 정동적 소요騷擾에 관한 것입니다. 푼크툼은 정동적 내세의, 사진을 통한 출현입니다. 그것은 현실적 생명 너머의 힘으로서, 바꿔 말하면 생명-같음의 실재적이지만 추상적인 힘으로서 현실적 생명으로부터 추상된 생명의 발발입니다.

요는 예술이 자연적 지각과 창의적 연속성 속에 있다는 것입니다. 모든 예술품은 "자연적" 지각의 특정한 측면에 접근하여 그것을 재추상하고, 그럼으로써 거기에 있던 어떤 현실적 퍼텐셜들이 이전에 나타나지 않으려는 경향이 있던, 혹은 이전에 결코 나타난 적이 없었던 다른 것들이 끌어내지는 동안 유예되도록 함으로써 작동합니다. 새로운 퍼텐셜들은 포착되고 다시 프레임화되고, 심지어 정치적이거나 사회적인, 인칭적, 경제적인 기능들을 부여받을 수 있습니다. 그것들은 또한 포착을 피할 수 있습니다 — 실제로 언제나 그렇게 하는 잔여가 있습니다. 그럴 경우 그것들은 외부의 목적성과 기능적인 리프레임화가 지배하는 어떤 것(심지어 죽음)에 대해서도 정치적, 사회적, 인칭적, 혹은 경제적 저항으로 나타날 수 있습니다. 여기서 중요한 것은 이 중 어느 것도 감각의 현혹에 관한 것이 아니라는 점입니다. 중요한 것은 그 진화하는 퍼텐셜들의 표현을 연속하는 것입니다. 예술은 "환영"에 대한 것이 아닙니다. 그것은 "가상"이 뜻하는 것이 아닙니다 (비록 랭거 자신이 이 용어들을 호환 가능한 것으로 사용하긴 했지만 말입니다). 예술은 인공물artifacts—경험의 가공된 사실facts을 구축하는 문제입니다. 사실은 경험적 퍼텐셜이 진화의 표현이 되는 것입니다.

원근법적 회화는 경험의 3D 공간적 성질을 순수하게 시각적인 사실로 만드는 것입니다. 예술철학에서, 알로이스 리글Aloïs Riegl, 과 빌렘 보링거Wilhelm Worringer는 "촉지적"haptic이라는 말을 만진다는 의미로 쓰지 않습니다. 그것은 잠재적으로 시각에 나타나는 것으로서의 촉각—오로지 보일 수만 있는 것으로서의 촉각을 가리킵니다. 어떠한 추상의 실천도 동시에 모든 감각에 작동하며, 그때 현실적으로 나타나지 않는 것의 추상적 힘과 더불어 다른 것들을 고조시키기 위해 일부를 잠재화합니다. 경험은 하나의 연속체입니다. 그 모든 차원은 언제나 거기에 있으며 다만 상이하게 추상될 뿐이고, 상이한 현실적-잠재적 배치들 안에서 퍼텐셜들의 상이한 배분들을 표현하고 있습니다. 현실적-잠재적 배치 자체가 경험적 성질 또는 "같음"의 형상으로 나타납니다—이를테면 "자연적 지각"의 대상성, 원근법적 회화에서 현실적 대상 없는 객관적 공간성, 장식적 모티프에서처럼 현실적 생명 없는 특정한 생기, 사진, 적어도 사진의 특정한 문화사의 특정한 단계에서 보게 되는 현실적 삶 이후

등입니다.

V2 : 가상에 기능을 부여할 수 있다면 이는 그것의 "자율성"과 모순되지 않습니까? 당신이 지금 예컨대 원근법적 회화의 정치적 기능에 관해 이야기한 것은 내가 말했던 시각에 대한 비판들을 뒷받침하는 것처럼 보이는데요.

BM : 나는 지각적 인공물이 권력의 체제에 힘을 빌려준다든지 그 자신 안에 저항의 힘뿐 아니라 권력의 퍼텐셜을 포섭하고 있다는 것을 전혀 부정하지 않습니다. 나는 다만, 지각적 인공물이 그렇게 할 수 있는 것은 그 효과로서 그것이 갖게 되는 자율성 때문이라는 점을 말하고 있습니다. 나는 앞서 가상 자체가, 내재하는—가상의 나타남에 완전히 내재적인 생명의 퍼텐셜을 품고 있다는 의미에서 일종의 퍼텐셜의 안에서-체험하기임을 언급했습니다. 어떤 장면의 편린을 보여 주는 프레임에 들어 있는 그림이 어떻게 그 안에 퍼텐셜 일체를 품을 수 있습니까? 현실적으로 나타나지 않는 것을 포함함으로써 그렇게 할 수 있지만, 그것은 반드시 현재 하는 것에 대한 사고-느낌에 관여됩니다. 가상은 인공물의 현실성을 넘어서는 것에 대한 포함의 형식form of inclusion입니다. 그것은 라이프니츠의 모나드 원리입니다. 라이프니츠의 모나드는 그들이 한정되어 있다는 의미에서 "닫혀" 있는 것이 아닙니다. 그것이 닫혀 있는 것은 그것이 포화하여 있기 때문이고, 그것이 자신 안에 고유한 무한성을 품고 있기 때문입니다. 그저 더 이상의 공간이 없습니다. 그것은 그것이 잠세적으로 연속되는 방식, 그것이 자기와-거리-두는, 그것이 현재 가고 있는 것보다 멀리 자신을 펼치는 방식 안에서 고유한 "그-이상"을 가집니다. 모나드는 한 세계의 가상입니다. 그것은 화이트헤드의 표현을 빌자면 각각의 사물이 "다른 것들의 우주…… 대안적인 퍼텐셜들의 무한성에 그 자신의 접속을 본질적으로 참여시키는" 현세적 방식입니다.[23] 가상의 모나디즘은 한 사물이 그 외부를 자기 안에 포함하는 방식입니다. 가상은 제임스의 표현에 따르면 "직접적으로 주어진 관계"의 작은 절대자입니다.[24] 거대한 절대자는 "그 자신의 타자를" 그 모든-것을-아우르는 자기동일성self-identity 안에 "포함하는"[25] 자기동일함self sameness의 헤겔적 총체성입니다. 대조적으로 작은 절대자는 "단축되고 다른 실재들로 융합하는"[26] 방식으로 그 자신의 타자를 포함합니다. 그것은 그 자신의 타자들을 성향적으로, "노마돌로지로 모나돌로지를 이중화하면서"[27] 포함합니다. 작은 절대자는 닫혀 있다기보다는 잠재적으로 안으로 접히고 밖으로 접힙니다. 이로 인해 작은 절대자는 파편적 총체성이 됩니다. 왜냐하면 그것이 자신의 특이한 시점perspective에서 접고, 그것이 포함하는 "다른 것들"은, 그들의 특이한 현세적 시점들로 대등하게 단축되고 융합된 채로 상호적으로 그것을 포함하기 때문입니다. 그 중첩들과 융합들은 완벽하게 겹쳐지지 않습니다. 이것은 그들이 상호적으로 구성하는 우주를, 가타리가 "트랜스모나디즘"의 원리라 부르는[28] 것에 따라 조직된 하나의 공통-구축으로 만듭니다. 벤야민은 그의 트랜스모나드적 어휘로 말하기를 가상은 "최소의 총체성"이라고 합니다.[29] 그 가상의 관점에서 이해된 예술 작품은 하나의 관계적 세계 전체, 트랜스모나드적 의미로 "대안적 잠세성들의 무한성"을 성향적으로 표현하는 "작은 절대자"입니다.

트랜스모나드적 포함을 작동시키고 인공물을 그 고유한 방식으로 세계와-같이 만드는, 예술품의 구축에 통합된 구체적 장치 또는 메커니즘이 늘 있습니다. 사진에 대한 바르트의 설명에서 그 메커니즘은 푼크툼과, 그것이 초상[사진]에 그 자신의 내세를 포함하는 생명-세계의 역동적 일체성을 포함하는 방식입니다. 원근법적 회화에서 그것은 소실점입니다.

소실점이란 장면이 그 고유한 거리 속으로 연속됨이 나타나는 방식입니다. 그 거리 안에 있는 것은 나타나지 않습니다. 소실점은 더 많은 내용이 아닙니다. 그것은 장면의 내용이 거리 속으로 사라져 버리는 곳입니다. 거리 자체는 그 사라짐을 통해 나타납니다. 그러나 사라져 버림은 그려 넣을 필요조차 없습니다. 그것은 현실적으로 그려지지 않은 채 그림이 눈을 추상적 거리로 투사하는 방식에 따라 포함될 수 있습니다. 거리를 그릴 필요가 없는 것은 그것이 눈에 의해 체험될 수 있기 때문입니다. 이것은 원근법적 기술에서 기하학적 투영 법칙을 따르는 구성 원리에 의해 성취되었습니다. 회화의 구성은 소실점을 향하여 무한히 투사된 평행한 선들의 기하학에 의해 인도됩니다. 소실점의 잠재적 거리 속에서 평행선들은 [소실점으로] 수렴하는 것으로 보입니다. 이는 잠재적 시각 운동을 산출하는데, 그것은 내가 장식적 모티프에서 기술했던 운동과 다르지 않습니다. 다만 이 경우에 운동은 스스로 나타나지 않고 그것을 산출한 기하학적 질서를 보여 주기 위해 나타납니다. 그것은 그 자체로부터 도약하지 않고, 그것의 추상적 원인으로 돌아갑니다. 우리가 보는 것은 딱히 운동이 아닙니다. 잠재적 시각 운동을 통해 우리는 그 기하학의 규칙성에 대한 느낌이 있는 장면을 봅니다. 우리는 예술 작품의 공간적 질서에 대한 사고-느낌이 있어야만 그 내용을 볼 수 있습니다. 장면에 대한 우리 자신의 경험을 위해 그것을 산출해야만 볼 수 있는 것입니다. 원근법적 회화는 지각된 질서를 위해 그것이 창조한 시각 운동을 공간화합니다. 이 지각된 공간적 질서의 조화와 규칙성은 소실점이라는 잠재적 중심에서 거리로 무한히 연속됩니다. 그러나 그것은 또한 방사합니다. 그것은 잠재적 중심으로부터 반진하여 프레임 바깥으로 돌아갑니다. 장면은 그 공간적 질서의 무한성에 집중되며, 또한 그것으로 둘러싸입니다. 장면은 그 안에 잠겨 있습니다. 예술 작품은 현실적으로 프레임에 제한되어 있지만, 그 장면은 잠재적으로 무제한적입니다. 그것이 제한되어 있으면서 무제한적인, 한 세계에 대한 가상입니다. 가상 또한 어떤 의미로 닫혀 있지만, 공간적으로는 아닙니다. 그것은 원리, 즉 조화와 규칙성의 단일하고 무한한 질서의 원리에 대한 우주의 구성적 다양성을 종결합니다.[30]

가상은, 이 경우처럼 그것이 표현하는 "직접 주어진 관계"가 질서의 무제한적 조화 속에서 – 그 개별적 프레임화에 의해 나타난 편파성과 통약 불가능성에도 불구하고 – 원리에 입각한 종결을 발견하는 때에만 "환영"입니다. 벤야민은[31] 보편적이고 조화로운 질서를 효과적으로 나타나게 만들어 내는 가상을 "아름다운 가상"이라 부릅니다. 아름다운 가상은 거대한 절대자에 투명한 창을 제공할 것을 주장하는 것입니다. 아름다운 가상은 거대함에 대한 이런 주장의 긴장으로 "전율합니다." 그 긴장은 그 조화의 순간이 "중단되거나" "차단되어" 편린들로 "부서지는" 그런 것입니다. 그때 그것은 자신이 내내 "최소의 총체성"일 뿐이었음을 드러냅니다 ― 이는 그것이 무한히 포함하는 다른 세계들과 마찬가지로 실재적, 대인적 집세성으로서 이들의 위상은 그 잠재적으로 무제한적인 질서의 명시적인 조화로 효과적으로 "감춰져" 왔습니다.[32]

회화의 개별적 프레임화는 실용적으로 그것을 허용하고, 그 잠재적으로 무제한적인 질서는 다른 프레임 내부에 삽입되게 됩니다. 회화는 궁중의 벽에 걸립니다. 그-자신인-대신에 세계의-편린으로서 그것은 궁정이라는 이 다른 세계에 어떠한 현실적 접속도 갖지 않습니다. 결국, 조화로운 접속에 대한 그 기하학적 질서는 잠재적인 것, 아름다운 가상입니다. 그러나 궁정의 더 큰 프레임 안에 삽입됨으로써 보편적 질서라는 그 원리는 그 프레임 안에서도 나타나게 됩니다. 동시 발생적으로, 절대왕정은 자신을 위해 무한히 방사하는 조화로운 질서의 바로 이 법칙을 기하학처럼 규칙적이고 보편적인 것으로서 갈망합니다. 왕국은 회화와 같은 것입니다. 절대 군주의 모든-것을-보는 눈은 왕국의 소실점입니다. 그것은 권리상 무한한, 왕국의 질서 잡힌 공간의 추상적(신과-같은) 원인입니다. 왕의 신체는 그 잠재적 운동들이 왕국의 영광스러운 전체의 거시-질서를 구성하는 탁월한 신체입니다. 회화의 공간과 왕국의 공간은 서로에 대해 상사형입니다. 그것들은 어떤 직접적 방식으로도 접속되지 않습니다. 그것들은 현실적으로 접속되지 않습니다. 그것들 사이에는 메울 수 없는 실재성-간극이 있습니다. 그것들은 현실적으로 통약 불가능합니다. 회화와 왕국은 서로 다릅니다. 그것들은 상이한 질적 본성을 가지고 상이한 규모에서 작동하며, 상이한 내용과 구성 요소를 갖고 상이하게 만들어집니다. 실제로 그것들은 비관계의 관계에 있습니다. 그러나 그것들은 각자의 방식으로 동일한 질서의 가상을 만들어 냅니다. 그것들이 정말로 중첩되는 것은 그들의 잠재적 중심들 — 그들의 소실점들이 일치할 때입니다. 소실점은 추상적, 또는 형식적으로만 존재합니다. 그것이 담고 있는 것은 결코 모습을 드러내지 않기 때문입니다. 그것은 현실적으로 나타나지 않는 것이 그 속에서 나타나는 형식입니다. 다만 그것은 실제로 어떤 형상조차 아닙니다. 그것은 어떤 추상의 형식, 추상적 사라짐, 가장 조화롭게 거리를 접어 넣는, 거리 속으로 사라지는 나타남입니다. 회화와 궁정은 그들의 규모와 내용, 구성 요소들의 차이를 가로질러 동일한 추상의 형식을 발동시킵니다. 그들은 상이하며 동일한 잠재적 중심 주변을 회전합니다. 그 중심은 둘 모두에 내재하고, 그들은 각기 소실점 안에 머무릅니다. 그들은 그들이 그 자체에 내재하는 바로 그 지점에서 순수하게 추상적으로 동시 발생합니다.

소실점으로 인해 원근법적 예술 작품은 전체로서 자기를-포용하게 된다는 점을 기억합시다. 이로 인해 그 작품은, 그것이 담는 장면이 현실적으로 부분적이라 할지라도 조화로운 세계의 가상이 됩니다. 그것이 자기포용하는 조화로운 전체인 것은, 그 공간적 배열이 현실적으로 지각 가능한 내용과 더불어 사라지지 않기 때문입니다. 오히려 내용의 사라짐은 질서가 되돌아와 하나의 회로를 완성하게 합니다. 공간적 질서는 명확한 현재로부터 그것이 유지하는 무한성에 경계를 부여하면서 프레임의 주변을 다시 둘러쌉니다. 이것이 회화 세계의 무한성을 그 직접적 환경들에서 상쇄합니다. 결과적으로 그것은 현실적으로 그것을 둘러싸고 있는 것에서 자기포용하는 자율성을 누립니다. 왕국에 대해서도 마찬가지가 적용됩니다. 그것은 무한히 자기포용하는 질서이되, 그렇지만 주변의 다른 왕국들에서, 그리고 다른 정치적 구성체들에서 상쇄됩니다 (설령 그것들이, 이미 끓어오르기 시작하고 있던 신흥 부르주아계급의 경우와 같이 맑스가 곧-구체제가-될-것의 "구멍"이라 부른 것 안에 — 그것의 자기거리 두기에 의해 창조된 간극들 안에 현실적 영토를 공유하고 있다고 해도 그렇습니다).

궁정이 스스로 부여하는 프레임은 주권입니다. 주권의 질서는 원리상 무제한적이므로 군주제는 언제나 그것이 잠재적으로 안에서-체험하는 원리를 현실적으로 체험해 내려고 합니다. 그것은 그 영역을 확장하여 현실적으로 가능한 한 많은 공간을 포함하고, 잠재적 확장성을 현실적 확장으로 번역하고자 합니다. 확장주의로, 현실적인 정치적 동력으로 번역된 주권의 프레임화는 제국주의적이 됩니다. 확장이 중단되면, 그래서 주권이 특정한 영토의 프레임 안으로 물러서도록 강제되면 그때 보편적 질서에 대한 신과-같은 허세는 전체주의적이 됩니다. 현실적으로 존재하는 국가 구성체들의 범위 안에서 역사적으로 자신의 역할을 하게 된 정치적 생태계 전체가 잠재적으로 각각의 승계적 프레임화에 절대적으로 중심을 둔, 직접 주어진 비관계의-관계 속에 잠재적으로 포함되어 왔음이 드러납니다.

원근법적 회화는 그 프레임 속에 절대주의 제국에서 작동하게 되는 것과 동일한 퍼텐셜을 포함합니다. 그러나 그림에는 제국이나 전체주의의 운명을 결정하는 어떤 것도 없습니다. 바로 이와 동일한 동력이 인간 신체의 규모로 내려갈 수 있으며, 훗날 그렇게 됩니다. 그것은 그때 정치 철학에서 "입법하는 주체"라고 비판되어 온 것으로 나타났습니다. 이것은 그 자신의 군주로서의 개인, 자신의 신체라는 성안의 왕 – 그리고 일종의 민주주의적 절대주의로서 부르주아 민주주의의 기둥입니다. 우리는 "신성한" 인권과 "양도 불가능한" 사적 자유의 개념에서 이것이 연속되는 것을 압니다. 이 모든 것은 한편으로 "시각 중심주의" 비판에 의해 재인되었습니다. 그것은 특히 1980년대, 즉 자주적-개인의 자유가 갑작스러운 신보수주의에 의해 서서히 사라져 가기 시작했을 때 강력했습니다. 신보수주의는 주로 그 고유한 상표인 현대판 국가 주권에 관심이 있었습니다.[33] 모든 모나드적 프레임화는 자신도 모르게 트랜스모나드적으로 많은 운명을 담습니다.

좀 전에 나는 원근법적 회화가 절대 군주제가 형성될 시기에 출현한 것이 우연이 아니라고 말했습니다. 아니, 다른 관점에서 그것들이 서로를 위해 만들어진 것이긴 하지만 그것은 우연, 역사적 우연이었습니다. 우리는 둘 중 하나가 다른 하나를 현실적으로 야기했다고 말할 수 없습니다. 각기 나름대로 형성된 것입니다. 그들은 한동안 공생관계에 있으면서 서로를 강화했을 수 있지만, 그것은 어떤 조우의 결과입니다. 그것이 운명이었던 것은 아닙니다. 그것이 일어나야만 했던 이유는 없습니다. 그것은 모든 필수 조건들이 제 자리에 있고, 그 퍼텐셜이 용이하게 활용 가능했다고 하더라도 일어나지 않을 수도 있었습니다. 그것이 일어났다는 것은 하나의 사건, 조우, 우연입니다. 바로 그 때문에 그것은 역사적인 것이 됩니다. 그러나 그것은 부단한 우연이었습니다. 그들이 함께 작동하게 된 것은 우연이자 성취였습니다. 고된 노동과 많은 기술이 그 조우를 유지하고 그것들을 결합하는 데 소요되었습니다. 예술가들에 대한 궁정의 후원 제도, 궁정 사회와 더 큰 사회에 대한 교육, 취미의 배양, 그 조우에 내포된 예술 작품을 수용하기 위한 건축물의 개조(적절한 사례로 루브르), 새로운 기관들(프랑스에서 또 다른 예를 들자면 아카데미) 등을 말할 수 있습니다. 그것들은 서로 접속되기보다는, 그들을 유비적으로 결합할 수 있는, 그리고 그렇게 결합하는 것에 하나의 기능을 부여할 수 있는 조작적 근접성의 동일한 지대로 들어갔습니다. 그것들은 동일한 트랜스모나드적 장 안에서 "진동했습니다."

그것들[원근법적 회화와 절대군주제]이 서로를 위해 만들어진 이유는 질서의 동일한 원리가 그것들을, 들뢰즈와 가타리의 표현을 빌리면 강렬하게 "공명"으로 집어넣었기 때문입니다. 그것들은 그들의 자신에 대한 내재성이 나타나는 잠재적 중심에서 상사적 상쇄 속에 추상적으로 접속됩니다. 잠재적 중심은 블랙홀과 같습니다. 그것은 모든 것을 빨아들이지만, 여전히 일정한 에너지를 방출합니다. 예컨대 회화의 소실점은 모든 장면을 흡수합니다. 그러나 그려진 내용의 다양성을 아울러 소실점은 또한 무엇인가를 다시 내보냅니다. 사물이 아니라 추상적 성질을 내보내는 것입니다.

풍경화는 반복되고 변이되면서 원근법적 공간 질서에 에토스를 부여했습니다. 그것은 원근법적 공간의 순수하게 기하학적인 배열에 거주의 성질을 부여했습니다. 가상은 인민에게 잠재적 집이 되었습니다. 왕국이 그 영토를 확장하려고만 하는 것이 아니라 인민을 통합하고자 한다면 거주의 성질이야말로 왕국이 원하는 것입니다. 그것은 그 나름의 이유로 왕국에 매력적인 성질입니다. 제국적 군주제는 그 고유한 정치적 세계 속에서 고유한 그것의 효과적 상사를 산출한다는 의미에서, 그와 동일한 성질을 취하고 자신의 것으로 만들며, 그것을 해석하는 성향이 있었습니다. 전체주의가 그랬듯, [하지만 그와는] 상이하게. 그리고 또한 부르주아 민주주의와도 상이하게. 원근법적 회화와 제국적 군주제 사이에는, 어떤 통상적 의미로도 필연적인 인과적 연접은 없었습니다. 그보다는 회화 실천의 질적 부수 효과에 우연히 반향하게 된 정동적 추동력—왕국 안에서의 자율적 "욕구"—이 있었습니다. 욕구는 결여의 표현이 아니라, 제국이 자신의 세계-포화도를 유지하고 확장하려는 분투 또는 경향성이었습니다. 그것은 제국의 역동적인, 그 자체로 충만함을 표현합니다. 스피노자라면 이것을 "코나투스"라 불렀을 것입니다. 구성체들은 정동을 효과와 추상적으로 짝지음으로써 서로 전달했습니다. 그것은 그 추상적 질적 본성 때문에 현실적으로 존재하는 어떤 원인에 의해서도 접촉될 수 없었습니다. 시몽동은, 이것이 하나의 사례인, 상이하지만 공명하는 구성체들 사이의 상사적 감염을, 원격 행위에 대한 금지와 현실적, 국소적, 부분-대-부분 접속을 수반하는 선적 인과성과 구별하여 **형질도입**transduction이라 부릅니다.[34]

구성체들은 그들이 안에서 체험하는 지점들에서, 혹은 그들이 자기포용하는 주변에서 **내재적으로**만 전달합니다. 그것들은 잠재적으로만 관계를 맺습니다. 모든 관계는 잠재적입니다. 앞서 시각이 어떻게 다른 감각들과 관계 맺는지에 대해 이야기하면서 나는 시각이 잠재적인 것이라는 말로 끝을 냈습니다. 세계에 어떤 자유 혹은 창조성이 있는 것은 오직 관계가 잠재적인 것이기 때문입니다. 구성체들이 현실적인 인과적 연접이라면 그것들이 결과적으로 접속하는 방식은 완전히 결정될 것입니다. 그것들은 **상호작용할** 수 있겠지만, 창조적으로 관계를 맺지는 않을 것입니다. 연접의 사슬에는 어떠한 새로운 것이 그로부터 출현하고 전염적으로 횡단할 어떤 간극도 없을 것입니다. 거기에는 창조적 불확정성의 어떤 여백도 없을 것입니다. 꼼짝할 공간도 없습니다. 혹은 화이트헤드의 표현대로 세계에는 "자유로운 활동 범위" 가 없을 것입니다.[35] 모든 접속과 전달communication이 내재적이라는, 거기에는 어떤 현실적 관계도 없다는 관념은 화이트헤드 철학의 핵심입니다. 그는 그것을 "현실적 계기의 동시적 독립"이라고 부릅니다.[36] 그는 현재에 동거하는 모든 구성체가 서로 간의 관계에서 완전하게 자율적이라고 말합니다. 그것들은 그런 의미에서 절대적입니다. 순수한 모나드의 외양들.[37] 가상들. 세계-편린들. 경험의 방울들. 작은 절대성들. 각자가 비의식적, 미시-경험적 수준에서 시작합니다. 이런 막 시작된 수준에서, 도래하는 경험은 펼쳐지게끔 **정동적으로** 잠세화됩니다. 그것은 그것의 "순전한 개체성" 속에서, 내재적 정동적 관계에서 다른 계기들로 특이하게 전개됩니다.[38] 경험의 방울들은 정동 안에서 중첩됩니다. 그가 드는 한 가지 예가 분노입니다.[39]

화난 사람이 단 0.5초 후라 해도 [화가 난] 그다음 순간에 자신이 화났었다는 것을 어떻게 아는지 화이트헤드는 묻습니다. 그는 성찰하고 있는 것이 아니며, 그는 자신이 화났다고 결론을 내리지 않습니다. 그는 다만 여전히 화가 나 있는 것입니다. 그는 자신이 여전히 분노 속에 있음을 압니다. 분노는 앞선 순간에 소속되었던 것처럼 그 순간에 소속됩니다. 그리고 두 순간은 그 속에서 중첩됨으로써 접속하고 전달합니다. 분노의 정동적 색조는 그 순간들의 내용이 아닙니다. 그것은 그들이 공유하는 소속됨, 그들의 상호 내재성입니다. 분노의 내용은 한순간에서 다음 순간으로 되풀이되고 변주되는 현실적인 분노의 말들과 제스처들입니다. 분노는 최종 순간의 질적 소실점, 그것이 끌고 들어온 노여움이며, 다음 순간은 그 속에 어떤 지각 가능한 전이도 없이 자연적으로 있게 됩니다. 그것은 마치 경험적 해결과 같습니다. 마치 점진적 흐려짐fading-out이 점진적 뚜렷해짐fading-in과 중첩되듯이, 해결에는 확정적 전이가 없습니다. 전환이 일어나는 지점은 본성에 의해 지각 불가능합니다. 그것은 순수하게 추상적입니다. 그러나 그것은 일어났음이 분명합니다. 우리는 그것이 일어났음을 압니다. 비록 그것이 지각되지 않았지만, 틀림없이 느껴졌기 때문입니다. 알려진-느껴진, 사고된-느껴진. 그것은 잠재적 정동적 사건입니다. 분노의 사고된-느껴진 연속성은 한 순간(혹은 계기)에서 다음 것으로 이어지는, 지각되지 않은 배경의 연속성이라는 잠재적 사건입니다. 분노는 일대일로 무엇이 일어났는지, 선형적 효과에 대한 구체적 이유를 결정하지 않습니다. 이러한 "정동적 색조"[40]는 그런 의미에서 원인이 아닙니다. 그것은 이월移越, carry-over입니다. 그것이 하는 것은 일어난 것의 질적 본성을 실어 나르기입니다. 그것은 두 순간에 추상적인, 순수하게 질적인 배경 연속성을 부여합니다. 발화된 현실의 말들은 띄엄띄엄할 수 있습니다. 그 말들은 그것이 분노의 말인 한 띄엄띄엄하리라는 것이 거의 확실하며, 하나의 순간을 다음 순간으로 논리적으로 연결하지 않을 것입니다. 그것은 분노한 말의 본성입니다. 분노의 제스처들 역시 스타카토일 것입니다. 그 또한 분노한 제스처의 본성입니다. 그것은 제스처를 규정하는 성질입니다. 하나의 순간에서 다음 것으로 현실적으로 말해지고 행해진 것은 본성상 불연속적입니다. 그러나 무엇인가가 연속되고, 간극을 가로질러 사고-되고-느껴집니다. 화이트헤드의 말을 빌리면 그것은 "비감각적 지각", "살아남아 현재 속에서 다시금 체험되는 것으로서의 직접적 과거"에 대한 잠재적 지각입니다.[41] 어떤 색조를 체험했든지 간에 모든 상황은, 오직 정동에 의해 질적이고 추상적으로만 채워진, 이런 비감각적으로 체험된 미시-간격들에 의해 뿔뿔이 흩어집니다. 흡사 소실점과 같이, 그들은 주변을 도로 감쌉니다. 화이트헤드가 정동적 색조라 부르는 것은 우리가 [그것을] 우리 안에서 발견하기보다는 그 안에서 우리 자신을 발견하는 어떤 것입니다. 포괄하는 분위기 또한 일어난 것의 핵심에 있습니다. 왜냐하면, 그것이 전면적인 느낌을 질화하기 때문입니다. 정동적 색조는 우리가 통상 "기분"mood이라 부르는 것입니다.[42] 길버트 라일의 말처럼 기분은 우리 경험의 기후 패턴들입니다. 그것은 경험의 현실적 내용이 아닙니다.[43] 그 내용은 강수降水, precipitation입니다. 이 순간에 방울방울 도래하는 생명인, 미시-기후에서 말과 제스처의 비입니다.

불연속성은 불가피하게 완화됩니다. 내가 앞서 이야기했던 행동유도성에-주목하기는 그것이 완화되는 한 가지 방식입니다. 행위의 흐름에 사용-지향적이거나 행동적으로 초점을 맞추면, 경험들의 내재적 중첩을 하나의 행위에서 다음 행위로의 외적 연계로 번역하게 됩니다. 그것은 막 시작된 미시-경험적 수준에서 정동의 질적 연속성을 객관적 상호작용의 의식적 거시-수준으로 번역합니다. 내재적 관계에 현실적 연접의 외양이 덧씌워집니다. 이것은 모든 경험의 심장부에 있는 비감각적 지각에 대해 망각하기 쉬운 도구적 수준에서 일어납니다. 간극들 안의 잠재적 연속성 위로, 간극들을 가로지르는 현실적 연속성이라고 칭하는 것이 포물선을 그립니다. 경험의 방울들 사이의 모나드적 불연속성 위로, 기능적으로 그것을 무시하는, 즉 그 위로 넘어가는 상호작용의 감각이 가로놓입니다.

서사는 경험의 방울들 사이의 현실적 불연속성을 넘어가는 또 다른 막강한 장치입니다. 상호작용성은 기능적 거시-연속성을 수반합니다. 서사는 언어적 메타-연속성을 산출합니다. 분노의 말들은 설명되고, 정당화되고, 합리화되고, 양해되고, 원인이 주어지고, 이해 가능하게 되어 완화될 것입니다. 그것은 허구적입니다. 또한, 그것은 임시방편적입니다. 그것은 감정을 누그러뜨립니다. 그것은 사후에 얼버무립니다. 그것은 "이후"라는 말의 어원적 의미에서 "메타"적입니다. 그것은 회고적이고, 의식적 수정의 수준에서 작동합니다. 이것은 마치 가상의 지각적 기시감의 수정 언어적 반향처럼, 그 순간에 평행한 트랙 위에서 계속될 수 있습니다. 서사는 경험의 스스로에 대한 지각적 이중화를 언어적으로 이중화하며, 동일한 직접성을 가지고 이를 할 수 있습니다. 스스로-이야기된 가상입니다. 그 스스로-이야기하기는 사회적으로 통제된 담론의 더 큰 조작적 외피 안에 손쉽게 삽입하기 위해 사건을 다시 프레임화합니다.

물론 이것이 언어가 예술에서 기능할 수 있는 유일한 방식은 아닙니다. 그것은, 경험의 직접성 안에서 작동하고 예술에 전념할 수 있는 많은 비서사적 양상modality — 두 가지만 들자면 친교적인 것과 수행적인 것 — 을 가집니다. 이러한 양상들은, 친교적인 것과 마찬가지로 의미 생성sensemaking의 기저를 이룰 수 있습니다. 혹은 그것을 약화할 수 있습니다. 그것들은 의미 생성을 낱낱이 쪼개기 위해 — 들뢰즈가 즐겨 말하는 식으로 하자면 "언어 자체가 더듬게 하기" 위해 그것을 중지할 수 있습니다.[44] 혹은 수행적인 것과 같이 그것들은 언어 내에서 비의미화하는 방식으로 작동하여 다른, 비언어적 수준에서 일이 일어나게 합니다. 이 양상들은 융합되거나 서로 중계될 수 있습니다.

언어의 문제로 더 깊이 들어가지 않은 상태로 지금 중요한 것은 화이트헤드가 "실재"로부터의 현실적 상호작용에 대해 쓰고 있다는 점입니다. 그는 이러한 현실적 상호작용을 경험이 그로부터 출현하는 "실재적 잠세성"과 동일시합니다.[45] 그는 최종 분석에서 말하기를, 우리가 실재적으로(잠재적으로, 내재적으로) 벌어지는 것에 관련될 때, 우리가 실재적으로(추상적으로, 비감각적으로) 체험된 것을 사고하고-느끼고 있을 때, 거기에 상호작용과 같은 것은 없다고 합니다. 거기에는 어떤 실재성도 없습니다. 왜냐하면, 거기에는 사물 간의 어떤 현실적 연접도 없기 때문입니다.

이로 인해 우리가 "상호작용성"에 대해 말하는 데 사용한 어휘 전체를 조정할 필요가 제기됩니다. 내가 이 대화의 초반에 시도했듯, 우리는 그 개념을 관계적 항들로 번역해야 합니다. 그럼으로써 우리가 "상호작용"이라고 말할 때는, 사물들이 현실적으로 무엇인지, 그들의 행위는 실재적으로 무엇인지, 그들이 어떻게 전달하는지를 생각할 때 그와 더불어 끼어드는 모든 조정에도 불구하고 "내재적 관계"를 말하는 것이 되도록 말입니다. 우선 우리는 사고하는-느끼는 불연속성을 빼고 "상호작용"에 대해 말하지 말아야 합니다. 우리는 사물들 사이의 간극, 그리고 하나의 순간에서 다음 순간으로의 간극에 그들의 중요한, 잠재적 원인을 부여하게 될 것입니다. 상황의 실재성은 그런 간극들에서 발견됩니다. 우리가 그것들을 대충 호도하고 넘어간다면 우리는 실재적으로 일어나는 것에 대한 사고-느낌을 잃어버리고 있는 것입니다.[46] 우리는 연접성의 수사에 거리를 두어야 합니다. 그것은 새로운 미디어와 새로운 테크놀로지의 영역에서 너무나 지배적인 것으로 존재해 왔습니다. 우리는 연접성을 서사로서, 메타허구적 수정주의로서 다루어야 할 것입니다. 어떤 것을 허구적이라고 말하는 것은 순수하게 환영이라는 의미로 그것이 무용하거나 비실재적이라고 말하는 것이 아닙니다.

화이트헤드는, "어떤 의미로 모든 것은 그 고유한 존재의 범주에 따라 '실재적'이고……'무엇임' to be something은 어떤 현실성에 대한 분석에서 하나의 요인으로서 발견될 수 있는 것이다"라고 씁니다.[47] 연접성의 수사에 의해 강화된 상호작용성의 거시-연속성은 실제로 새로운 미디어 현실성 "분석에서 하나의 요인으로서 발견 가능"합니다. 그것은 기능적으로 효과적인 허구입니다. 그 기능이 하는 것 중 한 가지는 그것이 조직하는 상황들 속에서 퍼텐셜의 전체 스펙트럼을 건너가는 것입니다. 그것은 그것이 아무것도 하지 않는다는 의미에서 비실재적인 것이 아닙니다. 그것은 단지 나타나는 것이 아닌 다른 방식으로 [무엇인가를] 할 뿐입니다. 요점은 연접성과 상호작용성이 그들의 잠재적인, 내재적이고 정동적인 연속성의 화이트헤드적 실재를 배경으로 상이하게 나타난다는 것입니다. (화이트헤드라면 "잠재적"이라고 말하지 않았을 것이라는 점을 언급해야겠습니다. 잠재적인 것이 현실적 계기에 들어가는 것을 두고, 들뢰즈라면 "잠재적" 그리고 "실재적 잠세성"이라고 말할 부분에서 화이트헤드는 "순수한 잠세성"이라는 용어를 사용합니다. 그런 식으로 들뢰즈는 화이트헤드의 어휘들에 자신의 어휘인 잠재성, 퍼텐셜, 가능성을 기재합니다.[48])[49]

어쨌든 화이트헤드의 동시적 독립 관념에 담겨 있는 창조성에 대한 윤리학과 정치학은 탐구해 볼 만한 중요성을 가진다고 나는 생각합니다. 그것들은 윤리적이고 정치적인 방향성에서 상이한 곳으로 나아갑니다. 우리는 그 방향성들을 우리 시대에 고유한 자율성이라는 다른 개념, 자주적-개인적 자유의 관념으로부터 이어받았습니다. 그런 종류의 자율성은 자유주의에 의해서만이 아니라 인터랙티브 아트가 종종 보조를 맞추는 다수의 "급진적" 정치학들에 의해 전제되는 것으로 보입니다. 내가 이야기하고 있는 미학적 정치학의 중심 기획은 자율성을 질적으로 관계적인 항들 속에서 재고하려는 것입니다. 그것은 정동적 정치학이 될 것이고, 그들의 확정적 내용, 특수한 관념 혹은 수행될 행위를 경작하기보다는 탐사적인 기후패턴을 파종하는 데 주력할 것입니다.

V2: 인터랙티브 아트에 관해 좀 더 구체적으로 말해 줄 수 있습니까? 우리는 여전히 본질직으로 회화와 시각적인 것에 머물러 있습니다. 인터랙티브 아트에서 예를 들어줄 수 있을까요?

BM: 좋습니다. 하지만 소실점에 대해 좀 더 설명할 시간을 주세요. 이 얘기가 약간 엇나갔습니다. 앞서 말했다시피, 원근법적 기술을 도입하는 고전적 구상화는 지각의 추상적 운동을 시점 간의 조화를 보장하는 보편적 원리에 의해 지배되는 하나의 공간적 질서로 만듭니다. 이런 지각적 사건의 동력을 통해-보이는 것은 무제한적인 만큼이나 조화로운 공간적 질서입니다. 그것이 조화를 시사하는 것은 안정성을 약속하는 듯이 보입니다 (비록 정치적 생태에서 그 원리의 역사적 수행을 통해 그것이 인계하는 바는 그와 거리가 멀지만 말입니다). 벌어지는 지각적 사건의 활력 정동은 정착하고, 진압하고, "문명화합"니다. 이 때문에 그것은 "추상" 미술이라는 노골적인 상표를 자칭하는 후대의 회화에 비해 "구체적" 혹은 "사실적"으로 느껴집니다. 미술에서 구체적이고 사실적이라는 것은 안정적인 지각적 질서의 느낌과 더불어 나타남을 의미합니다. 그것은 안정성을 하나의 보수적 가치로서 촉진하는 사회적 또는 정치적 질서의 더 큰 프레임에 의한 상사적 포착에 가담합니다. 모든 구성체의 핵심부에 트랜스모나드적 "전율"이 실재하기 때문에 [보수적 가치로서의 안정성을] 구현할 수는 없겠지만 말입니다. 그 정동적 핵심의 "카오스모제적 배꼽"을 긴장시키는 잠재적 동요 때문에.[50] 이 안에서-체험된 긴장, 이 체험된 강도가 (그것이 자기 내부에서 무한한 대안적 잠세성들로서 그것에 거주하는 그것의-타자들을 포함하는 방식으로) 내재적으로 외부로부터 초대하는 벤야민적 중단과 방해 때문에 말이죠. 요는, 우리가 "구체적인" 것으로의 회귀라는 요청을 경계해야 한다는 점입니다.

장식적 모티프는 이 부분에서 결코 급진적이지 않습니다. 하지만 그것은 또한 질서에-속박된 포착에 대한 퍼텐셜은 덜 가지고 있습니다. 그 때문에 장식 미술이 가볍게 여겨지는 것입니다. 장식 미술이 그런 종류의 퍼텐셜을 갖지 않는 것은 그 모티프들이 연장적으로 공간화하지 않기 때문이고, 그들이 주변 너머로 계속되고 도로 감싸며 퍼텐셜의 정치적 생태에 강하게 공명하는 연장적 질서에서 벗어나지 않기 때문입니다. 장식 미술은 현재의 방식, 현재의 장소에 거의 만족하는 운동-효과를 만들어내는 데 머무릅니다. 그것이 산출하는 활력 정동이 그 현실적 형상에서 나뭇잎과 나뭇가지와 꽃들처럼 확정적인 것들을 구상화하는 선과 곡선의 패턴들로부터 도약하므로 그 효과는 온건합니다. 장식 모티프가 움직이는 바탕이 되는 정물靜物, inanimate의 생기에 깃드는 그러한 효과에는 여전히 약간의 두려운 낯섦이 있습니다. 그러나 찻주전자 덮개의 레이스 위에서 생명의 가상으로 도래하는 꽃들은 최고로 파괴적이거나 사물을 강화하는 것은 아닙니다.

반면 추상 미술은 구상 미술이 그 전율하는 깊은 심중에서 언제나 두려워한 바로 그런 종류의 중단이었고 계속해서 그러합니다. 추상 미술은 조화를 깨고, 탈감각적이며, 통약 불가능합니다. 그것은 대중에게 영원히 미움 받습니다. 추상 미술을 좋아하는 이들조차 그에 관해 의견이 다른 듯합니다. 우리는 그것을, 판단의 공통적 근거를 결코 찾을 수 없을 듯한, 호전적으로 불균등한 방식들로 해석합니다. 조화로운 질서의 보편적 원리의 어떤 가상도 여기에는 없습니다. 작품들은 그들의 세계-화worlding의 파편적 본성을 힘차게 긍정합니다. 그것들은 스스로 방해하고 이를 자랑스럽게 여깁니다.

추상 미술은 동원되는 지각적 사건의 질이라는 관점에서 보면 파괴적이고 그러한 방식이 장식 미술에 가까운데, 이는 후자가 전자로 인해 종종 폄하된다는 점에서 역설적입니다. 추상 미술은 또한 철저하게 운동-효과를 산출합니다 — 심지어 그것을 더 멀리 가져갑니다. 추상 미술이 파괴적이고 방해하고 조화롭지 못한 것은, 그것이 온건한 것이 아닌 위협적인 것을 생명의 가상으로 가져가기 때문이 아닙니다. 그것이 구상적 요소를 가능한 한 억압하는 데서 자신의 경험적 힘을 끌어내기 때문입니다. 추상 미술은 어떤 동력을, 대상 없는 활력 정동을 느껴지게 합니다. 그것은 어떠한 것의 생동이 아닙니다. 그것은 순수한 생동성animateness, 어떤 것으로부터 오는 것도 아니고 특수한 어떤 곳에서 오는 것도 아닌 활력 정동입니다.

예컨대 색면회화에서 운동은 표면을 가로질러 흩어져 있습니다. 그것은 환원 불가능하게 전반적인 효과로, 표면에서 분리되어 캔버스 위쪽 또는 캔버스를 가로질러 유령같은 분신인 양 떠있는 것으로 나타납니다. 우리는 이처럼 생생하게 비물질적인 운동의 분신을 볼 때 비로소 그 작품을 본다고 할 수 있습니다. 운동에는 그 내재적 관계성의 표현으로 이러한 효과가 있습니다. 활성화되고 있는 것은 색의 특정한 관계적 동역학 — 예컨대 동시대비 효과나 보색대비 효과 같은 것들입니다. 이것은 시각에 내재적인, 그리고 시각을 산출하는 관계적 동역학이며, 시각 자체로 구성된, 일반적으로 지각되지 않는 활동입니다. 밖으로 나오는 것은 봄seeing을 일키면서도 보이지 않는 지각 에너지입니다. 이것은 대상-지각의 출현 조건으로 되돌아가는, 그리고 그 조건들을 가시적으로 표현하는 예술입니다. 그것은 봄 자체의 가상이 낳은 산물 — 일어나는 지각에 대한 지각입니다. 이로부터 내가 앞서 말한 지각의 자기참조적 차원이 드러납니다. 그것은 투영면 없이, 원근법적 회화가 하는 것과는 전적으로 다른 방식으로 시각을-안에서-체험합니다. 지각을 시각 차원의 질서와는 다른 차원의 질서(기하학적 공간의 무한히 확장하는 3차원) 안으로 투사하는 대신에, 그리고 이 차원을 (군주제와 같은) 다른 질서와 유사한 공생관계로 투사하는 대신에, 그것은 시각 자체에 고유한 차원들을 — 시각 안에서만 체험하는 차원을 끄집어냅니다. 촉각 또한 선을 그릴 수 있습니다. 제국 또한 확장적일 수 있고 온 주변으로 그 질서를 확장할 수 있습니다. 색채는 시각만이 할 수 있는 어떤 것입니다. 시각은 이 고유하게 시각적인 차원들을, 그 안에서 체험하는 가운데 꺼냅니다. 그것은 그 차원들을 꺼내 그것들이 그들만의 광학적 도약 효과 속에 부유하도록 합니다. 그것이 출현하는 시각의 역동적 중심으로의 침잠, 그리고 출현하는 표현으로부터의 부상 사이에 긴장이 있습니다. 회화는 시각적으로 전율합니다. 그 효과는 강력한 시각적 느낌일 수 있습니다. 시야가 그 고유한 강도적 행동에 사로잡혀 있는 것을 보는 느낌입니다. 공교로운 시각의 사고-느낌. 강도적으로 아무 데로도 가지 않는, 내재적 활동의 이런 스스로 나타남은 어지러움을 일으킵니다.[51] 추상 미술이 시각을 어지럽게 하는 것은 들뢰즈가 현대 문학이 언어를 더듬게 한다고 말하는 방식과 다르지 않습니다. 추상 미술은, 시각을 그것의 운동-퍼텐셜로 되돌려 보내는 한편, 그 퍼텐셜에 그것을 다른 존재하는 구성체들에 집어넣는 현실적 배출구를 부여하기를 거부함으로써 시각을 어지럽게 합니다. 그것은 조화롭게 공생하는 어떤 전통적인 방식으로도 정치적 생태에 참여하려고 애쓰지 않습니다. "예술을 위한 예술"이라는 구호는 이런 관점에서, 앞서 논의된 의미에서의 예술의 자율성을 긍정하는 것으로 이해되어야 합니다. 즉 외부의 목적성에 의지하지 않고, 자신의 내재하는 경향들의 힘만으로 스스로 해 낸다는 의미로 말입니다.

사람들은 종종 미술에서 산출된 운동-느낌을 "촉지적" 느낌이라고 말합니다.[52] 나는 동의하지 않습니다. 그것은 지나친 일반화입니다. 그것은 경험의 구성에 충분히 주의를 기울이지 않고 있습니다. 색면회화와 같은 추상의 실천에서 대상과-같은-것의 억압은 또 한 촉각성의 시각으로의 흡수도 억제합니다. 역동적인 시각적 형상 안에 잠재적으로 나타나는 다른 감각은 운동감각, 즉 운동의 느낌입니다.[53] 추상 미술은 감각들을 재구성합니다. 그것은 지각을, 내가 앞서 이야기한 대로 그 운동-효과에 특정한 촉감을 채택하는 원근법적 회화나 장식 미술과는 다른 경험적 팔레트로 구성합니다. 여기에는 볼 수만 있는 순수한 광학적 운동감각이, 오직 그것만이 있습니다. 비록 다른 한편으로는 질감만으로도 대상성의 기미를 보유하는 데 충분하지만 말입니다. 우리가 앞에서 살펴본 것처럼 지각의 한 양상이 현전할 때, 다른 모든 나머지 양상들도 현전합니다……그것은 구성의 양태와 잠재성의 정도의 문제입니다. 그 물음은 각각의 경우에 재구성의 본성을 평가하기 위해 재검토되어야 합니다. 우리는 일반화하지 않고, 작품의 특이성에 따라 언제나 재평가하도록 주의를 기울여야 합니다. 촉지적인 것은 촉각이 시각보다 우위에 서는 것을 뜻한다는 식의 빠른 반쪽짜리 대답에 안주하는 것은 너무 손쉬운 일입니다. 촉지적인 것은, 시각만이 나타나게 할 수 있는 촉각에 관한 것입니다. 마치 색면회화가 시각만이 할 수 있는 방식으로 운동감각을 보여 주는 것과 마찬가지로 말입니다. 질감은 촉지적 시각의 한 사례입니다. 우리는 그것이 어떻게 느껴지는지 직접 봅니다.

공교로운-시각의 사고-느낌으로서 추상화의 영구적 자기참조성은 그것을 그 자체로 당당하게 무용한 것으로 만듭니다. 그렇다면 어떤 종류의 미학적 정치학이 그로부터 나올 수 있을까요? 그것이 자신으로부터, 다른 관계적 동역학들과 공명하여 나올 수 있는 어떤 방식이 있을까요?

나는 로버트 어윈의 작업이 한 가지 방식을 보여 준다고 생각합니다. 그의 작업은 언제나 그 자신이 지각에 대한 지각이라 부르는 것을 선보이려는 것이었습니다. 초기에 그는 점들의 배열로부터 미묘한 전면全面, whole-field 운동을 창조해 낸 추상 미술을 실천했습니다.[54] 그의 모든 작품에서 효과는 시간이 걸려야 시작되지만, 그것이 시작될 때는 절대적으로 흥미롭습니다. 그것은 시각의 완전한 활동이라기보다는 시각의 활성화activation입니다. 그것은 마치 시각이 그 고유한 퍼텐셜로 진동하는 것 같습니다. 그러고서 어윈은 보다 조각적인 실천으로 옮겨 갑니다. 그것은 원반들을 벽에 쌓되 조명을 이용해 그것들의 3차원성이 표면의 가상 속으로 사라지게 하는 방식의 작업으로, 그 표면은 거의 지각되지 않지만, 지극히 강력한, 내적으로 활성화된 깊이의 느낌을 간직하고 있습니다.[55] 깊이 그 자체보다는 깊이-같음입니다. 그는 2차원이 표면으로 부상하고, 일종의 조각의 회화-되기와 같이 그 시각성을 주장하도록 만들고 있었습니다.

그다음에 그는 설치로 갔습니다. 벽면을 떠나 3D 공간 자체로 가기도 했지만, 그는 또한 갤러리를 떠나 건축의 공간으로, 혹은 심지어 도시 공간으로 갔습니다.[56] 그러므로 사람들은 이런 종류의 예술을 보통 "공간적"이라고 부릅니다. 그들은 그것을 추상 회화와 갤러리에서 했던 다른 작업에 비해 더 "구체적"이고 더 "실재적"인 것으로 생각합니다. 그것은 전혀 더 구체적이지 않습니다. 그것은 사실 고도의 추상의 다른 실천입니다. 그것은 더욱 실재적인 것이 아니라, 다르게 실재적입니다. 그 때문에 그것이 미술로서 강력한 것입니다. 나는 어윈의 설치 작업을 공간 예술이라고 부르는 것이 망설여집니다. 그는 조각을 가지고 했던 것처럼, 다르게 되도록 만들고자 주거 공간으로 들어갔습니다. 들뢰즈라면 그것을 주거 공간의 "역현실화"counteractualization라 불렀을 것입니다.

어윈은 거주 공간을 살아 있는 사건으로 만들었습니다. 그는 조심스럽게, 꼼꼼하게, 강박적으로 지각의 조건들을 준비하여 그들로부터 하나의 활성화 사건이 도약하게 합니다. 전체 공간은 지각적 활성화 또는 진동 효과에 의해 이중화됩니다. 흡사 그가 점 그림들과 원반 작업들을 통해 획득했던 것과 같은 것입니다. 그러나 이번에 그것은 몰입적immersive입니다. 그것은 3D적인 방식으로 몰입적인 것이 아닙니다. 이것은 모든 곳인 동시에 아무 곳도 아닌 투명한 표면과 같은, 체험된 공간의 차원 없는 가상입니다. 차원이 없지만 어떻게든 완전히 공간을-채우는, 모든 원자를 포화상태로 만드는 가상입니다. 그 효과는 서서히 나타나며, 그것이 나타날 때까지 기다릴 만한 인내심을 가진 사람은 그리 많지 않습니다. 우리가 그것이 나타날 때까지 기다리면 그것은 우리의 전 존재를 인수합니다. 우리는 주거 공간에 살아 있다는 것이 무엇과 같은지에 대한, 그리고 오로지 그것과 같은 것에 대한 몰입적 사고-느낌을 가지게 됩니다. 그것은 체험된 공간에 대한 지각의 지각입니다. 또한, 우리는 모두 그 지각 속에, 직접적 진동의 관계 속에 각기 서로를 변조하는, 공명하는 모든 사유, 모든 운동, 모든 그림자, 모든 소리 안에 있습니다. 공명은 모든-것을-포괄합니다. 관계적으로 자기프레임화를 합니다. 한편으로 그것은, 유일무이하게 공간으로부터 도약하는, 공간 속에서 부유하는 그 순간뿐입니다. 그것은 모나드적입니다. 자신에 대한 지각의 세계입니다. 경험의 자기포괄적 미시-기후입니다.

이것은 인터랙티브 아트가 아닙니다. 거기에는 아무런 상호작용이 없습니다. 지각적 사건이 일어나도록 우리는 행동을 **멈추어야** 합니다. 그러면 그 지각 사건의 자유의지volition가 차오르고, 우리를 차지합니다. 우리는 그 안에 있습니다. 그것이 우리 안에 있는 것이 아닙니다. 우리는 그것을 체험해 낸다기보다는 그 안에서 체험합니다. 우리는 그것과 함께 어디에도 가지 않습니다. 그것은 고유한 사건으로서 그것이 일어난 곳에 머무릅니다. 그것은 경험의 확장이라기보다는 강도적 경험입니다. 이것은 모든 상호작용을 중지시키는 관계적 미술의 한 예입니다.

인터랙티브 아트가 할 수 있는 것은 상황을 그 "대상"으로 취하는 것이고, 그럴 때 그것이 처한 상호작용들을 뿔뿔이 갈라놓음으로써 그 작품의 퍼텐셜에 부응할 수 있을 것이라고 내가 말한 것은 이런 의미였습니다. 다만 그것은 상호작용과 더불어, 그리고 상호작용을 통해 이루어진 어떤 것입니다. 상호작용을 전면적으로 유예시키는 대신 그 속에 미시적-간격들을 열어 놓음으로써, 한편으로는 정동적 연속의 비감각적 지각과, 다른 한편으로는 출현적인 경험(확정적인 말을 촉발하는 서사화 가능한 경험과 제스처를 촉발하는 도구화 가능한 경험)의 방울들 사이에 출발과 회귀의 리듬이 존재하게 됩니다. 내가 이렇게 말한다고 해서 관계적 미술에 관해 니꼴라 부리요Nicholas Bourriaud가 말하는 방식을 지지하고 있는 것은 아닙니다. 내가 보기에 그가 말하는 "관계적"이란 것은 매개된 상호주관적 교환의 관점에서 이해된 상호작용 개념들에 여전히 너무 결박되어 있습니다. 나는 비매개*im*mediation를, 직접 체험된 관계를 말하고 있습니다(4장).

내가 어윈을 모델로 제시하려는 것은 아닙니다. 나는 그의 설치 작업이 미술 체험의 비-상호적 관계의 한계로 이동하며, 인터랙티브 아트 자체가 그 운동을 계속할 수 있다는 점을 이야기하고 있습니다. 어윈의 설치 작업은 경험적 한계 또는 극에 있으며, 이는 그 자체가 다른 극에 공명할 수 있고, 거기서 경험은 자신과의 일정한 거리를 취하게 된다는 말입니다. 전자의 극은 관계의 안에서-체험하기이고, 후자의 극은 밖에서-체험하기입니다. 살아남은 관계는 재인된 의미-생성에, 외부적으로 의미 있는 행동들, 행동들의 실시, 작용-반작용, 계측, 기능의 처리에 종속됩니다. 혹은 그렇게 노골적으로 계측에 종속되지는 않는다고 해도 여전히 매개에 종속됩니다. 그리고 평범하게 기능에 종속되지 않는다면 계측으로 매개된 상호주관적 교환에 종속됩니다. 그러나 극들은 서로 경쟁하거나 함께 작동할 수 있으며, 그리하여 그 작품은 독특한 체험된 성질을 산출하고, 그 자신의 가상 속에 자체를 미적으로 이중화하며, 동시에 구체적인 무엇인가를 현실적으로 하거나 말합니다. 극들은 반드시 상호 배제적이지 않습니다. 사실 그것들은 언제나 실제로는 어느 정도까지 함께 옵니다. 가장 강렬하게 안에서-체험된 예술 실천에조차 작품이 도약할 수 있게 해 주는 최소한의 재인, 의미-생성,

계측, 기능은 있습니다. 약간의 밖에서-체험하기는 작품이 발생하는 데 필요합니다.

이런 식으로 생각할 때 예술 실천은 존재의 퍼텐셜을 구성하고, 경험적 스타일을 창안하며, 새로운 생명의 형상이 극단의 차이생성을 가로질러 출현하도록 달래는 기술입니다. 예술은 활력 정동을 발명하고, 말 그대로 창조합니다. 나는 앞에서 그것이 존재의 기술이라고 말했습니다. 그리고 정말로 "기술"이라고 생각합니다. 정동적-효과적 구성을 획득하려면 같은 종류의 주의, 세부에 대한 철저한 관심, 상황이 마련된, 혹은 프레임화되는 방식에 대한 강박적 실험이 요구됩니다. 어윈은 이것으로 유명합니다. 어윈의 경우, 프레임화는 비객관적입니다. 그것은 객관적 프레임이라기보다는 수행 범위performance envelope입니다. 역동적인 혹은 조작적인 프레임입니다.

안에서-체험되고 밖에서-체험되는 관계의 극들은 우리가 만들 수 있는 모든 경험적 구별을 가로지릅니다. 감각을 들어 봅시다. 각각의 감각은 나름대로 경험의 한 극을 구성합니다. 우리는 예컨대 우리가 언제 촉각보다 시각이 지배적인 경험을 하는지, 그리고 그에 따라 의미 있는 기능들을 하는지 인식하면서 감각들을 구별해낼 수 있습니다. 우리는 또한 어떤 도구를 보고 그것을 용도에 맞게 손에 쥘 수 있는 가장 좋은 방법을 생각할 때처럼 감각들의 분리를 가로질러 그것들을 의식적으로 재접속할 수 있습니다. 이것이 상호작용의 감각-등가물입니다. 그것은 극한의 감각-경험으로, 거기서 그것은 상호작용적으로 밖에서-체험됩니다. 초반에 나는 지각 연구에서 교차양상적 이전이라 불리는 것에 대해 이야기했습니다. 그것이 예술 실천을 존재의 기술들로 이해하기 위해 지각 연구에 등장할 때, 그 개념을 사용하는 문제는 감각 상호작용과 감각된 관계의 구별이 이루어지지 않는다는 데 있습니다. 감각들이 안에서-체험되는 방식은 고려되지 않습니다. 나는 "융합"이라는 말로 감각-관계의 사건을 이야기했습니다. 나는 어떤 대상이 교차양상적 융합이라고 말했습니다. 그것은 보통 (습관적으로) 상황에 내장된 잠재적 촉각들과 운동감각이 시각의 사건에 거주한다는 관념입니다. 이런 양태들 사이에서 느끼면서 우리는 그 상황에서 대상의 존재가 가진 보이지 않는 측면들을 실재적이고 직접적으로 봅니다. 내가 충분히 강조하지 않은 점은, 상이한 감각들의 그사이의 직접성 속에서 경험이 이런 감각 양태 또는 저런 감각 양태 안에 있지 않다는 것입니다. 그것은 엄밀히 말해서 교차양상적이지 않습니다. 그것은 무형적amodal입니다. 감각 경험의 관계적 극은 무형적입니다.[57] 체험된 추상, 가장 안쪽에서 체험된 추상은 무형적 생명의 직접성입니다.

미술이 상호작용과 관계의 양극 사이에서 유희하듯, 감각들도 그러합니다. 경험은 언제나 그것의 한계 중 하나에 접근하고 있습니다. 그것은 언제나 그 감각들을 분리하여 그것들이 유용하게 교차-접속될 수 있게 하거나, 아니면 그것들을 서로에 대한 무형적 직접성 안에서 융합하는 도정에 있습니다. 경험이 어느 한쪽 한계에 접근해 가면 그것은 자동적으로 반대편으로 왔다 갔다 하게 됩니다. 감각들이 기능하는 것은 괜찮습니다. 그러나 그것들이 잠세화하고자 한다면 그들은 융합되어야 합니다. 경험이 자신을 분리해 낼 때마다, 자신을 탈극화할 때마다, 그것은 자신을 퍼텐셜로 재충전하기 위해 재극화해야 합니다. 모든 분리된-감각 경험, 그리고 모든 교차양상적 연접을 이중화하는 융합의 극으로의 필연적 회귀가 거기에 있습니다. 경험적 융합의 이 영원한 회귀는 습관적으로 간과된 채 지나갑니다. 그것은 비의식적입니다. 어윈이 실천한 것처럼 지각에 대한 지각에 헌정된 존재의 기술로서 실천된 예술은 실제로는 결코 그것을 느껴지게 할 수 없습니다. 혹은 그것을 "보이게" 할 수 없습니다. 그것은 경험의 관계적 한계들 사이의 유희를 느껴지게 합니다. 이렇게 함으로써 그것은 자신을 재충전하는 기술들을 배울 수 있습니다. 내가 이 글에서 해 온 종류의 구별들을 우리의 예술에 대한 사고로, 그리고 예술의 제작으로 통합하는 이유는 그 퍼텐셜을 갱신하고 강화하기 위해서입니다.

융합적-관계적 극으로 물러남은 감각 양태들의 분리가 극한으로 보내질 때 가장 강렬하게 느껴집니다. 이것은 어떤 감각이 오직 그것이 할 수 있는 것만을 하도록 만들어졌을 때입니다. 그 감각이 할 수 있는 것의 그러한 한계에서 그것의 출현에 대한 관계적 조건들이 나타납니다. 마치 경험이 웜홀을 통해 순식간에 그 우주의 반대편 끝으로 되돌아간 것처럼 말입니다. 융합은 불꽃을 일으키지만, 너무나 순간적이어서 경험적 사건의 가장 탁월하게 체험된 성질인 그 활력 정동은 다른 감각 양태 안에서 웜홀의 반대편을 밖에서-체험하게 됩니다. 그런데 제임스의 "순수 경험"이 깃드는 것은 그 웜홀 안입니다.

내가 운동감각과 촉지적 시각에 대해 이야기하던 것은 그것들이 어떻게 생명의 다른-감각 성질들의 순수하게 광학적 외양들인가

하는 것입니다. 예술에 잠세적으로 유익한 것은 하나의 감각에 의한 다른 감각의 어떤 추정적 지배라기보다는 감각들이 분리의 정점에서조차 서로의 안에 거주하는 방식입니다. 감각들은 언제나 서로를 차지하고, 서로 이런저런 방식으로 드나들며, 그들의 길을 꿈틀거리며 나아가고 있습니다.[58] 그들은 결코 홀로 기능하지 않습니다. 우리가 다른 감각들에 대한 시각의 시각 중심적 "지배"라고 부르는 것은 사실상 시각과 촉각의 고도로 기능화되고 체계화된 교차양상적 연접입니다. 내다보고, 포착하고, 대지를 도구적으로 지배하라…… 전제된 시각의 지배는 별반 진정한 쟁점이 아닙니다. 그것은 촉각성과 시각의 상호작용의 과도한 도구화입니다. "시각 중심주의"란 테크놀로지적으로 강화된 모종의 상호작용-중심주의입니다.

감각들은 늘 차이생성적 대비와 함께-도래함 속에서 오로지 융합적으로 함께 기능합니다. 각각의 감각을 대비되는 극으로 부르는 것은 공정하지만, 더 나아가 무형적 융합의 대비되는 웜홀 극들이라는 관점에서 생각해 볼 수 있습니다. 모든 감각의 분리 극단에서 그것은 내재적 한계이고, 거기서 그것은 다른 감각 경험과의 직접적 관계로 뛰어오릅니다. 그 한계에서 경험의 감각-극단들은 지속적으로 잠재적 접촉을 합니다. 그것들은 언제나 이미 공명하고 있고, 서로 간의 상사적 거리에서 함께 전율하고 있습니다. 그것은 그들의 연계 변이의 운명을 경험의 동일한 생태의 일부로 만듭니다. 동일한 것이 안정적인 공간적 배열과 파괴적 사건성에 지원됩니다. 경험의 강도와 그것의 확장. 지각과 행위. 대상 지각과 가상. 객관적 지각과 지각에 대한 지각. 사기참조와 기능. (비관계의) 내재적 관계와 외적인 관계(연접적 상호작용). 현실적 (감각적) 형상과 비감각적 (무형적) 지각. 시각과 서사적 개정. 장소-특정성과 배치. 모나돌로지와 노마돌로지. 이들은 이원성이 아닙니다. 그것들은 양극성, 잠세적 경험의 추상적 질적 지도 안에서의 역동적 방향성입니다. 그 지도는 언제나 다-극입니다. 이 모든 대비되는 양태들은 잠재적으로 서로 관련되고 서로에게 파문을 일으키며, 서로를 상쇄하거나 혹은 결합하고 증폭시키고, 마루와 골을 이루어 고요함으로, 소요로, 지속함과 되돌아옴으로, 내재성과 살아남음으로 나타납니다. 그것이 어떤 식으로 가든 우리는 늘 그것들의 유일무이한 교차점들에서 삽니다. 각각의 순간은 경험이 출현하는 장의 형성적 유발 속에서 다양한 강도에 작용하는, 서로 배경과 전경을 이루는 그들 모두의 특이한-유적singular-generic 융합의 흐름에 의해 운반됩니다.

내 말은 예술 실천이 조심스럽게 스스로 준비하고 그 고유한 서명적 조작을 할 수 있게 해 주는 제약들을 내려놓을 때, 그것은 다양한 정도로, 그리고 상이한 부각 효과로 선택적으로 이러한 양극을 활성화한다는 것입니다. 다음 장에서 등장할 어휘로 말하자면, 이런 식으로 자신을 구성할 때 미술은 체험 가능한 관계를 "디아그람화하기"입니다. 각각의 설정, 각각의 상황적 프레임화는 주어진 양극의 어느 한쪽을 좀 더 향해 벌어지는 일을 지향하게 될 것입니다. 예컨대 그것은 정동적으로 어느-것-안에-있기보다는 서사성을 끌어낼지 모르며, 혹은 그것들을 중첩하거나 그것들 사이를 오가면서 대등하게 두 가지 모두를 하려고 합니다. 아니면 그것은 그것이 나타나는 조건을 조절하는 관계성들을 만드는 것보다 도구적 상호작용성을 더 선호할지 모릅니다. 그것은 시각과 촉각성을, 또는 운동감각을 융합할 수 있으며, 그렇지 않으면 시각 고유의 내재적 한계에서 그중 하나를 시각으로부터 분리할 수도 있습니다. 또는 그것은 강제적으로 파괴되고, 감각 양태들 시이의, 이를테면 음향과 시야 사이의 요동치는 이접들을 느끼게 만들 수 있습니다. 그것은 장소-특정성에 근거를 두거나, 배분된 그물망으로 펼쳐져 나가는 경향을 가질 수 있습니다. 가능성은 존재만큼이나 무한합니다. 예술은 존재의 퍼텐셜들의 문자 그대로의 구성입니다. 생명 설계.

난점은 조작의 매개변수를 기술적으로 규정하는 것입니다. 수행 범위의 설계에서, 혹은 조작의 제약을 가능하게 함에서 말입니다.[59] "뭐든 된다"고 하면 그것은 미술이 아닙니다. 뭐든 해도 된다면 그렇게 할 테니까요—미적 효과는 그저 사라져 버리고, 소멸할 것입니다. 거기에는 어떤 역동적 형상도 없습니다. 가상의 가상조차 나타나지 않습니다. 이것이 설치미술이 직면한 문제였습니다. 그것은 모든 것을 쌓아 놓고 싶은 유혹과 싸웠습니다. 그렇게 한다면 결국 얻게 되는 것은……무더기, 엉망진창입니다. 그것은 인터랙티브 아트의 문제이기도 한데, 디지털 테크놀로지와 더불어 우리는 어떤 것이라도 다른 어떤 것에 접속할 수 있기 때문입니다. 우리가 연접적 퍼텐셜을 너무 열어 둔다면 결국 [설치미술에 대한] 엉망진창의 전자적 등가물로 끝나고 말 것입니다. 반면 그것을 너무 닫아 두면 게임이 될 것입니다.

들뢰즈는 생명이 투여량의 기예라고 말하곤 했습니다. 그리고 생명에 창조적인 퍼텐셜을 투여하는 기예는 하나의 창조적 뺄셈입니다.[60] 그것은 전체로서의 예술에도 적용됩니다. 이는 우리가 살펴보았듯 그것이 조심스럽게 존재하는 것처럼 보일 때조차 생명으로부터 분리되지 않습니다. 우리는 전략적으로 뺄셈을 하여 어떤 상황을 위한 자율적 한계나 융합을 활성화해야 합니다. 그리고 선별적으로 융합하여 떼어 내어야 합니다.

V2 : 아직 사례를 못 들었습니다.

BM : 좋습니다. 인터랙티브 아트에서 점차 더 많이 일어나는 것은 시각과 운동의 융합입니다. 이것은 어윈의 관계적 미술이 그렇듯 시각적 동역학과 운동감각의 동일한 그물망nexus에서, 그러나 거기에 실제 상호작용이 있으므로 매우 상이한 방식으로 작동하고 있습니다. 나는 몇 년 전에 샤 신 웨이Sha Xin Wei의 위상 매체 연구소Topological Media lab가 진행 중이던 세션에서 한 가지 사례를 보았습니다. 그것은 반응 환경 설계에 관한 작업이었습니다. 그 기획 중 하나를 마이클 몬타나로Michael Montanaro와 해리 스모크Harry Smoak가 하고 있었습니다. 개념은 단순했습니다. 거대한 스크린 앞의 무대 위에 안무된 루틴에 따라 움직이는 두 명의 무용수들이 있었습니다. 동작 인식 카메라가 그들의 움직임을 분석했습니다. 움직임이 일정한 질적 문턱 – 제스처의 일정한 속도와 밀도 – 에 도달했을 때 비디오 창이 스크린 위에 열립니다. 그러나 다행히도 그것은 [마이크로소프트의] 윈도 창 같은 것이 전혀 아니었습니다. 그것은 난데

마이클 몬타나로, 해리 스모크, 위상 매체 연구소, 〈아르토의 빛〉, 서체 비디오, 구축 조명, 운동 실험, 반응적 건축 워크샵, 2006년, 캐나다, 몬트리올, 위상 매체 연구소.

없이 커지고 팽창한 시각적 거품 같았습니다. 마치 영상이 스크린으로부터 피어나면서, 현실적 움직임을 이중화한 광경[시야] 속에서 운동의 성질, 그것의 속도와 밀도를 순수하게 시각적으로 표현하고 있는 것 같았습니다. 그것은 운동의 가상으로서, 그것을 경험의 다른 역대로, 그리고 상이한 차원의 공간, 표면으로 변환시키고 있었습니다. 그 번역은, 시몽동에 따르면 모든 변환이 그렇듯 상사적이었고, 심지어 그것이 기술적으로 전자적으로 성취된 것임에도 그랬습니다. 왜냐하면, 그 스크린 위에 표현되었던 것은 운동의 성질이었기 때문입니다. 운동의 성질이 현실적으로, 전자적으로 투사된 그것의 이미지와 더불어, 또 그것을 통하여 가시적으로 만들어졌습니다. 그 스크린은 또한 운동의 또 다른 성질 — 그것의 리듬도 다르게 지각 가능하도록 만들었습니다. 속도와 밀도가 잦아들면 영상은 모서리로 흩어져 형상의 미시-거품들을 뿜어내기 시작하고, 그러고는 사라졌습니다. 우리는 운동의 사고하는-느끼는 성질을 강력하게 감지했습니다. 운동 중인 신체들과 그들의 이미지들만을 본 것이 아닙니다. 이런 감각은 운동 중인 신체들과 스크린 상의 운동 사이의 기술적 접속을, 더욱 유적인 가상, 진행 중인 상호작용의 체험된 성질, 전역적 상황의 가상과 더불어 이중화했습니다. 이것이, 내가 상호작용의 안들과 밖들이 함께 접혀 전체 상호작용의 가상을 산출할 수 있다고 했을 때 의미했던 것입니다. 토니 도브Toni Dove의 인터랙티브 프로젝드인 〈스펙트로피아〉Spectropia는 이와 동일한 지각의 그물망에서, 즉 신체-운동과 스크린 위의 그 변환 사이에서 작동하지만, 시네마적 서사라고 하는 추가된 차원이 부수됩니다. 그는 무엇보다 서사적 요소를 사용해 상호작용을 시네마적 관점과 심지어 시네마적 시간의 참여적 제작으로 번역합니다. 그것은 모두 상호작용과 "두려운 낯섦"의 의식적 교전과 더불어 이루어졌습니다 — 그 안에 인터랙티브 시네마가 존재할 수 있는 매우 야심 차고 흥미로운 기획입니다.

V2 : 춤의 사례에서 상호작용은 무대 위에서 연출됩니다. 거기에는 공연자와 관객 사이의 전통적인 연극적 분리가 있습니다. 상호작용은 공연자와 테크놀로지 사이에만 있습니다.

BM : 관객들이 바로 그렇게 말했습니다. 그 때문에 그 기획에는 강력한 이의가 제기되었습니다. 사람들은 거기에 "실재적" 상호작용이 없으므로, 그리고 그것이 무대 공간으로부터 망을 형성하려고 하는 대신에 그것을 포괄했다는 점에서 정치적으로 파산했다고 말했습니다. 나는 그런 비난이 초점을 벗어난 것으로 생각합니다. 그것은 내가 조금 전에 언급한 프레임화에 대한 환원주의적 관념입니다 — 즉 프레임은 현실적 공간의 매개변수들로 환원 가능하고, 그 프레임 안에서 나타나는 것은 무엇이라도 외부의 어떤 것과도 관계를 갖지 않는다는 것입니다. 그것은 역시 "엘리트주의" 예술의 관념으로서 그 말의 가장 명백한 의미에서 "자율적"이 되려고 합니다. 예술가가 조심스럽게 세운 제약들을 잠시 받아들이고 그것들과 더불어 무엇을 느낄 수 있는지 보면 안 될 까닭이 있습니까? 그것은 내가 재정의한 방식에서 자율적인 것으로 나타날 수 있습니다 — 상사적으로 그것을 "결여"하고 있으며 그것을 포착해 다시 프레임화할 수 있는, 그리하여 그것이 다른 공간들에 들어맞게 팽창하거나 수축하고 그 효과가 충분히 정치적일 수 있는 다른 조건들로부터 도약하게 되는 다른 구성체들과의 비관계의-관계 속에서 말입니다. 관객은 상호작용 속에 있지 않았던 것이 사실이지만 다른 관계에 있었습니다. 우리는 우리 눈앞에서 재구성되고 있는 운동과 영상의 관계를 보지 않을 수 없었습니다. 우리는 무용수들이 그들 신체의 지각 불가능한 운동 재능을 현실적으로 보여 주는 것을 느꼈습니다. 운동감각은 운동과만 융합된 것이 아니라, 마치 영상 자체가 그로부터 출현하는 것 같았습니다. 신체 영상. 운동감각은 영상이 거품 속에서 나타나도록 하고 있었고, 그 거품은 운동의 신체적 성질들이 나타나게 하고 있었습니다—유일무이한 구성 속에서 운동에 의해 영상이, 그리고 영상에 의해 운동이 이중으로 포착되었습니다. 경험의 분리된 차원들에 대한 그와 같은 경험적 이중 포착이 어째서 그것의 무대가 되는 연극적 공간과 상호작용의 다른 공간들 사이의 이중 포착에 가담할 수 없습니까? 영상과 운동이 도시 환경 속에서 기능적 순환에 최대한 종속된 채 너무나 진부하게 짝지어지는 방식을 생각해 보십시오. 운동감각과 영상의 이 새로운 구성이 도시의 수행 범위 안에서 재구성되었다면 어떨까요? 그것은 무엇을 할 수 있을까요? 누가 혹은 무엇이 그것을 원할 수 있을까요?

모르겠습니다. 예술가는 모릅니다. 관객은 그것에 대해 생각하고 싶어 하지 않았습니다. 그러나 그렇다고 해서 그런 종류의 변환이 효과적으로 산출되지 않았다는 뜻은 아닙니다. 신 웨이가 관객의 비판에 대해 했던 대답에 나는 전적으로 동의합니다. 그는 위상매체 연구소가 테크놀로지를 가지고 **사변적** 작업을 하는 데 초점을 맞추었다고 말했습니다. 그것은 우리가 테크놀로지가 잠세적으로 무엇을 할 수 있을까 라든가 누구 또는 무엇이 그것을 원할지 혹은 그것이 무엇을 하는지에 대해 사변할 것을 기대한다는 뜻이 아닙니다. 그것은 **그 작품 자체**가 기술적으로 사변하고 있다는 의미입니다. 그 역동적 형상은 본성상 사변적**입니다**. 그것은 사변적 **사건**입니다. 사변한다는 것은 자신에게 몰입한다는 것입니다. 우리는—우리의 현재 세계로부터 모나드적으로 분리된 다른 구성체들에 속한다는 의미이기도 하고, 도래할 수 있지만 예견할 수 없는 것이라는 의미에서도—절대적으로 외부에 있는 것과 내재적으로 접속하기 위해 안으로 향합니다. 신 웨이는 기술적으로 연출된 상황들, 재구성의 미적 사건들로 이해되는 상황들 역시 그것을 할 수 있음을 암시하고 있었습니다. 그것을 할 때 벌어지는 것은 탐험적 집단 사고, 외부에 대한 집단적 사유-사건입니다.

로자노-헤머가 관계적 "건축"에 대해 말할 때 그는 협소한 분과학문으로서의 건축을 뜻하는 것이 아닙니다 (물론 건축은 그 자체가 관계적으로 실천될 수 있지만 말입니다). 그것은 내가 여기서 이야기하고 있는 것과 비슷합니다. 다시 말해 그것은 생명에 대해 사변하는 미적 사건들의 기술적 상연으로서, 다른 곳에서 예견할 수 없는 정동과 효과에 공명할 수 있는 체험된 성질을 발산합니다. 그것은 상사적 조우와 전염에 몰입할 수 있는 상연들입니다. 그것은 역사의 창의적 우연에 관여할 수 있습니다. 그것은 사회적이고 정치적으로 예견되지 않는 것의 건축으로서 절대적 외부와 비관계의-관계를, 조심스럽게, 기술적으로 제한된 그리고 무제한적인 방식으로 실연enact합니다.

예술에 그 현실적 정치적 내용을 드러내라든지, 더욱 정치적인 것으로 평가되는 특정한 현실적 형상을 관찰하라는 요구들은 이런 종류의 사변, 그리고 그것이 수행하는 미학적 정치학을 제한하라는 것입니다. 그런 것들은 미적 퍼텐셜을 제한하라는 요구들입니다. 원칙적으로 거기에 잘못된 것은 없습니다. 이미 말했다시피 생명은 투여량의 기예이고, 예술적 퍼텐셜에 명시적인 정치적 내용을 투여하는 데는 매우 타당한 이유가 있을 수 있습니다. 다만 그것이 특정한 종류의 실험들에 반하는 일반적 경고가 될 때, 나는 그것을 우려하고, 강력하게 이의를 제기하게 됩니다.

V2 : 긴 대화가 되었습니다. 당신은 "새로운 매체"라는 관용어구를 제외하면 "매체"라는 말을 한 번도 쓰지 않았습니다. 그것은 인터랙티브 아트의 모든 곳에 등장하는 말입니다. 당신이 이 개념을 피하는 이유는 무엇입니까?

BM : 그것이 매체라고 생각하지 않기 때문입니다. 그러니까 나는 매체라는 개념이 위기에 처해 있다고 생각합니다. 그것은 너덜너덜해졌습니다. 디지털은 매체가 아니지만, 그것이 현재 매체의 장을 지배하고 있기 때문입니다. 디지털 테크놀로지는 연접적·융합적 퍼텐셜들의 그물망을 확장하고 있습니다. 우리는 어떤 인풋을 어떤 감각 양상으로 취하여 그것을 다른 감각 양상으로, 이를테면 음향으로 이미지로 번역 또는 변환시킬 수 있습니다. 우리는 예술적 실천의 현존하는 어떤 장르를 취하여 그것을 다른 것과 예컨대 애니메이션과 시네마와 융합할 수 있습니다. 디지털 테크놀로지는 고유한 매체로서의 특정성을 갖지 않습니다. 이 때문에 레브 마노비치 같은 논평가들은 그것을 "메타-매체"라고 부르는 것입니다.[61] 그러나 이걸로는 아주 멀리 갈 수 없습니다. 거기서부터, 우리가 할 수 있는 최선은 가능한 종류의 연접들을 목록화하고 그 치환들을 기록하는 것입니다. 이것은 백과사전적 접근으로 이루어집니다. 기껏해야 그것은 우리에게 조합의 순서도를 제공하는데, 마노비치는 이를 리믹스 맵이라 부릅니다. 그것은 예술과 예술성artfulness의 문제를 완전히 묵살합니다. 그것은 당신에게 미학적 차원에 대해, 디지털 아트를 "예술"로 만드는 것에 대해 사고할 수 있는 어떤 어휘도 제공하지 않습니다.

근본적인 문제는 매체라는 개념이 제대로 형성된 적이 없다는 것입니다. 이론가들은 매체를 규정하는 것이 무엇인가를 놓고 끝없이 논쟁해 왔습니다. 매체는 물질적 바탕으로, 이를테면 시네마의 경우 셀룰로이드로 규정됩니까? 그렇다면 디지털 시네마는 시네마가 아닌가요? 매체는 그 산물이 현시되는 감각 양상에 의해—음악은 음향에 의해, 시네마는 영상에 의해 규정됩니까? 이 규정에는 감각들이 서로를 점한다고 하는, 경험에 관한 절대적으로 기초적인 사실이 빠져 있습니다. 미셸 시옹[62]은 시네마에 관해 이 점을 지적했습니다. 그는 그것이 시각적이지 않다는 것을 보여 주었습니다. 시네마는 그가 오디오비전이라 부르는 것을 통해 작동합니다. 이는 음향과 이미지의 "특이한-유적인" 융합-효과로서, 그 둘이 서로 공명하여 작동할 때 나타납니다. 음향도 아니고 이미지도 아닌 오디오비전은 그들 각각의 퍼텐셜 사이의 일종의 효과적인 교차-공명입니다. 그의 주장에 따르면 시네마적 이미지는 시각과 청각 모두로부터 도약한 특이한 종류의 관계적 효과이되 어느 한편으로 환원될 수 없으며, 그 둘이 함께 도래하는 방식의 결과입니다. 시네마적 이미지는 제3성a thirdness, 추가물, 또는 [청각과 시각] 두 가지 모두가 있어야만 증대되는 것입니다. 우리가 영화film를 "본다"고 말하기는 해도 실제로 그것이 이 둘 중 어느 한 가지는 아닙니다. 그것은 고유한 경험적 성질을 가집니다. 단순한 혼합이 아닙니다. 융합은 혼합 이상의 것입니다. 우리는 영화적 융합-효과를 통해 보면서 영화를 무형적으로 "봅니다." 시야가 윔홀로 감겨들었다가 결국은 다른 장면을 위해 스스로 빠져나오는 것을 깨달으며 우리가 보게 되는 것은 시각의 내재적 한계입니다. 시옹의 오디오비전 분석은 시네마적 경험의 융합적 측면을 강조하는 장점이 있습니다.

믹싱 역시 그다지 폭넓은 개념이 아닙니다. 그것은 메타-매체 개념과 동일한 한계를 가집니다. 그것은 그저 메타-매체 이론에서 디지털 테크놀로지에 속하는 것으로 추정된 매핑mapping 작업의 일반 명칭일 뿐입니다. 두 개념 모두 연접성 개념에 바탕을 두고 있습니다. "매핑"은 상호연접성 — 내가 앞서 "지엽적인 부분 대 부분 접속"이라고 말했던 것을 기록하는 것입니다. 내재적이기보다는 외재적 관계입니다. 이 개념들은 상호작용성을 충분히 문제화하지 않습니다.

그밖에, 지각에 대한 검토되지 않은 추정들에 관한 문제 전체가 있습니다. 이것은 바로 "매개"의 개념으로 들어갑니다. 내가 이야기하고자 해 온 바의 지각은, 화이트헤드 철학에서 거론되는 것처럼, 그리고 체화된 인지를 통해서도 알 수 있듯, 언제나 비매개적이고 직접적입니다. 그것은 언제나 고유한 자기포괄적 사건, 자체의 발생을 수반하는 사건입니다.

시옹은 시네마를 특정한 종류의 경험적 융합-사건을 상연하는 것으로 분석할 때 우리에게 올바른 방향을 제시하고 있습니다. 미학적 정치학으로 말하자면 나는 매체들이 전통적으로 규정되고, 혼합되고 뒤섞여 온 만큼 그것에 근거한 유형론을 사용할 수 있다고 생각하지 않습니다. 이루어져야 할 철학적 작업이 있고, 구성되어야 할 개념들이 있으며, 이것은 다른 어떤 공예만큼이나 많은 기술을 통해, 심지어 예술성을 통해 이루어져야 합니다. 필요한 개념들은 그것이 일어날 때 경험의 체험된 성질들 사이에서 변별해야 합니다. 그것은 상이한 종류의 기술적으로 성취된 융합과 공명 사건들을 설명할 수 있어야 합니다.

모든 예술은 **사건발생적 예술**입니다. 그것은 수전 랭거의 다른 구절입니다.[63] 모든 예술이 사건발생적 예술인 것은 인공적이거나 "자연적인" 여하한 지각은 바로 경험적 사건이기 때문입니다. 그것이 하나의 해프닝이라는 의미에서도, 또한 그것이 일어날 때 새로운 어떤 것이 발생한다는 의미에서도 그렇습니다. 자연에 예술성이 있는 것과 마찬가지로 예술에는 사건성이 있습니다. 그리고 전반에 걸친 창조성이 있습니다. 모든 사건이 완전히 특이하고 단발성이므로, 그 단발과 더불어, 그리고 그것을 통해서라 할지라도 그것이 반복되는 변이들의 무한한 계열을 더불어 형성하는 다른 사건들의 집단 전체에 어떤 "같음"이 반드시 사고-되고-느껴져야 합니다. 랭거는 아마도, 예술-형식들을 "매체"로서가 아니라 그것들의 효과인 경험적 사건의 유형에 따라 분석하는 작업을 다른 어떤 미학적 철학자보다 더 멀리 진행해 왔을 것입니다.

우리는 유형론이 무엇에 기반을 두고 있는지를 재고해 보아야 하지만, 또한 유형론이란 것이 논리적으로 무엇일 수 있는지도 다시 생각해야 합니다. 그것은 특수자들을 추상적이고 일반적인 관념 아래로 포함한다는 의미에서 분류 체계여서는 안 됩니다. 그것은 특이한-일반적인 사고-느낌의 변별화에 기반을 둘 수 있습니다. 요컨대 유형학은, 어떤 지각작용을 효과적으로 그것이 되어있게 될 것으로 만드는 종류의 추상 — 그 단일한 사고-느낌의 실제로 체험된 추상을 고려해볼 수 있습니다. 이것이, 지각이 스스로에 대해 그 자체로 사변적으로 나타나는 역동적 형식에 대한 생성적 유형학입니다. 그것은 내재적 유형학, 또는 내재성의 유형학입니다. 그것은 동일한 것에 도달합니다. 요청되는 종류의 논리는 시몽동이 **교환역학적**allagmatic, allagmatique이라 불렀던 것, "개체화 체계의 내적 공명"을 표현하는 상사형의 조작 논리입니다.[64] 이것은 디아그람적 논리입니다: 경험이 언제나 내부로부터 재구성되어 하나의 사건으로서 그리고 사건 속에서 재상연되고 있는 것과 마찬가지로, 이런 종류의 유형론은 계속해서 자신에 대한 변형을 생성해야 할 것이기 때문에, 이것은 개체화의 논리입니다. 새로운 역동적 형상들은 언제나 내재적으로 출현하고 있습니다. 예술은 그 과정의 핵심적인 부분입니다. 그 실천은 그것의 고유한 생성적 유형론을 사변적으로 진행합니다. 그것은 그 고유한 사고에 실제로 기여합니다.

예술을 사고하는 것은 그것의 실천에 일반적 오버레이를 강요하는 것이 아닙니다. 예술을 다른 분야의 범주들에 끼워 맞추려고 하고, 그것을 강제하는 것이야말로 가장 해서는 안 될 일입니다. 그것은 예술과 철학, 이론과 실천을 동일한 창조적 면 위에, 동일한 파문이 퍼지는 웅덩이 안에 놓는 것입니다. 예술과 철학, 이론과 실천은 그들끼리 공명하고 효과적으로 융합할 수 있습니다. 예술을 철학적으로 사고하고-느끼는 것은 예술의 사변적 날을 강화할 수 있습니다. 이론과 실천이 서로 불화하게 만들 필요는 전혀 없습니다.

V2 : 마지막 질문입니다. 당신이 사용하는 많은 어휘가 사람들에게 새로운 낭만주의의 인상을 줄 수 있습니다 ― 당신이 실제로 망설임 없이 사용하는 용어인 대양적 체험은 말할 것도 없고 체험된 성질들이라든지 생명-느낌 등에 대한 모든 이야기가 말입니다. 당신이 인터랙티브 시대에 낭만주의를 부활시킨 것일 뿐이라고 당신을 비난할 사람들에게 뭐라고 말하겠습니까?

BM : 그보다 더한 비난들도 있을 것입니다. 세상에서 일어나는 것에 대해 질적인 관점에서 이야기하려고 할 때마다 우리는 낭만적이 되었다는 비난을 반드시 받게 됩니다. 개인적으로 나는 그것을 낭만주의라고 생각하지 않습니다. 대양이 방울들로 도래하고, 방울들은 웅덩이를 이루는 것만큼이나 서로 분리됩니다. 그 통합은 그저 고인 물로 판명될 수도 있습니다. 진흙에 고인 물 안에서 생생함의 감각은 그리 소름 끼치게 굉장한 것은 아닙니다. 나는 접속의 낭만주의를 변호하고 있는 것이 아닙니다. 그것이야말로 내가 반대해 온 것입니다. 그것은 관계의 고양감에 관한 것도 아닙니다. 나는 잠재적인 것의 개념이, 모든 관계가 현실적으로 비관계의-관계로 보일 것을 요구한다는 점을 강조하려고 하고 있습니다. 접속과 관계는 그들대로 늘 유쾌한 것은 아닙니다. 그것들은 두려운 것일 수 있습니다. 혹은 지루할 수 있습니다. 아니면 제약하는 것일 수도 있습니다. 그것은 우리가 그것들을 낭만화하는 데 아무런 도움이 되지 않습니다. 그러나 외부로부터, 혹은 일반적 수준에서 가치판단을 강제하지 않으면서 접속과 관계를 철학적이고 예술적인 측면에서만큼이나 정치적으로도 인정하는 것은 중요합니다. 그들에게 합당한 연속성과 관계를 부여한다면 또한 마땅히 불연속성에 대해서도 같은 것이 요구될 텐데, 왜냐하면 그것들은 필연적으로 서로에 내포되어 있기 때문입니다. 무엇인가가 그 자체에 대해 연속적이라면 이는 그것이 자신의 활동을 외부와 분리하기 때문입니다. 그것은 절대적으로 안에서-체험합니다. 또한, 사건들은 연속적으로 전개되지만 그들의 전개를 가로질러서, 화이트헤드식으로 말하자면 불가피하게 "소멸합니다." 연속성과 불연속성은 서로 상정되어 있습니다. 문제는 늘, 경우에 따라 그것들이 어떤 식으로 서로를 내포하는지, 그것들이 어떻게 존재하는지를 평가하는 것입니다.

내가 무엇인가를 낭만화하는 죄를 저질렀다면 그것은 강도에 대해서일 것입니다. 내가 말하는 강도는 어떤 과정에 대한 나름의 내재적 긍정을 의미합니다. 이것은 진술된 긍정이 아닙니다. 그것은 활동입니다. 그것은 어떤 과정이 오로지 그것만이 할 수 있는 것의 한계를 향하고, 그리고 그 행위 속에서 그 자신의 변화 폭을 공명하며 포괄하는 때입니다. 그러한 자기긍정을 "생명"이라 부르는 것은 신비적인 것이 아닙니다. 라틴어가 좋다면 스피노자를 따라 그것을 코나투스라고 부를 수도 있을 것입니다. 우리는 여러 이름으로 그것을 부를 수 있습니다. 다시 한번 중요한 것은 각각의 사례에서 우리가 "어떻게"에 대해 묻고 답하는 것입니다. 그러면 그것은 개체발생이라는, 혹은 생성 중인 존재의 자기산출이라는 기술적인 물음이 됩니다.

그것을 생명이라 부른다고 해서 우리가 반드시 생기론에 이르는 것은 아닙니다. 왜냐하면, 외양들 "뒤로" 생명-실체나 생명-힘을 상정할 필요는 없기 때문입니다. 필요한 것은 오직 어떤 경향의 외양입니다. 나타나는 경향은 언제나, 그리고 전적으로 과정 중에 있습니다. 그러나 경향은 특정한 자기참조성을 포함하고 있다는 점에서 이미 하나의 복합적인 관념입니다. 경향은 과거의 그리고 잠세적인 다른 상태들에 대해 수행된 자기참조입니다. 그러므로 그것은 하나의 사건이 어떤 감각 속에서, 반드시 의식적이지는 않게 – 사실상 대부분의 경우, 상당 부분 비의식적으로 – 자신을 느끼고 관계적 행위 속에서 자신을 포착하는 방식입니다. 그리고 아직 이 느낌으로부터 분리되지 않는 어떤 감각 속에서, 바로 그 동일한 행위 속에서 비감각적으로 자신을 생각합니다. 화이트헤드는 이것을 "파악"prehension이라 부르고 들뢰즈는 "응시"contemplation라 부릅니다. 이들 두 저자는 모두 이 개념들을 유기적 층에서 일어난 것이든 비유기적 층에서 일어난 것이든 모든 사건에 적용합니다. 나는 여기서 많은 사람이 갈라서지 않나 생각합니다. 이런 종류의 사고를 따라가기 위해서 우리는 세계를 말 그대로 느낌들로, 파악의 사건들로 만들어진 것으로 재고할 가능성에 대해 열려 있어야 합니다. 사건의 철학은, 화이트헤드의 말을 빌리면 "순수한 느낌에 대한" 내재적 "비판"입니다.[65] 느낌이 "순수한" 것은 그것이 사건의 고유한 모나드적 발생의 역동적 형상 외부에 어떤 주체 – 혹은 그 문제에서 대상—를 필요로 하지 않기 때문입니다. 우리는 기꺼이 가상 속에서 세계를 보아야 합니다. 그것은 신비적일 수 있습니다. 그러나 또 한편으로 그것은 기술의 문제일 수 있습니다.

내가 개요를 설명한 접근의 핵심에 기술의 문제가 있으므로, 나는 그것을 **사변적 프래그머티즘**으로 생각하고자 합니다. 그것은 윌리엄 제임스의 **근본적 경험론**과 매우 유사한 경험론의 한 종류로 이해됩니다. 이런 식의 공식화가 보다 많은 사람에게 친근한 방식일 수 있습니다. 제임스가 규정한 것처럼 근본적 경험론에는 다섯 가지 지침이 있습니다. 그 첫 번째 것은 고전적 경험론에도 해당합니다.

1. 존재하는 모든 것은 지각 안에 (말하자면 파악 안에) 있습니다. 근본적 경험론은 다음 지침에서 고전적 경험론과 갈라섭니다.

2. 모든 것을 그것이 도래하는 대로 받아들입니다. 우리는 선험적 원리들이나 미리 주어진 평가 준거에 따라 고르고 선택할 수 없습니다. 사물들은 하나씩 오기도 하고 덩어리로 오기도 하므로 이는 다음을 의미합니다.

3. 관계들은 관계된 항들만큼 실재적으로 존재하는 것으로 간주하여야 합니다. 바꿔 말해서, 관계들은 관계에서 항들로서 나타나는 별개의 대상들의 양태와 구별되는 실재의 양태를 가집니다. 관계의 실재의 양태는 내재적이고, 상호 포함(현세적 활성화)의 조건들 아래서 강도적으로 체험됩니다. 관계에 들어오는 분리 가능한 항들은 외적 접속의 양태로 도래하며, 배중률에 지배됩니다. 그들

은 확장적으로 밖에서 체험됩니다(기능적 상호작용). 안에서-체험하기와 밖에서-체험하기는 동일한 개체발생적 과정의 대조적인 양극이고, 동시 발생하는 상相, phase들입니다. "관계"와 "실재적"의 의미는 초점이 되는 개체발생적 수준에 따라 크게 달라집니다. 이로부터, 최초의 지침에 비추어 다음과 같은 이야기가 이어집니다.

4. 관계들은 실재적이기만 한 것이 아니라, 실재적으로 지각되며 직접적으로 지각됩니다. 관계들은 고유한 실재의 양태를 가질 뿐 아니라 각각이 나름의 직접적 외양의 양태를 가집니다. 마지막 지침은 지각에는 현실적으로 없는 것의 광대한 다수성에 대해 말합니다.

5. 제임스는 나타나는 관계들과 항들의 "99%가 현실적으로가 아니라 오직 잠재적으로만 거기 있다"고 씁니다.[66] 그것들은 프레임 너머에, "색 가장자리" 위에[67], 과정적 소실점 혹은 제임스의 어휘로는 "말단"에 현전합니다. 거기서 각각의 사건은 그 경향적 목적을 향해 고유한 전개에 들어갑니다. "우리는 주로 사변적 투여로 살아간다."[68] 경험적 세계는 99% 체험된 사변이고, "경향"의 "파도 마루의 첨단 위에서의" 파도타기입니다.[69] 접속의 낭만주의를 배제하기 위해서 제임스는 그것을 두 번째 지침에서 강조해 말합니다. 모든 것을 그것이 오는 대로 받아들이라는 것은 우리가 연속성과 불연속성을 그것들이 오는 대로 받아들여야 한다는 의미입니다. 해안-폭포와 파도-마루. 우리는 그 각각을 정당하게 다루어야 합니다. 그때쯤이면 이것은 충분히 길게 지속해 왔습니다.

—잘림—

3장 존재의 기술로서의 디아그람 : 분할된 우주의 난자

I

"우리는 색채를 그와 나란히 있는 색채들에 의해 판단한다."[1] 색채들은 어우러진다. "하나의" 색은 "전체 스펙트럼의 한 가지 변화alteration이다."[2] 그것이 아무리 외롭게 보여도 하나의 색채는 그 친족을—그 모든 잠세적 변이들을 동반한다. 스펙트럼은 "하나의" 색이 부각될 때 그 뒤편에 자리하는 비가시적 배경이다. 그것은 각각의 색채와 별개로 항존하는 잠재적 전체이다.[3]

II

"나는 완전히 흰색의 방 안에 있었다. 나는 프리즘을 눈앞에 들면서 뉴턴의 이론을 염두에 둔 채 완전히 흰 벽이 상이한 색채들로 파편화될 것이라고 기대했다. 눈으로 되돌아오는 광선이 너무도 많은 색채의 빛들로 부서져 보일 테니까. 그러나 프리즘을 통해 나타난 흰 벽이 이전과 마찬가지로 흰색이라는 사실에 나는 매우 놀랐다. 어두운 부분에서만 얼마간 식별되는 색채가 나타난다……색채가 나타나려면 경계선edge이 필요하다는 것은 쉽게 깨달을 수 있었다. 직감적으로, 나는 즉각 뉴턴 이론은 틀렸다는 혼잣말을 했다.……모든 것은 내 앞에서 조금씩 펼쳐졌다. 나는 검은 배경 앞에 흰색 유리를 놓고서, 특정한 거리에서 프리즘을 통해 그것을 바라보았다. 그렇게 해서 알려진 스펙트럼을 재현하고 뉴턴의 카메라

옵스쿠라를 통한 주요한 실험을 완성했다. 그러나 밝은, 흰색 배경 위에 놓은 검은 유리 또한 색채를 띤, 어느 정도 멋진 스펙트럼을 만들었다. 따라서 빛이 그토록 많은 색채로 분해된다면 어둠 또한 색채 속에 분해된 것으로 보아야 한다."[4]

스펙트럼은 어우러진다. 그것은 언제나 어둠을 동반한다. 무채색 변이의 폭은 그 스펙트럼이 나타나는 배경에 대하여 더욱 넓게 아우르는 전체를 형성한다. "색채와 조명illumination은……불가분의 통합을 이룬다……하나의 조명은 그 색채들과 더불어 다른 조명으로부터 출현하고 다시 그것으로 섞여 든다. 그 둘은 모두 서로의 지표이자 전달자이다."[5]

경계선에 의해 촉발되어 존재하게 된 서로의 전달자. 활달한, 출현의 경계선, 즉 모든 것을 지시하는, 존재의 어두운 배경인 변이의 연속성을 현시하는 하나의 선. 그리고 동시에 분리를 야기하는 선, 즉 현실적으로 나타나는 것의 스펙트럼적 구별. 합쳐짐과 출현함. 잠재적이고 현실적인. 하나의 선.

III

"변화 가능한 성질들의 연속성이 있는 것이 틀림없다. 느낌의 고유한 성질들의 연속성에 대해 우리는 이제 미약한 개념만을 형성할 수 있다. 인간 정신의 발전은 사실상 모든 느낌을 없애 왔다. 다만 몇 가지 산발적인 종류의 것들, 소리·색채·냄새·온기 등, 지금은 단절되고 불균등하게 보이는 것들은 예외이다. 색채의 경우 거기에는 느낌의 3차원적 확산이 있다〔색상, 채도, 명도〕. 원래는 모든 느낌이 동일한 방식으로 접속되어 왔을 수 있고, 차원들의 수는 무한했을 것이다. 발달은 반드시 가능성의 제한을 수반하기 때문이다. 그러나 느낌의 차원들의 수를 고려해 볼 때 모든 가능한 변종은 상이한 요소들의 강도들을 변화시킴으로써 획득할 수 있다. 그러므로 시간은 느낌에서 강도의 연속적 폭을 논리적으로 가정한다. 그러면 연속성의 정의에 따라, 어떤 특정한 종류의 느낌이 존재할 때, 그로부터 극미하게 다른 모든 느낌의 극미한 연속이 있게 된다."[6]

색채와 조명이 서로를 포섭하는 것은, 각각이 전부를 담지하고 지시하는 감각들을 통해 확장된다. 서로를 품기. 느낌의 다차원적 잠재적 전체는 어떠한 주어진 감각 양태에서든 모든 현실적 외양 속에 품어져 있다. 공감각. 어떤 색채, 냄새, 혹은 촉감은 공감각적 주름의 출현적 한계이다. 즉 그것의 변별화이다. 어떤 색채, 냄새, 또는 촉각은 그것의 차이 안에서 전체를 없앤다. 그리고 동시에, 그 고유한 잠세적 변종들의 총체성으로서 전체를 현시한다. 그것은 동시에 모든 이전이자 이후일 수 있다. 각각의 현재 지각의 뚜렷함에는 자기연속성의 희미한 무한성이 수반된다. 이전들과 이후들의 통합적 공시상共時相, synchrony. 있지 않은, 있을 수 있는. 논리적으로 선형적 시간에 앞서는 시간-같은. 현재의 한계 속에. 전체적으로, 잠재적으로, 희미하게. 차이생성적으로. 존재 안으로 경계선을 만들기.

IV

"깨끗한 칠판이 원래의 모호한 잠세성에 대한 일종의 디아그램이라고, 혹은 적어도 그 결정의 어떤 초기 단계라고 하자.……이 칠판이 두 차원의 연속체라면, 그것이 나타내는 것은 차원들의 어떤 무한한 다양체라는 연속체이다.……나는 그 칠판 위에 분필로 선을 하나 그린다. 이 불연속성은, 그것만으로 원래의 모호함이 확정성으로 한 걸음 내딛게 할 수 있는 그런 거친 행위 중 하나이다. 이 선에는 연속성의 특정한 요소가 있다. 연속성은 어디서 오는가? 그것은 단지 그 위에 있는 모든 것을 연속적으로 만드는 칠판 본래의 연속성일 뿐이다. 내가 거기에 실제로 그린 것은 타원형의 선이다. 이 흰색 분필 자국은 선이 아니라 유클리드적 의미의 평면도형—면이고, 거기 있는 유일한 선은 검은 표면과 흰 표면 사이의 한계를 형성하는 선뿐이기 때문이다. 이 불연속성은 칠판 위에서, 그로부터 나뉘는 두 개의 연속적 면들, 흰 면과 검은 면 사이의 반응에 의해 산출될 수 있을 뿐이다. 흰색은 제1성Firstness—새로운 어떤 것의 나타남이다. 그러나 검은색과 흰색의 분계선은 검지도 희지도, 둘 중 하나도 둘 모두도 아니다. 그것은 둘의 짝지어짐pairedness이다. 그것은 흰색에게 검은색의 능동적 제2성Secondness이고 검은색에게는 흰색의 능동적 제2성이다."[7]

제1은 새로운 어떤 것이다. 그리고 그와 더불어 동시적이고 분리 불가능하게 제2성, 즉 면들의 가시적 분리가 있다. 그 분리는, 그 자체가 지각 불가능한 비실체적 분계선을 가로지른다. 순수 경계.

검은색도 흰색도 아니다. 둘 중 어느 쪽도 둘 모두도 아니다. 잠재적 선.

비실체적 분계선은 결과적으로 둘러싸지 않는다. 거의 그 반대로, 그것은 자신이 분리하는 것을 "능동적으로" 접속한다. 잠재적 선은 검은색과 흰색의 관계의 활동, 상호 세2로-도래하기이다. 그것은 그 짝지어짐의 사건을 구체화한다. 순수 경계는, 공간적이고 시간적으로 서로 변별화된 표현들의 직접성을 비가시적으로 현시한다. 그 직접성 또한 형상들의 직접성이다. 잠재적 선은 타원형과 면의 함께-도래함이라는 사건, 즉 그들의 서로에게 속함이다. 서로의 진동하는 바탕에 대한 원형상proto-figure들로서.

"분할된 우주의 난자와 같이."[8]

지각할 수 있는 차이는 모호한 퍼텐셜에서 출현해 왔다. 능력임[능력으로 존재함]be-ability이라는 잠재적 전체의 연속성은 현실적인 "다름"의 평면으로 피드포워드해 왔다. 전체는 자신을 두 번 드러낸다. 한 번은 검은색과 흰색의 구체적인 표면 연속성으로, 두 번째는 그 표면들을 분리하고 접속시키는 비가시적 선의 순수한 추상성으로.

표면화된 연속성은 분리의 어느 한편에 있게 된다. 그것은 공-존하는 이접적 요소들 사이의 지각적 대비로 나뉜다. "이접적 요소들의 공-존", 즉 공간의 규정. 서로에게 품어져 있는 이전-이후들의 "통합적 공시성"은 평면적으로 공간화된 어떤 것에 의해 보충됐다. 공간성이 그 고유의 잠세적 시간-같음에서 출현하고 있다. 그것은 어떤 이후로서 펼쳐졌고, 그것의 이전은 거의 뒤에 남겨져 있다. 연속성은 더는 전적으로 자기연속성 속에 있지 않다. 그것은 보충적으로, 이중적 차이-형상으로, 다시 말해 공간적이고 시간적인 직접 대비로 분할된다.

타원형과 평면의 공통-표면화는 퍼텐셜의 연속체에서 완전히 분리되지 않는다. 그것들을 분리하고 접속시키는 비실체적 분계선은 잠재적 전체의 모호함을 유지한다. 어느 쪽도 아닌 것이다. 검은색도 흰색도 아니고, 평면도 타원형도 아니다. 차라리 그들의 관계 맺음이라는 순수 활동이다. 상호적으로 그들의 공간적 분리 속에서. 재귀적으로, 상호 제2됨Seconding 속에서 이접사를 결합시키는 일종의 순간적 진동 속에서. 능동적으로, 상호적으로, 재귀적으로, 사건적으로, 다시 말해 그 분계선은 시간 같음의 경계선을 보존한다. 잠재적 선은 그것이 현실적인 것 안에 비지각적으로 분계선을 만들 때 잠재적 전체이다. 시간 같은 연속성은 그 자체로부터 끌려 나오면서, 그것이 순수한 경계선 긋기, 즉 직접적 불연속성으로 나타나는 곳에서 현실적인 것에 끼어든다. 둘러싸지 않는 그 선은 통상적 의미에서 분계선이 아니다. 그것은 공간화하고 있다 (그것의 시간 같은 끼어듦은 표면화하는 이접의 동시성을 구성한다). 그러나 그것은 그 자체로 공간적이지 않다. 잠재적 선은 윤곽선이라기보다는 한계이다. 그것은 잠재적인 것이 능동적으로 현실적인 것에 근접할 때 그 둘 사이의 과정적 한계이다. 현실적인 것의 "거친 행위"와 잠재적 관계 지음. 형식적 규정의 직전까지 서로를 끌어당김. 대조하는-차이는 원형상적이다. 즉 출현적으로 질서 지어지고, 비실체적으로 경계 지어진다.

원형상적인 것을 규정하는 한계는 이중적 개방성이다. 현실적 존재의 수준에서 그것은 서로 변별화된 형상들의 능동적 상호성이다. 그 수준과 그 "능력-임" 사이에서 그것은 잠세적으로 무한히, 연속적으로, 무기한 연대됨에 대한 형상들의 개방성이다.

이중의 개방성은 관계 지음에 관한 것이다

"선은 관계이다."[9]

V

이제 칠판 위에 그은 선의 수를 늘려서, 계속되는 [선의] 흔적이 앞선 것에 일정한 각도로 교차하게끔 해 보자. 이제 검은 타원형이 선들의 흰 경계 지음을 배경으로 분명하게 드러난다. 선들을 검은 잉크로 그리고 배경을 흰 종이로 해 보자. 그 효과는 동일하다. 하나의 형상이 분명히 눈에 보인다. 선-타원들의 증식이 그 자체의 반복에서 초타원으로 출현했다.

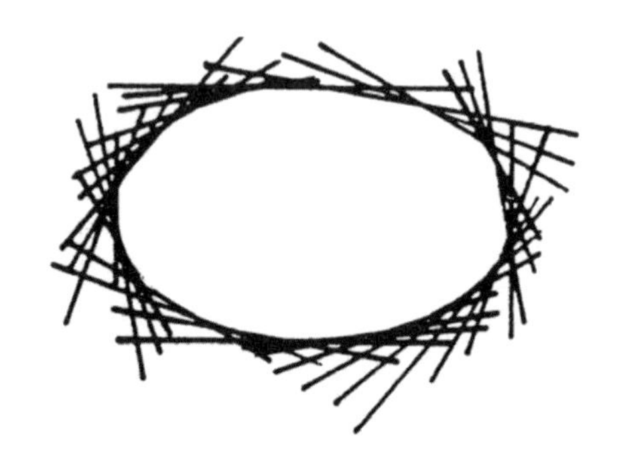

형상의 통일성은 설령 그것이 구성된 것이라 해도 눈을 직접 타격한다. 그것은 게슈탈트이다. 그 형상적 통일성은 그것을 구성하는 흔적들의 다양체에서 부각된다. 경계가 가시적 두께를 띄게 되었다. 선은 윤곽선으로 증식했다.

각각의 흔적의 잠재적 경계의 지각 불가능성은 더는 드러나지 않고 경계 지어진 시각의 두께로 사라진다. 접속하기보다는 분리하면서, 개입하는 분계선은 그것이 둘러싸는 형상에 뚜렷한 고요를 가져다 준다. 검은색과 흰색의 직접적 상호성은 서로 분리된, 그러나 질적으로 동일한 두 개의 표면들 — 흰-외부로부터 분리된 흰-내부의 매개에 정주한다. 대비의 "활동" 혹은 사건성은 그 직접성과 더불어 상실된다. 눈을 직접 타격하는 것은 이미 비가시적이지만 모호하게 뚜렷한, 무한한 퍼텐셜을 환기하는 진동이 아니다. 대신 부각되는 한 형상의 고요이다.

그 형상 내부의 고요는 그것의 배경인, 분계선에 의해 매개된 외부의 흰색 속에서 반향을 일으키고 약화한다. 검은-제1성과 흰-제1성의 상호 제2성은 흰색 위의 흰색의 경계 지어진 상쇄로 대체된다. 분계선은 동일한 것을 동일한 것 위에 놓는다. 흰색과 흰색의 유일한 차이는 전경이 배경보다 상대적으로 강조된다는 점이다. 경계와 함께 오는 것은 더는 특이하게 직접적인, 지각의 질적 차이가 아니다. 그것은 질적 등질성의 상대적 강조이다.

순수하고 열린 대비의 직접적 "짝지어짐"은 매개된 동일한 것들 사이의 대립으로 대체된다. 그 대립은 형상의 지각적 폐쇄성, 그 경계 지어진 울타리의 효과이다. 외부의 흰색은 내부의 흰색의 두드러짐을 위한 중립적 배경화로 제한된다. 형상의 부각은 그 물러섬에 의해 수동적으로 한정된다. 외부, 내부는 분계선에 의해 규정된 상이한 구역들로서 서로 상쇄된다. 즉 그것들은 공간화된다. 형상, 바탕, 그리고 그들의 분계선을-가로지르는 관계는 공간화된다. 그것들은 서로에 상대적으로 자리 잡는다. 관계의 경계적 활동은 더 이상 이전과 같이 드러나지 않는다. 한때 차원 없는 시간 같은 경계의 절대적 한계를 가로지르는 특이하게 직접적인 제2뢴이었던 곳에는 이제 채워진 분계선의 칠흑 같은 검은색을 가로지르는 바탕과 형상의 공간적 상대성이 있다.

관계의 출현적 활동은 게슈탈트가 야기한 이접의 안정적 상대성에 자리를 내주었다. 타원형의 두드러짐은 공간 속에, 마치 시간으로부터 걸어 나온 것처럼 멈춰서 있다. 형상의 고요함은 일종의 영원, 즉 플라톤적 형상의 특수한 사례를 위해 공간 속에 서 있는 듯하다. 존재 안으로 경계 짓기의 특이성은 일반적 유형의 특수한 사례라는 외양으로 대체되었다.

존재해 온 우주의 난자. 부화된 영원.

자세히 살펴보면 아직도 각각의 구성 요소의 흔적의 비가시적 경계를 거의-볼 수 있다. 상상력을 이용해 보자. 각각의 흔적은 잠재적 선에 의해 지각 불가능하게 경계 지어진다. 따라서 그 흔적들은 결코 실질적으로 교차하지 않는다. 그들 사이에는 균열들이 있다. 그들이 교차하지 않으므로 그들은 결코 현실적으로 분계선을 형성하지 않는다. 그들의 반복은 경계성edginess을 강화하면서 균열들을 프랙털적으로 증식한다. 형상의 통일성은 현실적으로 잠재적 균열들의 교차-증식으로 구성된다. 그 동일성은 추상적이며, 균열함을 가로지르는 지각의 가교로서 첨가된다. 가교를 놓는 채우기에서 나타나는 초타원은 보인다기보다 **부감된다[위로 보인다]**overseen. 자세히 살펴보면 그 가교를 보게 될 것이고, 소용돌이치는 균열들을 아래서 보게undersee 될 것이다. 고요함 아래의 활동. 형상이 그것이 아우르는 균열들로 바스러질 때 배경은 침묵의 종속으로부터 다시 일어난다. 흰색들과 검은색들은 서로의 진동하는 배경에 응답하는 원형상이, 혹은 배경을 이루는 진동이 다시 되며, 깊어져 가는 잠재적 심연 속에서 그들의 능동적 대비가 부유한다. 부화한 영원은, 제2됨의 공통-부유에 직접 바탕을 둔, 즉 상호 자-립하고 있는 질적 차이화들의 모호하게 시간 같은 함께 도래함으로 다시 녹아 들어간다.

형상의 단일성이 충만할수록 그 형상은 더 잘 현실화되고, 더 증대되며, 잠재적인 것은 강렬하게 그 위에 경계를 짓는다. 형상이 그 통일성 속에서 수동적으로 나타날수록 그 증식하는 구성 요소들은 더욱 능동적으로 상호 자-립한다. 잠재적인 것의 소모적 주장은 형상의 실현을 향한 보충적 반대 운동이다. 잠재적인 것은 그것을 점차 더 깊이 프랙털화하는 동일한 반복적 과정에 의해 그림으로부터 게슈탈트화된다. 수준들 사이의, 즉 출현적 원형상 활동과 그것이 초래하는 구상적 폐기annulment 사이의 이중 분절.

이중 시각double vision. 어느 정도 면밀히 살펴볼 때, 어느 정도 주의 깊게 집중할 때 눈은 그 과정의 파기와 그 활동 사이에서 진동한다. 깜빡. 만들어진 것과 만들기 사이에서. 깜빡. 구상적 안정성을 보는 것과, 형상적이고 잠세적인 지각 불가능한 부유를 보는 것 사이에서. 깜빡. 눈은 깜빡이는 데 지친다. 그것은 "가교 수준"의 안정성에 정착한다. 눈은 습관적 간과의 기관이다.

형상은 시각에서 지각 불가능한 것에 대한 습관적 부주의이다.

VI

"형상 지각을 말하는 것은 말이 안 된다"[10]고 말할 수 있을 때—시종일관 그 "말이 안 됨"이 직접적이고 유효하게 보인다는 것을 인정하면서—우리는 이중 시각으로 되돌아왔다. 또는—심지어 벽에 그림을 걸면서도—"형상-배경 현상이 세계에 적용되지 않는다"[11]고 말할 때 그랬다. 또는 공간 자체는—우리가 새 소파를 어디에 놓을지 측정하는 것처럼—경계 짓는 행위에서 "지각과 아무런 관계가 없기" 때문에[12] "깊이 지각이라고 불리는 특수한 종류의 지각은 없다"[13]고 말할 때 그랬다. 또는—조바심하며 시계를 확인하면서—출현의 "시간이 아니라 과정들을 우리가 지각한다"[14]라고 말할 때도 마찬가지다.

이런 것들을 통해 우리는 형상, 형상/배경, 유클리드적 공간, 선형적 시간이 지각의 정초나 용기容器가 아니라고 말하는 것이다. 경험은 그것들로부터 도출될 수 없다. 경험과 더불어 그것들이 출현하는 것이다. 경험은 그것들에 담길 수 없다. 그것들은 그 내용 사이에 있다. 그것들은 더욱 열린 과정의 파생들, 즉 습관의 첨가이다.

습관의 피조물이지, 지각의 바탕이 아니나 (그것은 우리가 거의-본 것처럼 능동적으로 자-립한다).

이것이 우리가 형상적 안정성의 수준에서 완전히 돌아설 수 있다는 의미는 아니다. 물론 우리는 결코 형상이 현실적으로 그 위로 나타나는 퍼텐셜의 지각 불가능한 "바탕"을 문자 그대로 볼 수는 없다. 하지만 우리는 형상 자체를 문자 그대로 볼 수도 없다. 우리는 양껏 본다. 시각은 결코 문자적이지 않으며, 늘 두드러지게 직접적이고 과잉된 방식으로 구상적이다. 그것을 인정하는 것은 퍼텐셜과 잠재적인 것을 수긍하는 것이 아니다. 우리가 지각 불가능한 것을 볼 수 없나 해도 때로 우리는 그로부터 출현하는 형상의 명멸을 볼 수 있기 때문이다. 우리는 원형상이 형상을 심연으로 끌어들이는 것을 아래서 볼 수 있다. 형상을 아래서 봄으로써 그것의 자-립을 보는 것은 우리가 퍼텐셜을 일별하게 되는 것만큼이나 빠듯하다. 우리는 그것을 거의-보고, 아슬아슬하게 비스듬히-지각하면서 시각의 현실적 한계에 근접한다.

VII

우리의 눈에 와 닿는 빛이 망막에 존재하는 간상체들과 추상체들에 의해 무수한 분리된 점들로 흩어지는데 우리는 어떻게 문자 그대로 단일한 형태나 형상을 볼 수 있는가? 간극들을 얼버무린다. 우리 자신의 코가 우리의 시각장을 둘로 나누어 놓는데 – 양쪽에

뚫린 구멍들이 각각의 눈의 맹점이라는 점은 차치하고라도 — 어떻게 공간의 연속적인 표면-주변을 문자 그대로 볼 수 있는가? 가교를 놓는다. 우리의 망막들이 애초에, 즉 그것들이 등록하는 것이 뚫리고, 나뉘고, 분리되기 이전에조차 2차원적인데 어떻게 깊이를 볼 수 있는가? 그것을 첨가한다. 우리는 우리의 눈을 넘어서서 형상의 동일성을 본다.

문자 그대로 우리의 눈을 때리는 것은 경계 짓기이다. 색채만이 아니라 공간, 시간, 형상/바탕, 형상적 안정성 전부가, 그들 상호 간의 차이 속에, 그리고 그들 각각의 수준에서 조명의 경계선으로부터 출현한다. 빛이 흩어진다는 단순한 이유로. 그 흩어짐은 간섭 패턴, 간극, 강도의 기울기를, 즉 원형상적 변별화의 선들을 수반한다. 이 "주변광 다발"ambient light array이야말로 문자 그대로 눈을 때리는 것이다.[15] 시각의 카오스. 그 다발이 연속적으로 변화할 뿐 아니라 신체가 언제나 움직이고 있기 때문이다. 즉 두 개의 연속적인 변이가 복합적으로 짝지어지기 때문이다. 게다가 출현적 형상 속에 거의-보인 깜빡임이 떨림jitter 에 의해 예시된다. "도약 안구 운동"saccade, 다시 말해 안구가 안와 속에서 끊임없이 무의식적으로 미세하게 움직이는 것. 그 움직임이 멈추면 시각은 텅 비게 된다. 시각은 임의적인 떨림을 더하여 두 개의 연속적 변이들을 복합적으로 짝짓는 데서 발생한다. 형상의 통일성, 공간적 관계의 안정성, 색채와 명도의 일관성, 시간의 선형성은 어떻게 이 극단적으로 복잡한 카오스적 조건들로부터 도출되는가? 우리는 이미 그 답을 알고 있다. 보인 것에 첨가함으로써이다.

연속적 변이는 간상체와 추상체의 간극을 가로질러, 코 때문에 생기는 [시야의] 구멍을 가로질러, 맹점들을 가로질러 주위의 [광학적] 배열의 원형상적 선들을 긋는다. 운동의 연속성은 불연속성들 사이로 어지럽게 가교를 놓는다. 가교 놓기는 단일화된 형상이나 바탕의 안정성을 산출하지 않는다. 그것은 암흑의 비가시적 심연들을 가로질러 연속되는 움직이는 광선들의 복합체를 낳는다. 시각의 공동空洞, void 위로 자-립하는 연속성의 원-가교.

출현적 형상을 얻기 위해서는 시각 외의 감각들을 추가해야 한다. 특히 촉각과 고유수용성 감각proprioception, 즉 신체 부분들의 서로 상대적인 변위의 등록. 광-선light-line들의 다양한 복합체가 고유수용성 감각에서의 변화와 더불어 눈에 당도한다고 해 보자. 감각 간 통접, 즉 움직이는 광-선들의 최초의 복합체가 다른 복합체로 미끄러지듯 넘어간다. 새로운 복합체와 더불어 뻗은 손으로부터 어떤 느낌이, 즉 감각 간 통접이 도래한다. 두 가지 감각 간 통접들이 반복된다고 하자. 다음에는 그것들의 반복이 예상된다. 습관. 그 예상은 이미 되풀이된 선 넘기와 통접의 반복에서 회고적으로 발생하는 것이므로 재귀적이다. 습관은 현재의 통접의 연속성 속에서 이전-이후의 현실적 경험이다. 물론 냄새와 청각도 있다. 이전-이후들의 집합은 서로에게 섞여 들고 서로에게서 출현하며, 습관에 의해 함께 접힌 서로의 전달자이다. 수많은 이전-이후들은 습관에 의해 함께 접힌 서로의 전달자들로서 서로에게 섞여 들고 서로에게서 출현한다. 함께 접기는 잠세적 교차와 통접의, 이전과 이후의 무한한 연속체를 지각의 한 사건의 특이성으로 융합한다. 출현하는 경험적 우주의 추상적 "난자", 즉 모호한, 경계 없는 잠재적 전체는 현실적으로 나타나지 않은 채 자기현시한다. "어떤 특수한 느낌이 존재할 때 그것과 무한히 다른 모든 느낌의 무한한 연속이 존재한다." "전개는 본질적으로" 그 추상적으로 느껴진 퍼텐셜의 "한계를 수반한다."

한정적으로 전개된 수준에서, 어떤 경계를 보고(광-선 복합체), 그 주변을 돌아다니고(고유수용성 감각), 가려져 있었지만 이제 가시적이 된 뒤편의 무엇인가를 만짐으로써(새로운 광-선 복합체) 방금 기술한 두 통접이 경험된다고 해 보자. 새로운 광-선 복합체는 두 번째 폐색occlusion이다. 즉 뒤편의 그 사물 뒤에 또 다른 사물들이 있는 것이다. 습관이 든 눈이 등록하는 것에 집중해 보자. 요컨대 그것은 경계, 그리고 경계이다. 습관이 정착된 후 두 번째 경계가 미리, 주변의 운동 이전에 첫 번째 경계와 더불어 나타날 것이다. 그것은 또한 운동 이후에도 나타날 것이다. 이중 분절, 즉 이전-이후. 물론 두 번째 경계는 그 자신에 선행하는 것과는 다르게 첫 번째 경계 이후에 도래할 것이다. 다시 말해 촉각과 고유수용성 감각과 함께 도래할 것이다. 최초의 경계 짓기에서 보인 이전-이후는 표면의 동시적 이접, 공간의 싹, 이동하여 지나갈 수 있는 깊이의 간신히-거기 [있음]이다. 예상된, 이후에 다르게 도래함coming-after은 선형적 시간의 싹이다. 두 번째 경계의 자기차이 – 그것이 다른 어떤 것 이후에 자신의 도래함과 그 자신을 앞섬 사이에서 아우르는 차이 – 는 대상으로서 그것의 동일성의 싹이다. 그것의 예언 가능성, 자신의 변이를 가로지르는 그것의 동일함, 되풀이되는 그것의 재접근 가능성, 그것의 신뢰할 만한 그저-거기-있음인 것이다.

"드러난…… 표면이 드러나기 이전에 선존재하는 것이 보인다"는 점은 실험을 통해 입증되었다.[16] 대상의 동일성은 보인다. 역시 다른 부분을 강조하면서, 대상의 동일성은 보인다. 동일성은 습관에 의해 동시적 이접적 차이의 시야에 첨가된 회귀적 (이전-이후의) 통일성이다. 동일화된 경계 짓기는 대상과 연합되어 안정적 윤곽선을 두껍게 만든다. 이제 경계 짓기를 통해 나타나는 것은 단순한 분계선이 아니라 3D 윤곽선이다. 윤곽선 내부와 습관적으로 결합한 광선 다발은 주변 다발로부터 분리되며, 대상의 색채로 보이게 된다. 색채는 대상을 두드러져 보이게 만든다. 즉 대상이 그림자를 드리우는 침묵하는 배경 위에서 밝게 존재하는 방식을 게슈탈트화하면서 가시적 3D 형상으로 만든다. 형상과 깊이는 함께-출현한다. 함께 분리된, 대비되는 대상들로 분할된 우주의 난자. '함께'란 공간 속에서 인접한[이라는 뜻이며], '분리된'은 시간 속에서 서로 승계되는[이라는 뜻이다]. "느낌의 연속성에 대해 우리는 이제 다만 희박한 개념을 형성할 수 있다." 그 "희박한 개념"이 시간을 가로질러 한 걸음씩 계속되는 공간 속 대상의 동일성이다. 동일성은 느긋하게 사라진 관계의 출현적 활동이다.

연속성은 느릿한 진행에 맞추어 강도적으로 연속된다. 동일성이 보일 때 보이는 것은, 예견된 다음 촉각이 예견된 다음 시각과 결합한 예견된 다음 고유수용성 감각과 결합한 것이다. 눈은 볼 수 없는 것을 공감각적으로 보게 된다. 그 고유한 형성적 활동의 지금-여기를 건너뛰면서 그 이후들에 대한 예견 속에 피드포워드된 촉각, 고유수용성 감각, 그리고 그 자체의 존재를 부감하게 된다. 예견된 촉각, 고유수용성 감각, 또는 시각은 잠세적 촉각, 고유수용성 감각, 또는 시각이다. 부감된 것은 보이지 않은 퍼텐셜이다. 초래된 대상의 단순성, 동일성의 통일성은 복잡한 카오스로부터 제한적으로 추출되어 왔다. 그 카오스는 희미하게 지속적으로 보인다. 즉 동일성의 형상 속에 아래서 보인다. 대상이 예상대로 재출현하는 무엇인가를 가지려면 카오스는 지속되어야 한다. 이중 시각, 반복으로부터의 구상적 혹은 객관적 질서와 영원한-여명의 빛의 지속하는 카오스. 시각은 습관의 추상들을 그 영원히-갱신되는 카오스의 특이한 직접성에 공감각적으로 첨가함으로써 질서를 추상적으로 부감한다.

동일성의 객관적 추상은 운동으로부터 발생한다. 시각의 공감각적 결과는 진동하는 운동감각의 "바탕" 위에 나타난다. 지각된 안정성과 질서는 지각의 카오스로부터 출현한다. 시각은 빛에-부딪힌 눈의 어지러움에서 추상적 간과의 실제적 파악으로의 이행 과정이다. 원형상의 비가시적 심연으로부터 상대적인 객관적 명료성으로의 이행.

눈의 떨림이 세계의 연속적 변이와 경계를 그을 때마다, 잠세적 전 우주가 공간과 시간 속의 동일한 질서 속에 거주하는 특수한 한 대상의 형상으로 시각에 나타난다. 경계는 수준들(객관적 전경/배경, 잠세적 다음, 잠재적 연속성)과 (경험의 출현적 시공간 속에서) 동일성들의 배열을 층층이 쌓는 공감각적-운동감각적 출현을 가져온다.

VIII

그림판으로 되돌아가자. 이번에는 종이 위에 선을 하나 긋는다. 그 선은 출현적 경계를 다시 끌어낸다. 선은 나타나는 관계 맺음의 경계 사건을 반복한다. "그 선은 관계 맺음이다. 그것을 볼 때 우리는 관계를 본다. 그것을 느낄 때 우리는 관계를 느낀다."[17] 우리는 원형상적 관계의 전체 우주를 열어젖힌 것이다. 우리는 잠재적인 것을 호출했다. 우리는 그것이 품은 퍼텐셜을 존재로 소환했다. 그로부터 아무런 실체적인 것도 나오지 않았다. 퍼텐셜은 아직 갱신하는 시각 속에 공감각적으로-운동감각적으로 다만 느껴질 뿐이다. 그러나 다만-느껴지는 것은 거의 무엇인가이다. 그리고 이미 상당히 잠재적이다. 즉 모든 느낌의 극미한 연속됨이다. 그 이상은 그 이하로 올 것이다. 잠재적인 것은 한정적으로 현실화될 것이다.

그 이상을 (그리고 이하를) 좇으라. 더 많은 선을 그려 기하학적 형상이 자신을 규정하도록 하라. 우리는 느껴진 퍼텐셜들의 무한성 가운데 하나를 선별함으로써 잠재적 세계를 구상적으로 닫았다. 우리는 잠재적인 것을 한정적으로 현실화했다.

할 일은 아무것도 없다. 다만 다른 선을 그리는 것밖에. 경계로 되돌아가서, 그 관계를 보고 느끼라. 그 능동적 퍼텐셜을 다시금 다른 형상으로 둘러싸라.

각각의 반복에서 우리는 경험적 퍼텐셜의 무한한 연속체를 끌어내고, 그러고는 선별적으로 그것을 비활성화시킨다. 우리는 존재의 능동적 힘을 호출하고는 그것을 약화하는 쪽으로 이동한다. 갱신, 파기. 존재의 깜빡임.

존재의 힘을 파기할 때 하나 이상의 형상이 한 페이지 위에 나란히 놓인다면 그 힘은 더욱더 약해진다. 각각의 흔적의 잠재적 경계의 시간 같음과 더불어 깜빡이는 순수한 대비의 이접적 싸-공긴은 사라진다. 페이지는 이제 중립화된 비교의 공간이다. 차이는 이제 능동적이지 않다. 능동적 대비는 대립으로 수동화되었다. 즉 평범하게 분리된 ~이거나/~인이 된 것이다. 형상들은 동일한 것이거나 동일한 것이 아니다. 그것들은 동일성을 공유하거나 공유하지 않는다. 같음, 혹은 상호 배제.

대립은 퍼스적 의미의 이중성이 아니다. 이중성은 여전히-능동적인 대비의 자립적 실증성이며 순수하고 매개되지 않은 "짝지어짐"이다. 즉 시각의 형성적 카오스에서 비롯된 상호 제1성의 제2성이다. ~이거나/~인은 이미-야기된 것, 즉 완성된 형상들에 적용된다. 그것은 ~이거나/~인, 낫거나 못한 등의 가치 판단에 대한 자동적 관점을 완성된 것에 적용한다. 가치에 대한 평가가 이루어지기 이전에 형상들이 동일성을 공유하는지 여부, 그것들이 같은 것인지 아니면 상호 배타적인 것인지 아닌지에 대한 물음에 대답해야 한다. 나은지 못한지는 같은 것에 적용되었을 때 의미가 없다. 그들의 동일성들이 평가되어야 한다. 그것들을 평가하는 유일한 방법은 둘 모두를 동일성의 표준들에 견주어 보면서 그 둘을 서로 비교하는 것인데……그 표준은 세 번째가 된다.

비교는 제3성을 수반한다. 매개하는 제3항은 플라톤적 형상과 매우 비슷하게 추상적이다, 즉 관념적으로 정적이고, 카오스와 떨림을 호도한다. 다만 좀 더 고차원적으로 호도할 뿐이다. 그것은 형상들의 매개를 그들이 공유한 표면에서 떼어 내 그 위쪽을 맴도는 판단의 공간으로 가져간다. 표준은 지각의 표면 위쪽 사유-공간을 보이지 않게 맴돈다. 그것은 일반성의 높이이다. 그것은 일반적 전형典型, paragon이다. 그것은 관념적이다. 하나의 관념으로서 그것은 부감되기보다는 부감하고 있다. 그것은 평가의 정확함을 부감한다.

비교의 공간은 위쪽으로 부상하는 관념적 제3성의 규범적 공간이다. 올라가는 것은 내려올 수 있다. 타원형 대신에 입방체를 그려 보자. 그것을 지면 높이의 카오스에 투사해 보자. 이를테면 괴멸된 주거지의 터에. 그 형상을 카오스를 거르는 추상적 체라고 생각해 보자. 그리고 형상을 구체화하자. 건물을 그 표준에 따라 세우자. 비교의 표준은 이제 구축적 모델로서의 대지로 되돌아갔다. 그것은 능동적으로 지상으로 갔다. 선별된 추상적 잠세적 대지-크기에 콘크리트가 부어진다. 이제 그것은 돌아다니기 위한 콘크리트 지면이다. 어떤 주변 다발, 어떤 안쪽으로 경계 짓기, 어떤 잠세적 교차와 접속, 어떤 윤색, 어떤 동일성과 배열이 그것이 표준화하는 운동으로부터 출현하게 될까? 한 건축가가 한 채의 건물을 모델로 만들었다. 건물 자체가 이제 바통을 이어받고 대지-크기의 삶의 조각을 모델로 만든다.

IX

"예술의 가장 위대한 점은 적절한 추상들의 도입으로 이루어진다. 나는 지금 하나의 디아그램의 성격들이 다른 디아그람 안에서 사물들로 나타날 수 있는 우리의 디아그람들의 변형transformation을 말하는 것이다."[18]

아무것도 쓰여 있지 않은 칠판은 "그 결정의 어떤 이른 단계"에서 "원래의 모호한 잠세성"의 디아그람이었다. 단 하나의 선의 순수한 경계, 현실적으로 난형의 원형상이었던 그것은 그러한 원래의 모호한 잠세성의, 그것의 결정의 다른 상에서의 변이의 연속체였다. 몇 개의 그런 선들로 구성된 초타원형은 플라톤적 형상의 디아그람, 이제는 완전히 결정된 형상 속에 윤색된 형성적 모호성, 멈춰선 것으로 나타나는 형성의 활동이었다. 볼륨을 가진 이 상들을 복수 감각적으로 다시 찾아간 대상의 재접속 가능성 또한 디아그람, 즉 시간을 통한 3D 공간 속 자기동일적 형상의 디아그람이었다. 가치 판단을 입히도록 어떤 형태나 객관적 형상에 적용될 수 있는 비교의 어떠한 관념적 표준도 마찬가지로 디아그람이다. 모델로 사용된 그것은 어떤 형태의 플라톤적 형상을, 규범적으로 그것에 합치하는 객관적 동일성을 새로운 구조에 투사한다. 그렇게 함으로써 그것은 과정을 뚫고 나간 특정한 "성격들"을, 구조 아래 있는 사물로 선별적으로 이전한다. 그 "성격들"은 원형상이나 형상, 객관적 형상 등이라기보다는 그것들을 나르는 퍼텐셜들이다. 변이의 연속체로부터 선별적으로 들어 올려져서 상들을 통과하고 모델의 구체화로서 지상으로 올라가는 것은 이러한 퍼텐셜들이다.

백지상태 — 특이한 원형상 — 안정된 형상 — 대상 동일성 — 이상적 표준 — 일반적 모델. 이 모든 것은 의당 각자 나름의 방식으로 디아그람들이다. 퍼텐셜들을 존재로 들어 올려 여과하고 새로운 구조 속에 구성해 넣는 과정의 각 단계 또한 방금 퍼스에게서 인용한 것처럼 디아그람이다. 그 말의 가장 넓은 의미에서 그 전 과정은 그 자신의 발생적 디아그람이다.

초래되는 새로운 구조는 추가된 존재이다. 실용적으로 말해서 그 디아그람은 — 보기에서 부감하기로, 습관적 부주의에서 주의를 기울이는 습관으로, 비교에서 판단으로, 판단하기에서 구성을 짜기로, 투사하기에서 구축하기로 — 선별된 일단의 퍼텐셜들을 구조의 추가된 존재의 구체성으로 인도하기에 이르는 기술들의 도구 상자이다. 이런 의미에서 디아그람은 구축주의적 **존재의 기술**이다. 그것은 새로운 존재를 가져오는 기술이다. 생성의 기술이다. 구체적으로-되기. 확정된 되기. 퍼스의 정의에서 말하듯 디아그람화가 추상 — 잠세적 추출 — 이라면 **확정적으로 구체적이 되기**의 과정 자체가 **추상의 과정**이다.[19]

물음은 여기서 시작된다. 결국, 무엇이 "적절한" 추상인가? 추상 과정이 원형상, 형상, 동일성의 형상, 표준, 모델의 맞물림을 산출한다면, 그리고 구조가 생성의 과정이라면 물음은 다음과 같은 것이 된다. 어떤 생성인가? 어째서인가? 누구 혹은 무엇에 적절한가? 퍼텐셜들에 대한 선별의 상들을 통과해 가는 것이 생성에 수반된다면, 물음은 다음과 같다. 어떤 상들이, 어떤 퍼텐셜들을 위해? 구성물의 최종적 결정을 향한 이행이 한정적이라면 물음은 이렇다. 그것이 이야기의 끝인가?

그렇지 않다. 어떻게, 그리고 어떤 식으로 한정적인가 하는 물음이 여전히 남기 때문이다. 어쩌면 구체적으로-되기를 위한 추상의 모든 과정이 대등하지는 않을 것이다. 어쩌면 플라톤적 형상의 역할을 단축하고 표준화하는 판단의 단계를 건너뛰는 존재의 추상적 기술들이 있을 것이다. 어쩌면 비표준적 구축주의들이 있을 것이다.[20]

비표준적 구축주의는 더는 모델 만들기가 아닐 것이다. 그것은 투사된 동일성에 합치하는 퍼텐셜들의 묶음을 선별하지 않을 것이다. 그것은 이를테면 쉽게 예견되는 방식으로 같은 공간이나 이전-이후를 서로 습관적으로 공유하지 않는 퍼텐셜들의 몇몇 묶음들을 선별할 수 있을 것이다. 이것은 구조를 중층결정할overdetermine 것이다. 중층결정은 구성물을 문제틀로 만든다. 그 선에서 비표준적 디아그람화 기술은 탈구축적이다deconstructive. 탈구축적 건축은 통상 "상호 배타적 혹은 대립적인 공간 전략들"로 규정된 것들을 단일한 건축적 요소로 결합한다.[21] 이를테면 처음 보았을 때 어색하게 벽에서 끝나는 것으로 보이는 복도. 이행의, 그리고 차단의 퍼텐셜들이 중층결정되어 있다. 불일치와 중층결정의 이 순간들은 그 건축에 차단 장치들("반전"과 전복)을 삽입한다. 목적은 건축적 실천과 주거의 규범적 경로를 잠시 전복시켜 건축의 "내부"에 관해 자기 참조적 진술을 하게 만드는 것이다. 그것이 어떤 진술을 구축할 의도를 갖는 한 탈구축적 실천은 "저자의" 것으로 남는다.[22]

다른 비표준적인 존재의 추상적 기술은 피텐셜들의 임기응변적 선별의 기폭장치들을 구조 안에 내장할 수 있다. 여기서 퍼텐셜들의 선별이 부여하는 휴지부는 주로 중단시키고 주장하기 위한 것이 아니라, 연속됨에 대한 유효한 변이를 불러들이고 가능하게 하기 위한 것이다. 이것들은 그 건물을 통과해 가게 되는 운동들의 과정 가운데 특수한 지점들에서 상황에 따라 다양하게 결정될 것이다. 바꿔 말하면, 보는/보지 않는, 잠세적으로 만지는, 언제나 고유수용 지각하는, 지치지 않고 운동 지각하는, 지속적으로 떨리는, 자기강조하는, 최종적으로 등장하는 구체화의 역동적 형상들 — 건축 "의뢰자들"과 "주주들" — 은 사신들에게 맞게 디아그람화 과정을 계속하도록 권유받는다. 그들은 연장된 건축 과정의 구체화한 공동저자들로서 살도록 초대받는다. 기폭장치는 내장되어, 출현하는 원형상적 수준이 다른 수준들과의 추상적 진동 속에서 다시 나타나도록 충격을 준다. 잠세적 연속체는 이제 객관적으로 가시적이 되지 않은 채 "안-보이지-않게"un-unseen 된다. 대신 객관적 형상들과 더불어 깜빡이는 것이 복수감각적으로 느껴진다. 그것은 잠세적 연속체나 객관적 시각 둘 중 하나이기보다 순간적으로 촉발 지점에서 전면에 나타나게 될 양자 사이의 스트로보스코프적 명멸일 것이다. 전략적 지점들에 건축된 것은 시각을 이중화하는 부활한 추상의 사건적인, 명멸하는 모호성이 될 것이다. 그 과정은 추상적 잠세적 연속체를 구조적으로 다시 꺼내 놓도록 할 것이다. 퍼텐셜의 완전한 연속체의 현전은 경험이 퍼텐셜 묶음들 사이를 왔다 갔다 하도록 해 줄 것이다. 이것은 반전도 전복도 아니다. 강도화이다.

어떤 형상이나 형상적 동일성도, 심지어 촉발점과 나란히 건축될 수 있는 이상적 표준과 일반적 모델도 강도의 명멸에 종속된다. 그것들은 지배하지 않는다. 그것들은 한정적으로 전면에 나타나지 않는다. "서로의 지표이자 전달자"인 그것들은 왔다 갔다 하면서 협업한다. 그것들은 이제 그들이 표준적이고 규범적인 건축에서 그랬던 것처럼 한계가 아니다. 그것들은 더 이상 구속하지 않는다. 그것들은 갱신된 선별에 권능을 부여하는 제약이다. 선별적 갱신은 체험된 경험의 "완전한 스펙트럼의 변화"를 구성하는 종류의 것이다. 그것은 생명에 잠재적 색채와 그림자를, 그것들의 모든 복수 감각적 질감으로 되돌려 준다. 그것은 모든 경험이 출현하는 관계 짓기의 활동을 재충전한다. 생성들은 변이의 연장된 색채 속에 계속된다. 우주의 난자는 날카롭게 재-분절된다.

탈구축이 아니라 연속된 구축이다. 임기응변의 재구축. 차단이 아니라 잠세적 재충전, 재포화이다. 탈구축적 전략들의 경우 건축은 "글쓰기의 현장"[23]이다. 재구축의 전략들에서 그것은 디아그람적 재출현의 플랫폼이다. 탈구축적 전략들은 건축이라는 사건을 예리하게 차단한다. 재구축의 전략들은 유동적으로 그것을 계속한다.

공간을 건축의 매체로 여긴다면 이 가운데 어떤 것도 말이 되지 않는다. 재구축적으로 보았을 때 "공간적 전략들"은 주거 경험의 공간을 창조한다. 이 주거 사건은 건축의 매체이다. 주거-경험의 건축적 공간은 언제나, 건축적 추상의 장기적 사건으로서 구체적이-되기라는 디아그람적 과정의 결과이다. 건축이 새로운 변이 속에 재구성하는 것은 미리 주어진 공간적 요소들이 아니다. 그것이 재구성하는 것은 주거 자체의 경험이다. 건축은 체험된 추상의 디아그람적 예술, 즉 상당히 문자 그대로의 의미에서 안에서 체험된 추상이다. 비표준적 재구축적 건축에서 주거의 경험은 또한 연속되는 산물이기도 하다. 즉 설계의 최종적 구성을 넘어서서 사건적으로 갱신 가능하게 만들어진 매체인 것이다.

표준화된 판단 단계를 건너뛴다는 것은 새로운 형상의 제3성이 발명되어야 함을 의미한다. 제3성의 개입만이 생성을 어떤 식으로든, 즉 안정성을 위해 규범적으로든 재등장하는 잠세적, 실존적 명멸을 위해 자기갱신적으로든 통제할 수 있다. 그것이 바로 제3성, 즉 하나의 상에서 다른 상으로의 통제된 이행이기 때문이다. 본질적으로 그것은 "습관-들이기"[24]를 뜻한다. 그러나 그것은 또한 "법"을 의미하기도 한다. 법은 그 "본래의" 의미에서 출현적 경험의 카오스적 경로 속에 획득된 습관의 규칙성에 지나지 않는다.[25] 파생적 의미에서 법은 비교에 의한 표준 또는 규범적 모델의 매개적 영향을 통해 위로부터 습관을 시행하는 것이다. 그것은 디아그람적 추상을 안에서 체험하여 전통적 의미에서 모델을 만들지 않는 건축적 존재로 도래하는 기술을 발명한다는 자신의 소명에 부응하고자 하는 모든 건축적 과정의 도전이다. "원래적" 의미에서 건축설계의 유연한 "법칙들"을 재발명하는 것이며, 거기서 규칙성의 출현은 "순수한 자발성"의 "무법적" 요소와 "뒤섞이게 된다." 우연한 깜빡임 속에서. 그때 법은 "순수한 우연"과 그것이 제1성으로부터 "전개시킨" 모호한 "불확정성"으로 되돌아간다.[26] 우연에 의해 가속화된 진화의 법칙. 새로운 건축 형식의 결정을 향해 혼돈과 규칙성을 뒤섞는 새로운 기술들을 재발명하면서 자신을 재발명하는 건축.

이런 종류의 설계 실천은 펠릭스 가타리가[27] 말하는 **메타-모델**을 만든다. "메타-"란 여기서 "사이에서"라는 그 말의 어원적 의미로 이해된다. 그것은 관념적인 것의 높이에서라는 뜻이 아니라 오히려 실천의 획득된 규칙성들을 출현-수준의 우연과 그것들이 전개되어 나온 불확정성과 자발적으로 뒤섞는 것을 의미한다. 그러한 실천 자체는 물론 카오스적이지 않다. 습관 또는 법칙을 자발성과 함께 뒤섞는 것은 기껏해야 **의사-혼돈적**이다.[28] 메타-모델링은 전략적으로 그 과정을 그 자신의 출현의 의사-혼돈적 장으로 되돌려 그것이 새로운 형태, 형상, 구성물을 그 자신과 다른 것들을 위해 생성하면서 스스로 재생하는 실천이다. 그리하여 그 분야와 의뢰인 및 주주들 모두가 연속되는 과정 일부로서 잠세적 충만함을 안에서 체험하게 하는 것이다. 함께 뒤섞기, 즉 관계 짓기의 활동. 존재의 기술들은 관계의 기술들이다.

다시 섞는 기술과 더불어 관계적으로 변조된 것이 퍼텐셜이므로 메타-모델링은 근본적 경험의 관점에 의해 암시된 사변적 프래그머티즘의 **특정한** 절차로 여겨질 수 있다.

4장

경험의 예술, 표현의 정치학 : 총 4악장

제1악장 : 폭풍우를 춤추기

비감각적 유사성

발터 벤야민은 "우리는 아득한 과거에 모방 가능하다고 여겨진 과정들에 하늘에서 벌어진 것들이 포함되어 있었다고 추정해야 한다"고 쓰고 있다. 사람들은 폭풍우를 춤추었다. 벤야민은 인간 신체가 구름과 비를 모방할 수 있게 해 주는 유사성은 오늘날 보통 우리가 생각하는 닮음resemblance과 다르다는 점을 재빨리 덧붙인다. 그것은 오직 "**비감각적**" 유사성일 수 있을 뿐이었는데, 왜냐하면 사실상 우리의 감관에 주어진 어떤 것도, 우리의 신체와 천체가 모방 가능하게 공유하고 있는 것에 상응하지 않기 때문이다. 벤야민은 이어서 이러한 비감각적 유사성이 실연될 수 있을 뿐 아니라 언어 속에 "가장 완전하게" **보관될**archived 수 있음을 암시한다. 그러나 언어만이 아니다. 비감각적 유사성은 쓰인 단어와 말해진 단어 사이, 그리고 그 둘 모두와 "의미된" 것 — 즉 감각 가능한 것 사이에 "매듭을 만드는" 것이기 때문이다.[1] 그것은 언어의 안-팎에 있다. 감관에 결부되어 있지만, 감각 내용이 결여된 그것은 결코 "**직접 지각**될" 수 없다 — "다만 **느낌으로**" 지각될 뿐이다.[2] 느낌에서, 말하기와 글쓰기의 안팎에서 무의미하고 직접적인 그것은 "직관과 이성" 모두를 빠져나간다.[3] 이런 역설적인 "아무것도 나타나지 않는 가상"은 무엇인가?[4] 단순히 "관계"이다.[5]

그는 무엇을 말하고 있는가?

느껴진 지각

답을 찾기 위해 시작하기 좋은 곳은 운동이다. 가장 단순한 운동의 지각은 많은 점에서 벤야민의 비감각적 유사성을 위한 준거에 응답한다. 실험적 현상주의자 알베르 미쇼트의 말을 빌리면 운동은 "그 대상을 없애도 존속하는" 두려운 낯섦의 능력이다.[6] 예를 들어 미쇼트는 점 하나와 원 하나가 나타나는 스크린을 보여 준다. 점이 원을 향해 움직이기 시작한다. 그리고는 점이 원에 부딪히기 직전에 사라진다. 그것이 객관적으로 말해서 우리가 보게 될 것이다. 그러나 우리가 본 것은 우리가 느끼게 될 것이 아니다. 우리는 "점이 원을 향해 운동해 가다가 사라져 그 '뒤로' 모습을 감추게 된다"고 말한다.[7] 그 운동에 상응하는 감각적 인풋은 없을 것이다. 점은 실제로 가던 길을 계속 가지 않았다. 그것은 사라진 것이다. 그러나 우리는 효과적으로 그 운동이 지속하는 것으로 지각할 것이다. 이것은 환각hallucination은 아닐 것이다. 환각은 실제로 거기 없는 것을 보는 것이다. 이것은 사실상 무엇인가를 안-봄이다 — 그러나 역시 시각적으로 그것을 직접 경험하는 것이다. 이것은 전적으로 독자적인 범주이다. 즉 시각이 멈춘 곳 너머, 그리고 그것이 머무른 곳 '뒤로' 느껴진 그것의 연장이며, 실제 지각이 수반되지 않는 지각적 느낌이다. 시야는 그 고유한 운동량을 따라 더 나아갔다. 그것이 다만 느껴질 뿐인 지점까지, 지각 속에서가 아니라 지각으로서.

운동은 시각의 "대상으로부터 자신을 분리시킬" 수 있는 "독특한 현상"이라고 미쇼트는 정리한다.[8]

이런 종류의 효과는 특수하게 통제된 조건들에 제한되지 않는다. 운동이 지각될 때마다 우리는 "이중 존재"double existence를 마주하게 된다. 그것은 감각적 인풋과 지속하는 운동의 지각적 느낌을 신체적으로 등록하는 것이다.[9]

당구공 한 개가 다른 공을 때리고 그것을 움직이게 하는 일상적인 경우를 생각해 보자. 망막에 작용하는 감각의 인풋은 저마다의 궤적을 가진 두 개의 형상을 등록한다. 하나는 다른 것을 향해 움직이고 멈춘다. 그때 그 다른 것이 출발해 움직여 간다. 이것이 우리가 보는 것이다. 그러나 우리가 지각적으로 느끼는 것은 두 번째 공과 더불어 **연속되는** 첫 번째 공의 운동이다. 운동이 하나의 대상으로부터 "분리되어" 다른 것으로 이전될 때 우리는 두 개의 가시적 궤적 사이의 **연계**를 지각적으로 느낀다.[10] 우리는 가시적으로 아무것도 그 자체에 상응하지 않는 운동량을 직접 체험하고 있다.

우리는 상태의 변화를 수반하는 운동을 지각할 때마다 이중 존재를 마주한다. 점의 경우 그 변화는 사라짐이었다. 공들의 경우 그것은 원인으로서, [두 번째 공의] 밀려남을 촉발한 충격이었다. 그것은 얼마든지 여러 가지의 다른 것일 수도 있었다. 예컨대 "터널링"(하나의 사물이 다른 것 뒤로 지나가는 것이 '보이고,' 그러고는 반대편으로 나옴), "연행"(하나의 사물이 다른 것에 접근해 그것을 끌어냄), "확대"(운동의 연계 또는 확산), 인력, 척력, 또는 저항, 아니면 암시적으로, "애니메이션"(자동-추진) 등. 변이는 무한하다. 그러나 그것들 전부에 공통되는 것은, 형상의 다양체, 또는 감각적 인풋의 결합에 수반하여 단일한 어떤 것에 대해 느껴진-지각이 거기에 있다는 점이다. 그것은 요컨대 분리된 요소들이나 인풋을 동일한 변화에 속하는 것으로 이음새 없이 연결하는 **가로질러** 계속됨이다.

가로질러-계속됨continuing-across은 본성상 **비국소적** 연계이다. 분리된 모든 요소가 그들의 개별적 위치에서 동시에 거기 참여하기 때문이다. 이음새 없는 이 연계가 관련된 객관적 조합에 대한 "어떠한 관찰 가능한 유사성도 보이지 않는다"는 것은 "잘 알려진 사실"이다.[11] 어떻게 그럴 수 있을까? 그 연계는 대상들이 그들의 조합을 **통해** 공유하는 것, 즉 동일한 **사건** 안의 내포다. 연속되는 운동에 대해 느껴진 지각은, 그것이 그 객관적 구성 요소들과 그것들의 관찰 가능한 조합들 '뒤로', 그것들을 '가로질러', 혹은 '통해' 공유된 사건의 변화하는 속성을 직접 포착한다는 점에서 **질적**이다. 그것은 단순히 존재한다. 다시 말해 관계이다. 직접적으로 지각적으로-느껴진, "비지각적으로" 지각된 관계.[12]

이제 당구장에서 빠져나와 당구공 대신에 차 한 대가 정지 신호 앞에 서 있는 다른 차로 접근해 충돌하면서 후자를 몇 피트 앞쪽으로 밀어내는 것을 본다고 해 보자. 객관적 구성 요소들은 명백히 상이하다. 전반적인 정동적 취지도 그렇다 (이에 대해서는 뒤에서 좀 더 거론하자). 그러나 운동의 가로질러-계속됨의 지각적 느낌은 명백히 유사하다.

두 가지 연속됨은 대니얼 스턴이 "**활성화 윤곽**"activation contour이라 부른 것을 공유한다. 그것은 이음새 없이 연계된 가속과 감속의 연속적 **리듬**으로서, 강도가 증가하고 감소하며, 시작되고 멈춘다.[13] 지각적으로 느껴진 운동인 그 연계는 첫 번째 조합에서의 공들로부터뿐만 아니라 전체 조합으로부터도 "이탈했다." 그것은 하나의 객관적 조합에서 다른 것으로 이주했으며, 둘 중 어느 것과도 관찰 가능한 방식으로 닮지 않았다. 이주할 때 그 연계는 오로지 자기 자신과만 닮았다. 즉 그것은 리듬을 반복하다. 각각의 객관적 조합에 내적인, 단일하고 지각적으로-느껴진 운동은 사건의 본성을 밀어냄launching으로 질화한다. 하나의 사건에서 다음 사건으로 그 간극을 건너뛰면서 그것은 반복 속에서 **그 자신에** 반향한다. 그것은 간극들을 가로질러 **그 자신을** 닮는다. 따로따로 취해진, 그 반복의 각 심급은 다른 사건들을 닮기보다는 반향하는-자신을 닮았다. 반복의 뒤편에, 그것을 가로질러, 혹은 통하여 지각적으로-느껴진 운동은 운동-느낌의 한 종species으로서 자신을 귀감으로 내세운다. 그것은 이제, 신호등은 물론 큐대에도 무관심한, 차나 공에 의한 것이 아닌 자기예시적인, **운동의 성질**이다. 그것은 어떤 주어진 맥락에 대해서도 이주적인 독립성을 유지한 채로 그 고유한 질적 환경에 거주한다. 순수한 자기질화 운동, 즉 밀어냄의 자율성.

이중 배열

어떤 운동이 반복을 통해 질적 자율성을 획득하는 능력은 모든 상태 변화에서 지각되는 이중 존재가 세계의 **이중 배열**double ordering로 연장됨을 뜻한다. 한편으로 대상들의 생명-경로들을 그들이 하나의 조합에서 다른 조합, 한 사건에서 다른 사건으로 가시적으로 이동하는 대로 따라가는 것이 가능하다. 대상의 가시적 형상에 달린 이 연속적이고 객관적인 배열은 미쇼트가 세계-선world-line 이라 부르는 것이다.[14] 세계-선들은 동일성을 차이로 이끈다. 즉 대상의 가시적 형상은 그 역사적 노정을 구성하는 일련의 사건들을 가로질러 인식 가능하게 보존된다.

공에서 차로, 무수히 많은 다른 것들로 상이한 객관적 조합들 속에 재등장하는 이주적 독립성 속에서 활성화 윤곽을 다시-느끼면서 우리는 늘 하나의 세계-선에서 다른 세계-선으로 건너뛰곤 한다. 세계-선들을 건너뛰어 지각적 느낌 속에서 "극단적으로 다양한 사건들에 굴레를 씌우는" 것은 가능하다.[15] 이런 굴레 씌우기는 객관적 시간과 공간 속에서 엄청난 거리를 가로질러 작동할 수 있다. 비감각적 연계는 그 자신에 대한 닮음을 통해 상황들의 극단적 다양성을 그들이 비감각적으로 공유하는 운동의 성질 — 변화의 활성화 윤곽 또는 형상 — 에 따라 서로 간의 근접성으로 가져갈 수 있다. 멀리 떨어진 사건들 사이의 비감각적 유사성은 변화들 — 차이화differencing들 — 을 질적으로 합친다. 세계-선은 동일성을 차이로 가져간다. 세계-선들 사이의 비감각적 유사성은 차이화들을 합친다. 비감각적 유사성을 통한 사건들의 굴레 씌우기는 세계-선들과, 그와 더불어 보존된 동일성들을 가로지르며 차이화들을 합친다. 세계-선들 사이의 이런 횡단적 연계는 고유의 자율적 질서, 즉 운동 방식들의, 이동하는 경험의 성질들의 질서를 선보이는 이주적·비국소적 연계의 우주를 구성한다.[16] 이 질적 질서는 세계의 역사적 경로들의 객관적 질서를 이중화하며, 그로부터 이탈되어 있다. 그러한 객관적 질서에 구애되지 않으므로 그것은 객관적 제약으로부터 자유롭다. 이렇게 말한다고 해서 질적 질서가 모든 제약으로부터 벗어난다는 의미는 아니다. 경험의 질적 질서는 적어도 한 가지 주요한 자체적 제약을 가진다. 바로 그것의 "자발성"이다.

미쇼트는 공이나 차, 혹은 다른 어떤 것의 객관적 조우 뒤에서, 그것을 가로질러, 그리고 그것을 통하여 연속되는 운동-성질의 느껴진-지각들이 학습된 것이 아니라고 주장한다. 그것들은 자발적으로 발생한다. 그것들은 수반된 대상들이 인식된다고 해도 보통 "인식되지 않은" 채 흘러간다. 혹은 대부분은 그 대상들이 인식되기 때문에 [인식되지 않고 지나간다]. 독특한 현상으로서의 그와 같은 운동-성질은 대상의 동일성의 재등장을 배경으로 한다. 여전히, 운동성질의 느껴진 지각은 모든 정황 속에서 작동한다. 그렇지 않다면 운동의 가로질러-계속됨은 없을 것이다. 비감각적 지각과 함께 오는 운동의 연속성은, 조합된 대상들의 다양체의 이산적 형상들 속으로 파편화된 채 느껴지지 않고 지나갈 것이다. 인과적 지각도, 관계의 직접적 지각도, 변화의 직접적 경험도 없을 것이다 — 다만 간접적이고 논리적인 연합만이 있을 것이다.[17] 보통 이야기하는 사건들의 경험은 없을 것이다. 스턴은 활성화 윤곽, 사건을 구성하는 비국소적 연계가 보통 "인식의 외부에서" 작동하는 인과적 지각이라는 점을 강조한다.[18] 기본적으로 그것은 비의식적인, 조작의 "흔적"이다.[19]

무형적 실재

스턴은 이러한 조작의 흔적들이 무형적임을 지적하는데, 이는 그것들이 어떤 의미에서도 양태가 아님을 뜻한다. 비감각적인 그것들은 상황들 사이뿐 아니라 감각 양태들 사이도 건너뛸 수 있다. 운동-성질의 서명인 활성화 윤곽이 이음새 없이 연계된 가속들과 감속들, 강도의 증감, 시작과 정지의 리듬이라면, 두 대의 차량의 충돌에서 경험된 동일한 활성화 윤곽은 또한, 이를테면 음표의 함께 도래함에서도 나타날 수 있다. 활성화 윤곽인 조작의 흔적들은 결코 시각에 제한되지 않는다. 그것들은 시각의 사건들을 다른 감각 사건들과 연결한다.

여기에 쓰이는 "무형적"이란 개념은, 보다 통상적으로 쓰이는 "교차양상적 이전"에 비해 탄탄하다. 교차양상적이라는 어휘는 상이한 감각 양태들 사이의 "이전"을 가리키는 데 쓰인다 – 그것들 사이에서 오고 가는 것, 그들의 공통-발생하는 지각적 느낌으로서 그들의 작은 틈들 속에서 능동적으로 나타나는 것은 엄밀히 말해서 그 자체가 아무런 양태에도 있지 않다는 점을 망각한 채로 말이다. 그것은 감각들 사이에서, 어떤 하나의 양태가 아닌 가운데 벌어지는 것에 대한 직접적 지각이다. 모든 것이 오직 그들의 관계 속에 있는. 순수하게 비지각적인. 추상적인. 추상적으로 느껴지는 것은 사유이다. 무형적인 것의 지각적 느낌은 기본적으로 사이에서 벌어진 것에 대한 비의식적 사고-느낌이다.

이제 어떤 세계-선을 따라 한 대상의 경로를 사고하는 대신 상황에서 상황으로, 인식된 대상에서 인식된 대상으로, 조우를 거듭하며 자신의 생명-경로를 이동하는 어떤 신체를 생각하자. 그 생명-경로는 그 대상들과 교차하는 하나의 세계-선이지만 그 고유한 방향성을 따른다. 그 과정의 각각의 조우에서 하나의 활성화 윤곽이 비감각적으로 이탈된다. 각 단계에서 조작의 흔적들이 그들의 독립을 선언하면서, 시공간의 거리를 가로지르고 경험의 등록들을 가로질러 다양한 사건들에 굴레를 씌우는데 그들 자신이 무형적으로 활용되게 만든다. 각 흔적은 다른 흔적들과 결합하고, 그들 고유의 질적 우주 속에 집적된다.

지금까지의 이런 설명에는, 이미 구성된 경험의 주체가 대상과 서로 조우하여 조합될 때 그 대상들을 관찰한다는 전제가 내포되어 있었다. 한마디로 어떤 자기self가 전제되었다. 그러나 자기들은 **출현한다**. 우리는 "특정한" 세계"the" world에 태어나지 않는다. 우리는 세계-화 안으로 던져지는 것이다. 무형적 경험과, 그것이 구성하는 비감각적 유사성의 질적 우주는 자기 세계-화의 **구조** 안에서 활동한다. 질적 질서는 그 구조에서 능동적인 역할을 한다. 그것은 **개체발생적** 역할이다.

생명의 형상

스턴은 어떤 의미의 자기가 있기에 앞서 비의식적 수준에서 무형적 경험의 개체발생적 역할을 논한다. "예컨대 유아를 어르기 위해 부모가 '옳지, 옳지……'라고 말할 때 앞부분을 보다 강조하고 뒷부분은 차츰 잦아들게 할 수 있을 것이다. 그렇지 않으면 부모는 아기의 등이나 머리를 가만히 쓰다듬되 '옳지, 옳지'하고 말할 때의 순차와 동일한 활성화 윤곽에 따라 처음에는 조금 강하게 쓰다듬고 나중에는 부드럽게 잦아드는 느낌으로 쓰다듬을 수도 있을 것이다. 윤곽 지어진 쓰다듬기와 쓰다듬기 사이의 휴지가 말과-휴지의 패턴과 절대적이고 상관적인 지속을 가진다면 유아는 어떤 방법으로 어르든 유사한 활성화 윤곽을 경험하게 될 것이다. 두 가지 어르기는 (그것들의 감각적 구체성을 넘어) 동일한 것으로 느껴질 것이다."[20] 이것은 **경험의** 자발적인 **자기조직**self-organizing의 시작이다. 발화된-말 부모, 그리고 별개의 쓰다듬는-촉각 부모를 경험하는 대신에 두 가지 육아 사건들은, 그들의 활성화 윤곽의 비감각적 유사성에 의해 그들의 감각적, 공간적, 시간적 불균등성을 가로질러 함께 굴레 씌운다. 하나의 이음새 없는 어르는-부모가 있다. 새로운 존재, 무형적 부모-형상이 무형적 활성화 윤곽의 기능으로서 출현한다. 그것의 체험된 성질은 **정동적** (어르기)이다.

출현하는 생명의 새로운 형태의 정동적 본성은 스턴으로 하여금 활성화 윤곽들을 **활력 정동들**로 재명명하게 한다. 세계는 상이한 위치들에서의 계열적 나타남들 각각에서 그 감각적 동일성을 보존하기 위한 객관적 형상의 인식된 능력으로 환원 가능하지 않다. 반대로 그 능력은 다른 힘의 산물이다. 즉 "극도로 다양한" 비국소적 차이들을 질적으로 합치는 "인식되지 않은", 비감각적, 정동적 연계들의 힘인 것이다. 정동은 형상을 질적으로 생명에 가져간다.

활력 정동들은 **생명의 형상들**을 발생시키며, 그것은 기본적으로 **공유된다**.[21] 어르기는 출발과 마찬가지로 통일된 가로질러-연속됨이다. 요컨대 목소리에서 귀로, 손에서 등으로, 듣기에서 만지기로. 그것은 모두 오직 연계되어 있으며, 이는 유아의 분리된 본령도, 부모의 분리된 본령도 아니다. 출현하는 부모-형상은 사실 부모와 아이의 관계가, 차이를-굴레 씌우는 반복을 통해서 무형적으로 생명으로 도래하는 것이다.

차이생성적 동조

스턴의 사례의 단순성은 관계적 분배의 크기를 감춘다. 유아는 부모의 어르기의 수동적 수용자가 아니다. 어린아이에게 모든 경험은 전全-신체 경험이다. 아이의 존재가 부모의 운동과 더불어 진동한다. 어르기의 리듬 속에서 입은 까르륵거리는 소리를 내고, 발가락은 구부러지고, 눈은 깜빡이며, 팔은 휘두르다 멈춰진다. 아이의 운동은 미각, 시각, 촉각, 고유수용성 감각 등의 감각 양상들을 가로질러 그 나름의 활성화 윤곽을 가진다.

아이의 활성화 윤곽은 부모의 그것과 대위법적으로 병행한다. 아이는 부모를 모방하지 않는다. 아이가 하는 것은 부모가 하는 것과 전혀 닮지 않았다. 아이는 자신과 부모의 신체 사이의 운동들의 편성 속에서 부모를 동반한다. 부모의 운동들은 어떤 활성화 윤곽을 가진다. 아이의 운동들은 다른 활성화 윤곽을 가진다. 그리고 공유된 경험은 그들 사이로 지나가는 점-대점point-counterpoint의 패턴 속에 포괄적인 활성화 윤곽을 가진다. 전면적인 활성화 윤곽은 부모의 운동과 아이의 운동 사이의 차이를 그 고유한 편성의 복합적 통일성이 되게 한다. 이것이 사건에서 두 참가자가 분배하는 것, 즉 동일한 사건에 대한 차이생성적 관여다. 다양한 각도에서 단일한 펼쳐짐으로의 삽입 사이에 도래하는 것의 관계적 분배. 해체 불가능한 중-간in-between을 편성하는 직접 연계된 활성화들의 교차-구현

된 동조.[22]

교차-구현된 동조는 정동적 동조이다. 그것들은 스턴이 활력 정동을 활성화 윤곽으로 정의한 것보다 더 넓은 의미에서 정동적이다. 활성화 윤곽이 지닌 질적 풍미는 운동-성질 자체 이상이다. 어르기는 운동들과 더불어 오는 생명-경험의 한 성질이지만 그것들의 활력 정동인 역동적 형상으로 환원할 수 없다. 전면적인 활성화 윤곽과 함께 오는 어르기의 관계적 성질은 관여된 활력 정동들을 채우고 둘러싸는 정동적 분위기와 같다. 그것은 **정동적 색조**이다. 활력 정동은 이 사건에 살아 있음liveness이라는 **특이**한 성질을 부여한다. 정동적 색조는 이 사건과 같은 **종류**의 살아 있음을, 그 **유적** 성질을 표현한다. 그것은 그 종을 표시한다. 활력 정동은 존재와 생성 영역의 지각적 느낌이다. 진행 중인 분배는 그것을 예시한다 — 어르기 대 놀람 또는 불만. 활력 정동 더하기 정동적 색조는 생명의 모든 형태를 특이하고-유적인 것으로 만든다. 특이성은 이 사건의 "바로 그러함"just so을 나타낸다. 속성은 어떤 현실적 세계-선을 따라 차이에 주어진 객관적 동일성과 혼동되어서는 안 된다. 차라리 그것은 사건들의 다양성을 나타내는데, 이 사건들의 특이한 바로-그러함은 그것들이 발생할 수 있는 어떠한 거리라도 가로질러 연대되는 것이 직접, 지각적으로-느껴진다. 그것은 비감각적 경험의 우주라고 하는 동일한 영역에 속하는 것으로 느껴지는 사건들의 질적 자기그룹화를 나타낸다. 한 사건의 속성은 그 첫 번째 발생부터 그것과 함께한다. 그것은 "바로 그러함"의 "이와 같음"like this, 즉 회귀의 사전반향fore-echo이다. 한 번 어르기가 있었다면 더

많이 도래할 수 있다. 그리고 그 "그-이상"은 벌어진 것에 대한 느낌에 통합된다.[23]

정동적 색조는 사건이 현재 하는 것을 하게 하고 그것을 과거의 존재로 있게 하는 핵심적인 요인이다.[24] 왜냐하면, 이 경우 결국 어르기가 된 동일한 활성화 윤곽들이 다른 정황 속에서는 생명의 다른 형상으로 참여하여 다툼 같은 것으로 도래할 수 있다는 점을 생각할 수 없는 것이 아니기 때문이다. 주어진 어떤 경우에도 문제가 되는 관계적인 "생명의 형상"은 활력 정동 더하기 정동적 색조이다. 즉 분리 불가능하게 둘 모두에 해당하는 것이다. 체험되는 생명의 형상은 그것들의 사건 속에서의 직접적인 상호 포함이다. 그러므로 정동적 동조는, 단순히 공유된 역동적 패턴으로 점-대점으로 자리매김하는 구성 요소로서의 활성화 윤곽들이기만 한 것이 아니다. 그것은 또한 활력 정동과 정동적 색조의 두 정동적 차원이 이 사건을 위해 서로 조율하는 것이다.

정동적 동조는 **개체초월적**transindividual이다.[25] 이 수준에는 아직 두 자아 사이의 상호작용은 없다. 그것은 모두, 사이에서 발생하는 것 안에 있다. "형상"이라는 말은 — 생명의-형상이라는 공간적 의미에서든 객관적 형상이라는 더욱 통상적인 의미에서든 — 아직 저마다 자기 편에서 고려된 가리킴pointing에도 대비시킴counterpointing에도 적용되지 않는다. 부모 관계로의 상이한 각도의 삽입이 서로 분기하게 되고 양자에 의해 나름의 형태를 가진 분리된 삶들에 속하는 것으로 체험되게 되는 것은 훨씬 뒤의 일이다. 생명의 질적 자기조직의 자발적 제한은 그것이 입각한 운동의 자발성이 그로부터 기원한 형상들의 독립성을 거꾸로 보여 주는 것이다. 학습된 것은 형상들의 분리이다 — 그것들의 역동적 관계들이 아니다.

아이는 결국 자신이 현실적으로 듣는 것, 만지는 것, 보는 것을 신체들의 관계적 중-간에서 무형적으로 자신이 지각적으로 느끼는 것과 분리하는 법을 배우게 될 것이다. 양쪽에서의 구강적, 촉각적, 시각적 (물론 고유수용적) 감각-인풋은 연계의 두 대립적 장소locus 들을 산출하면서 함께 묶일 것이다. 부모와 아이 어느 한쪽의 활성화 윤곽은 그들의 필연적 함께-도래함에서 분리될 것이다. 그것들은 상이한 생명-경로들을 따라 분기하기 시작할 것이다. 각각의 세계-선을 따라 다시 나타나는 것은 상이한 시간과 장소에서, 대상들의 다양한 조합을 수반하여 인식될 것이다. 인식된 재등장은 그것들의 다양성을 가로질러 두 개의 동일성들로 굳어질 것이다. 객관적 조직화가 도래하고, 그와 더불어 유아의, 다른 것에 대하여 분리되고 국소적으로 자기이동하는 대상으로서, 즉 구체화한 자기로서의 고유한 독립에 대한 감각이 도래한다. 아이는 자신의 생명의-형상으로 분리되고, 그 생명은 자신에게조차 다른 여러 가지 중 하나의 대상-형상으로 나타나면서 가까스로 객관적 무게를 지닌다. 비국소적 연계 속에서 공유된 변별화의 자발적 억제는 서서히 극복된다. 세계에 대한 이 객관적 조직화가 강해질수록 그것을 가능하게 만든 교차-구현된 활력 정동은 흔적의 상태로 더욱 깊이 물러날 것이다. 그것의 조작은, 생명-경로들에 사는 객관적 형상들의 세계와 더불어, 그 뒤에서, 그것을 가로질러, 그리고 그것을 통하여 인식되지 않은 채 계속될 것이다.

개체초월적인 정동적 동조들은, 모든 나이에 형성되는 새로운 동조와 도중에 조우할 때마다 계속해서 공명할 것이다. 그것들이 더불어 도래하게 되는 비감각적 지각들은 모든 사회적 배움과 모든 앎을 수반할 것이다. 그러나 그것들은 대부분 비의식적으로 남을 것이다.[26]

재연

성인은 아이와 그리 다르지 않다. 거울 신경이 발견되기 백 년도 더 전에 제임스는 운동에 대한 모든 지각이 직접 지각된 "현실적 [신체] 운동을 어느 정도 일깨운다"는 것을 관찰했다.[27] 제임스는 계속해서 이렇게 쓰고 있다. "모든 가능한 느낌은 운동을 산출하고, 그 운동은 전체 유기체[전신]의 운동이자 그 부분들 각각의 운동이다."[28] "어디에서든 일어난 과정은 모든 곳에 울려 퍼진다."[29] 화이트헤드는 유사하게 즉각적이고 모든 것을-흡수하는 "재연"再演, reenaction을 모든 계기의 첫 단계로 위치시킨다.[30] 우리가 사고라 부르는 것에서 운동의 행동화는 억제되며, 베르그손이 "시발적 행동"nascent action 혹은 "잠재적 운동"으로 부른 것을 초래한다. 시발적 행동은 사유이고, 사유는 잠재적 운동이다.[31] 점, 잠재적 대위. 유아와 성인의 차이는 성인이 그 시발적 행동들을 행동화하는 것을 삼갈 수 있다는 점이다. 성인의 성취는 어르기에 대하여 잠재적으로 까르륵대는 것이다.

수동적 주체가 한 장면을 관찰한다는 함축된 전제가 있는 듯했던, 앞서 사용한 대상 지각의 사례들에 이를 적용한다면, "구경꾼"

이 당구공이나 차들만큼이나 직접 관여되어 있었음이 이제는 분명하다. 구경꾼은 그의 시발적 행동의 수준에서 그 충돌에 마찬가지로 흡수되어 있다. 그는 즉각적인 재연 속에서 정동적 동조에 고정되어 있다. 행동은 사건의 절반에 불과하다. 즉 행동-재연, 리듬-반향, 점이라는 잠재적 대위가 이루어진다. 따라서 부모-자녀 관계에 대해 지금 이야기한 모든 것은, 우리가 일반적으로 조합에 들어간 구성된 대상들로 생각하는 것에 수반되는 변화에 대한 직접적 지각에 적용될 수 있다. 벌어지고 있는 것은 질적 관계 속에서 일차적 함께-도래함의 새로운 발생이고, 그것은 개체발생적으로 말해서 자신들의 개별적인 세계-선들을 따르는 자기동일성들의 어떤 분리에도 앞선다. 지각의 모든 사건에는 동일한 발생의 역동적 통일성에의 차이생성적 공통-관여가 있다. 차이생성은 역할들 사이에, 혹은 사건에의 직접적 관여 방식들(능동적, 재연적, 그리고 리듬의, 반향의) 사이에 있다. 모든 운동에는 어떤 활성화 윤곽, 활동의 리듬, 즉 활력 정동이 있다. 정동적 색조는 이 점에서 재연과 함께 도래한다. 그것은 행동과 재연 사이, 리듬과 반향 사이에서 일어나며, 동일한 사건에서 그들의 상호 포함을 표현한다. 정동적 색조 — 당구공을 포켓에 떨어뜨리는 흥분, 차량 충돌의 공포, 제스처의 달램 — 는 각각의 사건의 활성화 윤곽들이며, 또한 구성 요소이다. 그것은 그들의 행위-재연의 순간적 사이로 가득한 채 도래한다.

세계의 객관적 질서야말로 그것이 출현하게 해 준, 다차원화된 경험의 정동적/질적-관계적 질서로부터 최초로 자신을 "분리시키는" 것이다. 질적-관계적 질서의 분리는 상호적이다. 이것은 객관적으로 세계에 함께-거주하는 분리 가능한 형상들이 그 자체로 흔적들임을 의미한다. 대상들은, 그들을 발생시킨 직접 동조되고, 정동적으로 굴절된 직접적 지각으로부터 그들 자신을 분리한 흔적들이다. 대상들은 그들이 새로운 조합들로 들어가고 그 조합들이 변화할 때까지 비지각적으로 그 질적-관계적 질서에 계속해서 속하고, 그것에 기여한다. 각각의 새로운 사건은 세계의 객관적 배열을 한 걸음 앞서가는 경우에조차 그 세계의 질적 질서를 되짚어간다. 우리가 어떤 사건을 경험할 때마다, 우리는 비의식적으로 우리 자신의, 그리고 세계의 출현으로 되돌아가고 있다. 우리는 재-세계-화 속에 있다. 우리는 재조율하고 재개별화하고 있다. 생명 형상의 개체발생은 계속된다. 새로운 동조들이 시공간의 거리를 가로질러 굴레를 씌울 수 있는 사건들의 다양성에 더해진다. 우리가 동시적으로 어떤 세계-선을 따라 나아갈 때, 각각의 사건에서 우리는 질적 질서라는 그 우주의 팽창을 영구적으로 느끼고 있다. 조우할 수 있는 각각의 신체 또는 대상은 세계-선으로 내려가는 잠세적 다음 단계를 의미한다. 그 단계를 이중화할 때, 그것은 직접 느껴지는 관계들의 질적 우주의 임박한 확장을 의미한다. 그것을 통해 분리된 생명의 형상들이 발생적 정동적 동조 속에 함께 출현한다. 이런 관점에서 어떤 신체 혹은 대상은 느껴진 관계의 우주의 자기보관하기이다. 분리된 형상들은 공유된 그리고 공유 가능한 경험의 암묵적 기록물이다.

개방-권역 추상

언어는 기록물에 목소리를 부여한다. 이는 느껴진 관계들이 굴레를 씌우는 감각적 대상-형상들로부터 아무리 멀리 떨어져 있어도 그것들을 움직이고 공유할 수 있게 해 준다. 말들은 언제 어디서나 반복될 수 있으므로 본성적으로 그들의 형식적 의미에 비국소적으로 연계된다. 말들은 또한 "지엽적 관계들"과 그들의 감각-지각된 의미들이 결과적으로 "완전히 상실될" 수 있게 되는 "일련의 어원들" 속에서 다른 말들에 굴레를 씌운다. 한계에서 언어는 "중개하는 경계들을 억압할" 수 있고 **오직** 비국소적 연계들과만 작동할 수 있다.[32] 하나의 세계-선에서 다른 세계-선으로 건너뛸 수 있다는 것은 앞서도 말했다. 언어는 세계-선들을 건너뛰거나, 객관적으로 필요한 중개적 단계들을 생략하고 앞쪽의 세계-선으로 건너뛸 수 있게 해 준다. 언어는 중개자intermediaries를 생략하는 기술 자체이다. 생략된 "중개자"는 제임스가, 언어를 작동하게 하는 느껴진 추상의 정동적/질적-관계적 질서와 관련해 사용하는 개념이기도 하다.[33]

일련의 객관적 조건들로부터 비감각적 유사성의 직접 지각된 "자기이탈"self-detachment이란 **체험된 추상** 외에 무엇이겠는가? 체험된 추상은 **사유** 외에 무엇이겠는가? 중개자를 생략하는 언어는 비감각적 경험의 사고-되고-느껴진 추상을 자신의 고유한 운동으로 계속한다. 이로 인해 비감각적 지각의 자율성은 강화된다. 극단적으로 다양한 사건들 사이에서 그 자율성의 잠세적 굴레 씌우기의 범위를 헤아릴 수 없이 증대시킴으로써 말이다. "개념적 경험들을 주파하는 경로, 즉 자신의 종착점이 되는 사물에 대해 '아는' '사유들' 혹은 '관념들'을 주파하는 경로는 따라가 보면 매우 이득이 되는 경로이다. 그 경로는 상상을 초월하는 속도로 전이를 산출할 뿐 아니라, 그것이 종종 가지는 '보편적' 성격 덕분에, 그리고 거대한 체계들 안에서 서로 연합하는 그 능력 덕분에, 사물들 자체의 느린 일치를 앞지르고, 일련의 감각 가능한 지각들을 따르는 방식으로 할 수 있었던 것보다 훨씬 노동을-절약하는 방식으로 우리의 종착점을 향해 우리를 몰아간다."[34]

언어에 깃든 사유는, 생명의 형상들을 구성하는 질적-관계적 질서의 정동적 자율성을 고차원의 힘으로 올린다. 언어는 생명 활동을 가속하고 강화하기 위한, 감각적 지각의 "느린 일치들"에 대한 사유를 생략하기 위한 노동-절약 기계이다. 언어는 활동에 비감각적 수준의 자유를 부여하는 사유-기계이다. 그것은 세계-선을 재혼합하는 기계로서 우리가 그 선들을 건너뛰고 하나의 선에서 다른 선으로 뛰어넘게 해 준다. 이런 혼합 능력은 생명의 형상들의 재개별화를 위한 변수들을 확대하며, 정동적/질적-관계적 영역의 비감각적 흔적들로부터 시작해 감각-지각된 대상들 사이의 현실적 [신체] 행동의 감각적 영역으로 되돌아간다.

그러나 제임스는 이어서, 우리의 관념 중 "99%가" 현실적으로는 "지각적으로 종료되지 않는"다고 말한다. 우리의 사고가 사물들의 객관적 질서로 유효하게 재진입하여 감각적 말단에 도달하는 것은 예외적인 경우일 뿐이다. 그것은 감각적인 것을 지나 자신의 경로를 계속하고, 계속 움직이기 위해서만 말단들이 사고되게-느껴지게 한다. "계속한다는 것"은 "완결된" 감각적 의미에서 "앎의 대체물"이라고 그는 쓴다.[35] 사유는 언어가 동원할 수 있는 속도와 더불어 계속해서 생략한다. 그것은 비감각적 추상의 이동함을 계속해서 체험하고 있다.

화이트헤드는 언어의 고도로 추상적인 운동에서 비감각적 지각들이 대상들로부터 너무나 전적으로 분리되어 "감각-지각된 의미들"이 완전히 상실될 수 있음을 언급했다. 현재의 설명에서 결정적인 것은 그들의 관계에 대한 직접적 지각은 상실되지 않았다는 것이다. 운동과 변화의 관계적 성질에 대한 직접적 지각은 언어의 운동과 더불어 계속된다. 정동적 동조는 계속된다. 생명의, 관계의 성질들의 비감각적 우주는 계속해서 확장된다. 생명의 추상에 대한 체험은 계속해서 진행된다.

비감각적 지각인 사고-느낌은 언어에 깃들었을 때, 그것이 세계를 통해 자신의 경로를 따라갈 때처럼 현행의 사건 매트릭스, 즉 신체의 현실적 변위와 더불어 움직이는 데서 해방된다. 이제 사고-느낌은 객관적 제약들로부터 벗어나 말들의 흐름을 따라갈 수 있다. 무한히 빠르게 교환하는 언어들의 흐름은 모든 한계를 비국소적 연계로 옮긴다. 다시 말해 그것은 개방-권역 추상이다. 이것이 "사고"라 불리는 것이다. 우리가 멈추어서 생각할 때 이것이 우리가 하는 것, 생명을 추상적으로 계속하는 것이다. 강도적으로.

이 점을 명백히 밝히는 것이 가장 중요하다. 즉 세계는 결코 사유 속에서 사라지지 않는다. 세계의 질서도 사라지지 않는다. 언어에 깃든 것은 바로 객관적 세계의 질적-관계적 배열이다. 다시 말해 그것은 비국소적 연계들과 정동적 동조들로서, 벌어진 것에 대해 지각적으로-느껴진 역동적 형상이다. 언어는 그것들을 계속한다.

세계-선은 교환한다.

말할 것도 없이 말들 속으로 사라지는 것은 언제든 가능하다. 언어는 자신을 속이는 우리의 힘을 무한히 늘린다. 그러나 언어가 추상과 관련해 하는 것은 결코 망상으로 환원될 수 없다. 그것은 또한 진리를 가능하게 한다.

사전추적

제임스는 "진리"를 주어진 조건 속에서 현실적 운동 속에 재구성될 수 있는 방식으로 중개자들을 건너뛰는 것으로 이루어진 언어적 절차로 규정한다. 이것이 그가 "종료"termination라는 말로 뜻하는 것이다(1장에서 제임스의 말단과 잠재적인 것 개념에 대해 참조할 것). 특정한 대학 캠퍼스 건물이 직접 나타나지 않고 "감각-지각된 의미"를 결여하고 있을 때 그 건물이 어디 있는지를 참으로 말한다는 것은, 자신이나 타인이 그곳에 가서 경향성을 충족시키는 감각적 지각 속에서 그에 대한 말하기-사고를 종료시킬 수 있게 하는 것이다. 진리는 사물들을 재현하지 않는다. 그것은 사물들로부터 — 그것들 사이로 되돌아가기 위해 — 분리된다. 그것은 "보행적"이다.[36] 언어는 감각-지각으로부터의 분리로 세계 속에서 길을 잃게 되는 퍼텐셜인 것과 마찬가지로 추상적으로 시작된 운동이 종료되는 퍼텐셜이다.

제임스가 "진리의 의미"라 부르는 것 — 말들의 진정한 의미 — 은 운동을 비감각적으로 시작하고, 기대를 충족시키는 어떤 감각-지각 속에 그것을 종료하는 실용적 퍼텐셜이다. 이 장의 첫 부분에 인용된 벤야민의 글에서, 의미되는 것은 감각 가능한 것이라는 말을 통해 그가 염두에 두었던 것은 이러한 이야기가 되겠다. 문맥에서 떼어 놓고 보면 벤야민의 진술은 언어의 조작을 본질적으로 말과 사물 사이의 일대일 상응으로 요약하는 환원적 언어관을 지지하는 것으로 여겨질 수 있다. 상응이 99% 조화롭지 못한 채로 남겨진다는 제임스의 관찰은 언어와 그것의 의미 검증 사이에 추정되는 대칭을 심각하게 왜곡한 채로 끝나며, 참조적 기능에서 언어와 사유의 어떤 모호한 정박도 뒤죽박죽으로 만든다. 언어와 감각 가능한 것의 관계는 그것이 종료되는 드문 경우에조차 기본적으로 참조적인 것이 아니라 지시적이다. 그런 식으로라든지 우리가 거기에 간다든지 이것이라든지 말이다. 말들은 논리적으로 확정된 지정을 통해 이해하기보다는 능동적 경향성 속에서 ~을-가리킨다.[37]

그러나 "순수 지시"는 "불가능하다"고 화이트헤드는 말한다.[38] (기이하게도 그 또한 말단의 사례로 캠퍼스 건물을 찾는 도전을 사용한다 — 아마도 철학자가 사유에 빠져 자신을 잊는 전설적인 경향의 증거로). 순수 지시는 화이트헤드에 의하면 불가능한데, 지시적 제스처가 언제나 공유된 가정들의 마르지 않는 배경에 반하여 일어나기 때문이다. 그것이 의미하는 것이 무엇인가를 암묵적으로 끊어 내지 않고서는 경향성은 복잡화되는 세부의 덤불 속에서 길을 잃게 될 것이다. 언어와 더불어 어디론가 가기 위해서는 무엇보다 합의 하에 잠세적 중개자들을 건너뛸 필요가 있다. 화이트헤드는 순수 지시의 불가능성이란 지시가 언제나 본질적으로 사변적임을 의미한다고 본다.[39] 언어는 지정, 또는 말과 사물 사이의 어떤 형태의 일대일 상응보다는 사변과 더욱 근본적으로 상관있다. 거기에는 언제나, 언어적 제스처와 그것이 진행시키는 사고 속에 포함된 보행의 암묵적 착잡 — 넘실대는 배경을 등진 한 사건의 잠세적 펼쳐짐 — 이 있다. "그렇듯 감각-인식을 위한 궁극적 사실은 사건이다."[40] 궁극적 사실 — 진리 — 은 사건이고, 그것이 항해하는 엄청난 양의 잠세적 단계들이다.

의미-와-진리의 보행적 과정에서는 세계-선과 의미 있게 나란히 나아가는 어떠한 현실적 운동도 우선 잠재적으로, 즉 그들 말단의 선-사고하기-발화하기로 나타난다고 말함으로써 제임스는 언어의 사변적 본성을 강조한다. 언어는 세계-선들을 그들 자신에 앞서 투사한다. 그것은 **사전추적한다**foretrace. 진리를 말하기는 언어의 도움을 받아 잠재적으로 사고-되고-느껴진 사전추적들을 현실적으로 뒤따르는 행위-경로들로 번역하는 것이다. 그 행위-경로가 지각-감각에서 사변적으로 예견된 경향성으로서 종료된다면 그것은 펼쳐지는 사건이 세계를 항해하는 가운데 계승되었기 때문이다. 사건의 펼쳐짐은 발화되지 않은, 거의 사유되지 않은 전제들의 배경을 이루는 우주에 의해 언제나 도움받으면서 감각적 경험을 통해 단계적으로 나아가는 중개적 연계들의 선정향된 선별을 성취해 왔다. 각 단계에서 사건의 펼쳐짐은 사변적으로 지시적 감각-지각과 더불어 그것의 사고-보행의 복잡성을 이중화한다. 언어는 결정되지 않고 끝없는 사유 속에 우리를 감각적 세계에서 분리할 수 있는 것처럼, 실질적으로 우리를 그 감각적 세계로 되돌려 보낼 수 있다. 사실 이 두 가지 조작은 하나이다. 즉 이중 존재인 것이다. 동일한 사변적-실용적 동전의 양면이다.

진리를 예고되게 만들기

보행에-어려움을-겪는 교수는 사유와 언어의 정처 없음에 빠져 우리가 모두 때로 그러하듯 길을 잃을 수 있고 실제로 그렇게 된다. 언어의 프래그머티즘적-진리 퍼텐셜은 때로 잠재적 경로들의 배경이 되는 무리와 비지시적으로 앞으로 나오는 말단들로 넘쳐난다. 사건이 동전의 사변적 측면에 너무 무겁게 떨어질 때 우리는 특수한 ~로의-경향성을 통해, 선별적으로 지시적 감각-지각에 대한 단계적 동조 속에서 그 감각 가능한 말단을 따라갈 능력을 상실하게 된다. 우리는 너무-개방된-권역의 사전추적 속에서 길을 잃는다. 우리―우리의 사건들의 전개―는 사변 속에 흡수된다. 선별적으로 정향된, 잠재적 사전추적에서 감각 가능하게 이정표가-제시된 보행으로의 미끄러지듯 넘어감은 유예 중이다. ~로의-경향성은 감각적으로 종료되지 않는다. 그것은 보행하기보다는 느긋하게 거닌다. 이것은 상상, 즉 유예된 보행이다. 상상 속에서 우리는 시발적 행위들의 우주 속에 흡수된다. 그곳에는 시발적 행위들의 말단으로의-경향성을 띤 펼쳐짐이 머무른다. 우리는 세계의 이중 배열의 비감각적 측면을 자유롭게 항해하고 있다.

이러한, 비감각적 측면을 느긋하게 돌아다니는 항해는 망상으로 끝날 수 있다. 이것은 전개되는 사건이 보행의 유예라는 것, 그리고 감각적 종료에 대한 섣부른 결론들이 그것들의 지시적 충족을 위한 단계적 조건들이 부재한 가운데 이끌려 나왔다는 것을 망각할 때 일어난다. 비감각적 측면을 자유롭게 느긋이 거니는 것이 망상적인 것은 아니다. 망상적인 것은, 순수 지시는 불가능하다는 점을 잊고서 느긋이 거니는 것으로 효과적인 보행을 충분히 대체할 수 있다고 여기는 일이다. 망상은 상상력이나 사유 자체의 무질서가 아니다. 그것은 언어의 정처 없음과 더불어 자유로운 사전추적을 위한 상상력으로서의-사유의 실증적 힘에 대한 불완전한 표현이다. 망상은 사실상 관여된 언어 요소의 무질서이다. 우리는 언어의 조작이 본질적으로 지정의 조작이 아님을, 그것이 결코 순수하게 지시적이지 않음을 잊을 때 망상적이 된다. 우리는 언어에 언제나 본질적으로 사변적 측면이 있음을 잊을 때 망상적이 된다. 우리는 세계의 이중적 존재를 잊을 때 망상적이 된다. 그것은 요컨대 모든 경험의 재료인 직접적 추상, 언제나 사건적으로, 이런저런 방식으로 우리의 운동들을 세계의 이중적 배열에 기록하거나, 말단에 그들을 서로 조율하는 중인 중개자들의 생략이다.

망상적이 된다는 것은 언어와 사유가 잠재적으로 함께 간다는 점에서 창조적임을 잊는 것이다.[41] 세계 속에서 감각적으로 종료되어야 한다는 직접적 명령에서 해방되어 있고, 말만큼이나 공공연히 자유롭게 돌아다니는 사유-운동은 상상적 용법에서 사변에 의해 시작된 것으로, 이전에 본 적도 들은 적도 없는 세계-선을 발명할 수 있게 된다. 이 발명된 세계-선들은 훗날의 어떤 모험 일부로서 감각-지각 속에서 종료되는 것으로 드러나면서 그것들이 결국 실용적으로 참임을 증명하게 될 수 있다. 그러는 동안 그것들은 그들이 말만큼이나 자유로운 사유 속에서 결합하는 시발적 행동들

처럼 잠재적인 것으로 남는다.[42]

이것은 두 번째 등급의 "진리의 의미", 즉 아직 본 적 없는 행동-경로, 들어 본 적 없는 세계-선 속에서 비감각적으로 시작된, 운동을 종료하는 방식의 실용적 퍼텐셜을 표시한다. 이것이 진리의 **구축적** 의미이다. 요컨대 사유와 언어 속에 시작된 운동의 종료로 이어지는 경로들이 생겨나야 한다. 그것은 **만들어져야** 한다. 그것의 만듦은 구축적 진리가 첫 번째의, 보행적 의미에서의 진리만큼이나 실용적임을 의미한다. 그것은 사변적으로 실용적이며, 사변적인 것을 정확하게 강조하고 있다. 요컨대 그것은 용맹하게 미래를-직면하고, 광범위하게 사전추적한다.

거짓의 힘

순수하게 상상적인(문학) 또는 순수하게 사변적인(철학) 것으로 범주화할 수 있을 방식으로 용맹하게 미래를-향하는 언어의 창조적 사유-힘을 동원하는 것은 **정치적** 행위이다. 즉 생명의 질적-관계적 우주를 확장하는 세계와 그것을 통해 잠세적으로 공통-구성하는 생명의 형상들을 위한 대안적 미래의 경로들을 구축한다. 언어는 이런 관점에서 볼 때 들뢰즈가 "거짓의 힘"이라 부르는 것을 품고 있다.[43] 그는 "거짓"을 "잘못된"erroneous에서 "아직 아닌"not yet 으로 굴절시킨다. 그것이 진리를 **산출한다**는 단순한 이유로 인해 아직 어떤 진리에도 상응하지 않는 거짓의 힘. 이 힘은 또한 현실적 느낌이 없는 사고-느낌이 사건의 가상이라는 점에서도 "거짓"이다. 앞부분에 인용한 벤야민의 구절이 나타내듯 가상은 비감각적 유사성의 다른 표현이다.

이것에 접근하는 다른 방식은, 언어의 활동을 통해 신체와 대상에 비감각적 흔적-형상으로 존재하는 경험의 직접 느껴진 성질들이, 세계의 자기조직화의 퍼텐셜을 비할 데 없이 증대시키면서 가장 용이하게 서로 교차할 수 있다고 말하는 것이다. 언어의 활동은, 비감각적인 비국소적 지각적 연계들의 능동적-되기를 수반한다. 그것들이 그 자체로 더 능동적이 될수록 그들이 그들 사이에 동원할 수 있는 직접 느껴진-접속의 수는 커진다. 이것은 그들의 총합된 관계적 퍼텐셜을 확장한다. 현실성 속에서 더 멀리 관계된 더 많은 사건이 서로의 궤도 안으로 들어온다. 그들의, 서로의 궤도 안으로 들어옴은 말로써 반복될 수 있고 언어적 치환으로 변할 수 있다. 영원히-변이하는 반복들은 추상적 사고-느낌에 대한 새로운 치환을 발명한다.

여기에는 앞서 논한 재연의 교리가 수반된다. 즉 어떤 말의 감각가능한 산출이 비감각적 동조 사건을 재연한다. 재연은 시발적 행동 안에 있다. 시발적 행동은 행동을 향한 **경향**tendency의 재연이다. 경향적 재연은 점차 잠재적인 것의 한계로 물러난다. 어떤 경향을 재연하는 어떤 경향을 재연하는 경향—한없이. 결코, 현실적으로 도달되지 않는 잠재적 한계는 언어의 사고-느낌의 느낌 측면이 경향적으로 점차 사라지는 곳이다. 감각 가능한 것의 마지막 흔적들은 순수한, 언어화되지 않은 사유를 남겨 놓은 채 조용해진다. 감각 양상의 어떤 흔적도 정화한 재연, 다시 말해 순수한 무형적 실재. 더는 감각들의 경험적 질서에 기대지 않고서, 사유는 한계에서 재연의 족쇄를 떨쳐 낸다. 그것은 직접 작동시키게enactive 된다 — 잠재적 사건들을 작동시키는 것이다. 그것은 비감각적 유사성을 산출하는 가운데 순수하게, 잠재적으로 능동적이 된다. 즉 절대 느껴지지 않지만 이미 잠재적으로 반향을 일으키고 있는 활성화 윤곽들, 미래-느낌의 추상적 역동적 형상들, 조우를 기다리는 활력 정동들이다. 언어는 직접적으로 미래를-느끼는 이런 사유의 한계에 도달할 수 없다. 그러나 상상 속에서 그것에 접근할 수는 있다. 언어가 그렇게 할 때 말들은 언어적 지평 위에 놓인 잠재적 사유-사건들과 공명한다. 언어는 무형적 발명을 선반향한다. 그것은 비감각적으로 발명적인 활동과 더불어 진동한다. 그것은 순수 사유와의 공명 속에서 능동적이-된다. 언어를 "아무것도 나타나지 않는 가상들" — 즉 순수 사유, 순수한 무형적 실재 — 의 "가장 완전한 기록물"로 만드는 것은 순수 사유와의 이런 동반자 관계이다.

언어의 창조적 힘은 언어 자체의 조작에서 그 지평 위에 무형적으로 놓여 있는 잠재적 사건들에 반향하는 언어의 능력에 있다. 언어의 조작에 내장된 치환 능력은 비국소적 연계에 대한 세계의 레퍼토리를 확장하며, 이는 감각적 형상들이 그들의 현실적 조우들의 세계-선을 따라 결코 선형적으로 획득할 수 없는 정도의 확장이다. 언어가 세계-선들을 사전추적하기도 해야 한다는 보행적 퍼텐셜은, 순수 사유에 그 고유의 것이 아닌 현실적 세계 속에서의 실용적인 논점을 부여한다. 한없이 열성劣性인 채 제멋대로 하도록 방치된 순수 사유는 다른 방향으로 점점 더 멀리, 무형적 실재의 가장 먼 지평을 향해 움직인다. 언어 — 혹은 잠재적 사건들(앞으로 살펴보겠지만, 많은)을 위한 비언어적 공명 — 가 없다면 경험의 기록물은 절대적 한계까지 가상은 물론 아무것도 나타나지 않음으로 채워질 것이다. 사유의 공동空洞.

언어의 발명적 힘은 존재의 기술, 다시 말해 순수 사유의 활동을, 세계가 그것을 통해 생성되는 감각적 세계 안의 어떤 논점으로 보내는 기술에 달려 있다. 담화는 그런 기술의 하나이다. 글쓰기는 또 다른 기술이다. 존재의 기술로서 이들 사이의 차이들을 고려하는 것은 중요하지만, 이 시론에서 다룰 수 있는 범위를 넘어선다.

산출된 닮음

비감각적 유사성은 닮음에 근거한 유비analogy와는 아무런 상관이 없다. 발명된 잠재적 사건은 그 자체가 따라야 할 본보기를 갖지 않는다. 그것은 비록 어떤 일대일 상응에도 있지 않지만 특정한 보행적 조건으로 현실적 사건들을 그 자체에 맞출 수 있다. 닮음이 있다면 그것은 진리와 마찬가지로 실용적으로 산출된다.[44]

닮음이 산출된 원리는 두 감각적 사건들 사이의 연계에도 적용된다. "폭풍"이라는 말의 감각적 경험은 하늘에서 일어나는 것을 닮지 않았다. 춤추는 신체의 광경이 폭우를 닮지 않은 것이나, 양손의 물결침이 구름이 피어오르는 것과 닮지 않은 것과 마찬가지다. 춤과 폭풍은 비감각적으로 유사하므로, 그들은 그들 사이에서 동일한 사건에 대한 차이생성적 동조의 합동 활성화 윤곽을 공통-구성한다. 우리가 이미 살펴보았듯, 정동적 동조는 무형적이다. 그것은 그들의 비감각적 유사성이다. 그것은 그들의 유비이다. 비감각적 유사성은 두 개의 구성 요소 사건들의 추상적으로 함께 도래함이라는 중-간 사건 속에서 발생하는 유비로서의 존재이다. 그것은 함께-도래함을 결과로서 가져오는 존재의 기술에 의해 발명된다. 즉 벤야민이 언급한 사건들 속에서 그 존재의 기술은 제의ritual이다.

두 가지 구성 요소·감각 사건들의 추상적으로-합쳐짐에 의해 산출된 비감각적 유사성은 사건들이 감각 양상들 내에서 혹은 그것들을 가로질러 서로 공명하는 데서 기인한다. 이것이 가능한 것은 각 구성 요소 사건의 운동-성질들이 이미 비국소적 연계에 있기 때문이다. 당구공이나 차량 충돌의 밀어내는 성질들이 그랬던 것과 마찬가지로 말이다. 춤추는 신체와 폭풍은 미쇼트가 기술하는 방식으로 자기추상을 하고 있다. 즉 그들의 운동-성질은 수반된 대상들의 감각적으로 등록 가능한 조합으로부터 이탈한다. 그러므로 필요한 것은 비국소적 연계들 사이의 비국소적 연계, 즉 합동 사건 속에서 그들의 상호 포함뿐이다. 앞서 살펴본 것처럼 이런 종류의 상호 포함을 구성하는 것은 불균등한 운동-성질들, 또는 활력 정동들을 포섭하는 정동적 색조이다. 사건들을 자기 안에서 합침으로써 그것들 사이의 닮음을 산출하는 것은 정동적 색조이다. 그것은 두 개의 멀리 떨어진 사건들의 활성화 윤곽들의 특이성이 어떤 제의적 사건 속에서 유적으로 함께 도래하게 한다. 제의적 존재의 기술의 역할은, 정동적 색조가 산출되도록, 그리고 나타나는 가운데 비감각적 유사성 속에 제의로 함께-도래하는 춤과 폭풍의 특이한-유적인 사건을 산출하도록 조건을 마련하는 것이다.

이런 조작의 심장부에 있는 비국소적 연계들 사이의 비국소적 연계는 사유와 언어의 관점에서 막 분석한 바와 같다. 제의는 사유를 수행하는 한 방식이다. 그것은 잠재적 사건들을, 신체적 수행을 수반하는 기술들을 통해 다른 종류의 사건들과 상호 포함하면서 가져오기 위한 존재의 기술이다. 여기서 다른 종류의 사건들로 예컨대 천체의 사건들, 우주론적 종류의 사건들을 말할 수 있다. 제의는 언어의 조작이 그렇듯 잠재적 사건들과 공명한다. 제의는 사유의 지평으로부터 잠재적 사건들을 앞쪽으로 불러낸다. 언어는 그것들을 말하거나 쓴다. 제의가 잠재적 사건이 나타나기 위한 조건을 마련하기 위해 도입하는 기술은 여러 가지 용법의 언어를 수반한다. 그러나 비감각적 연계들을 서로에게 비감각적으로 연결하기 위해 정동적 색조를 동원하는 제의의 능력은 특히 언어의 수행적 용도 — 제스처로서의 언어에 특수하게 달려 있다. 하지만 비언어적 제스처도 그를 위한 조건들이 마련되어 있다면 마찬가지로 효과가 있을 수 있다.[45]

시각적 가상

기본적으로 제스처인 제의의 본성은 사건의 정동적 색조가 고유수용적 경험(감각적 경험의 외수용성exteroception이 원칙적으로 대상에 대해 외부적으로 참조 가능한 외부로부터의 자극을 등록하는 반면 자기참조적인, 자신의 고유한 펼쳐짐을 그 유일한 내용으로서 등록하는 경험)에 가장 직접 연관되어 있음을 의미한다. 활성화 윤곽의 중-간은 직접적으로 운동감각적이다. 그것은 재연에서의 행위의 직접적 반향에, 운동들의 중-간에 있다. 행위-재연은 운동감각적이고, 운동감각은 고유수용적이다. 그것은 펼쳐지는 운동의 단계들—그 가속과 감속, 강조의 증감, 시작과 멈춤—의 서로에 대한 관계를 동일한 사건에 속하는 것으로서 참조한다. 그것은 이를테면 무형적인 것의 경험의 양태이다. 활성화 윤곽의 전체 개념은 "동일한" 윤곽이 봄, 혹은 만짐이나 들음의 리듬 속에서 양태들을 가로질러 발견된다는 것이다. 리듬은 무형적이다. 그것은 사건이 그것이 우연히 더불어 벌어지게 되는 여하한 양태들을 가로질러 벌어진다는 점에서 사건의 추상적 형상이다. 그것은 비국소적 연계의 직접적 사고-느낌이다. 리듬은 실제로 무형적인 것이다.

운동-성질들의 "동일함"이 창조적 산출인 범위를 살펴보았으므로, 이제 우리는 고유수용성 감각이 태생적으로 창의적이라고 평가할 수 있다. 그것은 비감각적 유사성의 산출을 위한 신체의 타고난 기술이다. 신체의 자율적 추상 도구. 그것은 실험실에서뿐 아니라 모든 "자연적" 조건들 아래서 "자발적으로" 작동한다. 그렇지 않았다면 사건의 경험은 없었을 것이라는 점은 반복해서 말할 가치가 있다. 거기에 변화나 관계의 경험은 없었을 것이다. 고유수용성 감각은 추상하기인 것만이 아니다. 그것은 자기추상하기이다. 즉 그것은 본성적으로 열성이며, 언제나 이미 다른 감각 양태들 뒤편으로 미끄러져 경험의 비의식적 한계로 간다. 거기서 감각적 경험은 사유의 순수 활동과 다시 합류한다.[46] 잠재적 사건들을 낳는 모든 존재의 기술은 고유수용성, 그리고 그것의 특권화된, 사유와의 접속과 더불어 작업한다.

수전 랭거에 의하면 제의는 잠재적 사건들을 낳는 기술로서, 신체와 천체의 다양한 사건들을 비감각적으로 굴레 씌운다. 제의는 아무것도 고유수용적으로 나타나지 않는—그러나 그런데도 보이는 어떤 사건의 가상을 산출한다. 제의 무용가는 "그의 신체가 그 안에서 춤추는 세계를 본다."[47] 제의의 기술은 잠재적 사건들을 시각 너머로 더 멀리 수행한다. 거기서 시각은 현실적으로 멈추며 그 뒤편으로 다른, 우주론적 세계들로 연속된다. 그 세계들은 실재적이고 잠재적이며 비지각적으로 느껴지고 감각적 세계를 이중화하게 된다. 제의는 보이는 우주론적 공간들에 대한 지각적 느낌을 산출한다. 그 제스처성은 시각적이다. 그것은 우주론적으로 공간화하는 종류의, 시각의 잠재적 사건의 발명에서 고유수용성을 수반한다. 제의의 기술은 우주론적 사고와 식별 불가능한 지점에서 지각적으로 느껴진, 시각의 공간화하는 사건에 대한 우주론적 가상을 산출한다.

(이중화된) 진리의 가상

시야의 감각적 범위 너머로 사고-되는-보이는 공간에 대한 시각에서 이 지각적 느낌은 단순한 환각으로 묵살될 수 있다—수년간의 힘든 훈련, 숙련된 기술, 그것의 수행이라는 사건을 위해 필수적인, 꼼꼼하게 준비된 집합적 맥락이 없다면 말이다. 이것이 환각이라면 그것은 "단지" 환각인 것이 아니다. 그것은 모든 경험에 자리 잡은 거짓의 창조적 힘을 집합적으로 원용하는 것이다. 그것은 경멸적인 의미에서의 환각이라기보다는 **호출된 관계적 실재**이다. 제의는 그것을 한다. 그것은 우주론적 종류의, 집단으로 공유된 비감각적 경험을 호출하여 발생시킨다. 이것은 상상력의 사변적 춤이다. 즉 무형적 강도와 더불어 추상적으로 체험된 진리의 우주론적 가상이다.

이런 종류의 추상적으로 체험된 진리는 사실, 현실적인 세계-선들을 따라 보행하고, 다른 어떤 노선에 의해서도 불가능했을 감각적 경험으로 종료될 방법들을 발견할 수 있다. 요컨대 회복 또는 치유, 전쟁을-피하기 또는 평화를-지키기, 호혜와 권력관계들의 재교섭. 제의의 잠재적 사건들은 그들의 실용적 진리의 퍼텐셜을 가지고 있다. 그들은 공유될 뿐 아니라 나름의 유효성을 가진다. 그것들이 활력 정동들을 포섭하는 정동적 색조의 강도는 진리를-산출하는 힘들을 효과로서 실어 나를 수 있다. 호출된 관계적 실재는, 종료가 실증적으로 발생하는 세계-선을 사전추적할 수 있다. 즉 서로에게 조율된 신체들, 그리고 제의를 통해 공통-내포된 우주론적 영역에 조율된 신체들이 비감각적으로 그렇게 움직여진다면 말이다. 제의적 진리의 이러한 산출은 암시, 즉 공유된 비감각적 경험의 암시적 힘을 통해 마법처럼 성취된다. 우주론적 진리의 가상은 신체들을 객관적으로 건드리지 않으면서 그것들을 이동시키고, 따라야 할 단계들을 명시적으로 명령하지 않고서도 어떤 일이 일어나게 할 수 있는 "마법적" 힘을 지닌다. 정동적 색조의 적절한 강도, 그리고 필요한 기술적 정밀성을 가지고 조건들이 제대로 마련되는 한은 말이다. 이 과정이 암시적이라는 것은 그 진리-산출을 역시 실재적이고, 역시 효과적이며, 역시 기술적이고, 역시 실용적이고, 역시 종단에 참된 것으로 만든다.

제2악장 : 무한의 생명

(깊이에 대한) 진리의 가상

언어는 아마도 비감각적 유사성의 가장 완전한 기록물이겠지만 제의의 기술은 대부분 비언어적인 수단에 의해 관계를 활성화하고 확산시키는 것이 충분히 가능함을 보여 준다. 객관적 형상이 본질적으로 비감각적인 질적-관계적 경험의 감각적 흔적이라는 것을 앞서 이야기했다. 그렇다면 감각적 형상들 사이에서 일어나는 어떤 차이생성적 동조도 잠재적 사건들을 수행하는, 비감각적 유사성을 치환 또는 발명하는, 그리고 그것들을 사전추적하는 실용적 진리나 가상을 사변적으로 산출하는 한 방식이다. 감각적 형상은 또한 관계적 경험의 "기록물"을 구성할 수 있다.

수잔 랭거는 바로 이런 식으로 형상들을 원근법적 회화와 마찬가지로 평범한 것으로 취급한다. 회화에서 "주어진 모든 것은 시각에 주어진 것이다."[48] 그러나 우리는 우리가 보는 것 이상을 지각한다. 우리는 표면을 보지만 지각적으로 깊이를 느낀다. 따라서 회화에는 "공간 경험에서 비가시적 재료들의 가시적 대체물들"이 있음이 분명하다. 그것은 "보통 촉감 혹은 〔고유수용적 의미의〕 운동으로 알려진 것들"이다.[49] 이렇게 비가시적 흔적 경험들이 가시적 형상 안에 자리 잡는 것은 오직 예술가가 "직접 모방"을 벗어날 때만 성취될 수 있다.[50] 예술가는 가시적인 것 안에 보이지 않는 것을 효과적으로 포함하는 올바른 방법으로 시각을 위조해야 한다. 바꿔 말해서, 그는 자기 눈이 감각적 형상에서 보는 가시적 닮음이 아니라,

공간을 통한 운동들에서 무형적으로 함께 굴레 씌우는 시각과 다른 감각 사건들 사이의 비감각적 유사성을 그려야 한다. 충분히 기교적으로 그려졌다면 그것들의 연계는 그것들이 속하는 운동들과 공간들의 현실적 부재 속에서조차 작동될 것이다. 그 회화는 시각을 통하여 작동하지만, 거기에 담겨 있지는 않은 무형적, 비국소적 연계들을 획득한다.

필연적으로 위조가 수반되기 때문에 랭거는 공간의 가상을 "환영"이라 부른다. 그러나 그는 또한 가상을 "구축하는" 데 필요한 극도의 "기교", 기술의 숙달에 대해서도 강조한다. 한 철학자의 환영은 다른 철학자의 산출된 진리다. 어쩌면 우리는 그 차이를 반으로 나눠 이 경우 **진리-같음**truth-likeness이라 말할 수 있겠다. 예술을-구축하는 과정이, 그 고유의 모방할 수 없는 미적 방식으로 정치적이 되면서 세계 속에서 새로운 경로-만들기를 향한 경향들을 연장하거나 시작하지 않는 이상, 그것이 산출한 것은 공간과 운동에 관한 진리의 가상에 머물 것이다(2장 참조).

우리가 그림을 볼 때 느끼는 공간의 경험이 공간과 그것이 제공하는 잠세적 운동들에 대한 실재적 경험임을 랭거는 강조한다. 단지 그 공간이 잠재적일 뿐이다. 가시적 형상은 비국소적 연계들의 **국소적 기호**로 사용됐다.[51] 국소적 기호의 기능은 촉매이다. 하나의 감각적 형상은 "창조된……잠재적 형상"의 형성을 작동시켜 왔다.[52] 현실적으로 보이는 캔버스, 안료, 틀은 가상의 사건을 처리하는 국소적 기호들이다.

원근법적 회화는 제의와 같아서 공간화된 잠재적 사건의 시각 속에서 어떤 경험을 산출한다. 원근법적 회화의 잠재적 공간은 제의 공간과는 대조적으로, 근본적으로 현세적이며 경험적 질서의 기하학적 형식화를 투사한다. 풍경화를 생각해 보자. 소실점이라는 장치를 통해 깊이의 시각 속에서 지각적 느낌을 산출하는 원근법적 질서는 회화를 통해 밖으로 연속되는 것으로 상정된다. 그 회화는 그것의 프레임 너머로, 그 틀이 놓여 있는 그려지지 않은 세계의 현실적 공간 질서에 잠재적으로 재결합하는 연장적 연속체를 투사한다. 원근법적 회화는 이런 식으로 자신의 잠재적 사건-공간을 현실이나-다름없는 것으로 가정한다 — 반면 이 효과를 산출하는 데 필요한 철저한 기교를 절대 숨기지 않는다 (비록 사건의 인위성의 현저함은 정상화라는 이념적 기획을 통해서가 아니라면 습관화와 관습화 과정을 통해 나중에 완화될 수 있지만).

산출된 잠재적 사건은 자신을 현실이나-다름없는 것으로 상정하기 위해 그것이 가진 거짓의 힘을 동원한다. 그것은 "재현적"이다. 재현적 기술에 의해 산출된 진리의 가상은, 자신을 객관적 질서와 대등하게 보는 경험적인 것의 정의에 따르면 경험적으로 실재적인 것의 가상이다. 경험적으로 실재적인 것에 필적하려는 목적은 산출된 닮음의 요소를 전면으로 내세운다 — 그러면서 그것을 부인한다. 풍경을 비감각적으로 보이게 하는 붓 자국이 객관적으로 초원과 닮지 않은 것은 "폭풍"이라는 말이 객관적으로 하늘에서 벌어지는 것과 닮지 않은 것이나 춤추는 신체가 폭우와 닮지 않은 것과 마찬가지다. 그 닮음은 — 다른 모든 닮음이 그렇듯 — 본질적으로 유사하지 않은 수단에 의해 산출된다. 이것은 재현적 미술에서 시야로부터 사라진다.

존재의 재현적 기술은 그것이 창조하는 종류의 가상 속에서 특수한 효과에 대해 산출된 닮음을 강조한다. 그것이 닮음을 전면에 내세우는 방식은, 그것을 산출하고, 그것을 승인하고, 그것의 진리-같음을 보증하는 회화를 그것이 현실적으로 후원하고 있음을 암시한다. 이것은 감각들 사이의 동조, 감각적인 것과 비감각적인 것 사이, 가상의 외양이 의존하는 공간성과 운동의 퍼텐셜 사이의 동조에서 차이생성적 본성을 얼버무린다. 닮음은 감각적 형상들 사이에서 완전히 느껴진다. 잠재적으로 발생적인, 비감각적이고 질적-관계적인 질서는 그것이 없이는 산출될 수 없었을 닮음에 의해 능가된다.

비감각적인 질적-관계적 질서는 **형식적 질서**, 즉 원근법의 기하학적 질서로 대체된다. 기하학적 질서는 회화에 의해 수행되는 지각적 사건 속에 모습을 드러낸다. 그것은 또한 원근법적 회화의 구축을 위한 기술들을 공식화하는 데 사용된다. 기하학적 질서는 기술과 더불어 선보여질 뿐 아니라 기술로서 앞서 온다. 앞서서, 그리고 더불어 오는 가운데 그것은 회화의 사건을 스스로 전용한다. 기하학적 질서는 느껴진다. 그것은 체험된 추상이다. 그러나 그것은 사건으로 느껴지지 않는다. 경험은 그것을 하나의 선험a priori으로 상정한다. 다시 말해 그것은 영원히 선존재하는 추상적 프레임이고, 통합적으로 체험된 추상이라기보다는 초월적 추상transcendent abstraction이다. 기초적이라고 주장되는 것은 이런 초월적 추상이며, 그것이 기초적임을 주장하는 것은 산출된 닮음을 승인하고 보증한다. 이것은 그 닮음이 필수적일 뿐 아니라 "자연적"인 것으로 나타나게 한다. 닮음은 영원한, 필연적인, 자연적 질서를 반영하는 것이 된다. 그 질서는 회화의 추상을 자기 탓으로 돌린다. 비감각적 유사성이 가진 질적-관계적 질서의 체험된 추상, 그것의 영원히-발생적인 우연성contingency과 자발성은 반영된 번쩍임 속에 상실된다. 닮음은 이제 감각적 형상들 사이에 있는 것으로 보증된다. 자연적 형상들 사이의 닮음은 필연적인 초월적 질서의 "자연적" 반영으로 재가된다. 초월적 추상의 영원한 질서가 닮음 배후의 원리로서 상정되므로 닮음은 그것의 반영을 원칙적으로 비산출된 것으로서 대신한다. 재현적 회화에서 원근법은 자신을 감각적 대상들의 자연적 질서, 즉 감각적 형상들의 객관적 질서로 선보이는 비산출된 닮음의 가상을 산출한다.

그 회화는 그것의 프레임 안에서, 즉 그것의 감각적 내용 속에 객관적 질서의 진리를 형식적으로 "반영하고" 있다. 회화의 프레임은 그것이 담고 있는 장면이 객관적 세계 전체를 아우르도록 투명하게 활짝 열린 추상적 프레임을 반영할 때 그 감각적 장면에 가까이 다가간다. 회화의 프레임 너머에 있는 세계로의 이런 열림 — 세계를 향해 난 "창" 그리고 회화가 나타나게 하는 그것의 선험적 질서 — 은 순수하게 형식적이다.[53] 그것은 순수하게 형식주의적 의미에서 추상적이다. 형식적 추상은 반영적 폐쇄를 통해 전체 세계를 향한 열림을 산출하는 것이다.[54] 회화가 (세계의 객관적인 이미-거기에-있음이라는) 특정한 진리*the* truth의 반영이 아니라 (세계의 세계-화에 참여하는) 어떤 진리*a* truth의 가상이라고 하는 사변적-실용적 진리에는 시야를 벗어나는 창이 나 있다. 진리의 재현적 가상은 그것이 가상임을 부정하는 가상이다. 그것은 가상이 아님의 가상을 산출한다. 이것이 종종 미술에서 "사실주의"realism 55로 불리는 것이다.

비감각적으로 체험된 질서는, 이 시론에서, 질적 관계의 우주가 생성의 창의적 사건들을 통해 경험을 더 멀리 가져갈 때, 대상들의 배열을 "이중화하는" 것으로 분석되었다. 그러한 비감각적으로 체험된 질서는 실재적이지만 비재현적이고 비객관적이다. 그것은 움직이고, 발생적이며, 정동적이고, 질적이고, 관계적이고, 잠세화하고, 생성하고, 자발적이다. 그것은 객관적 질서로부터의 자기추상이며, 연속적이고, 움직이며, 강도적이고 지각적으로 느껴진, 객관적 질서의 초과 속에서 이루어진다. 그것은 객관적으로 실재적인 것 이상이다. 그것은 결코 하나의 프레임 안에 담길 수 없다. 그것은 결코 경험의 어떤 프레임화의 감각적 내용으로 환원될 수 없다. 그것은 객관적 질서를 반영하지 않는다. 그것은 그 질서로부터 이탈한다. 그것은 조우와 사건적 변형 속에 있는 객관적 질서의 자발성에 대해 직접 체험된 실재성, 즉 그것의 변화 가능성이다. 그것의 창조성. 직접적이고 지각적으로 느껴진, 승인되지 않고 보장되지 않은, 직접 체험된 추상으로서 그것의 가상. 순수하게 발생적인.

원근법적 회화가 환영적이라면 그것은 오직 이런 의미에서, 즉 그것이 산출하는 가상이 가상 아님의 가상을 산출한다는 의미에서이다.

깊이의 가상으로부터의 벗어남

원근법적이고 재현적인 내용을 얼마간 유지하면서 사실적인 미술의 가상-아님의-가상을 방해하는 회화와 소묘 작업들이 있다. 이것은 랭거가 지적한 다음과 같은 사실을 느껴지게 함으로써 성취된다. 즉 기술이 직접적 모방으로 경험되어 온 것으로부터 벗어날 때 비로소 비가시적 실재를 시각에 나타나게 만들 수 있으며, 비감각적 유사성은 감각적 형상을 통해 스스로 수행하게 만들 수 있다는 사실을 말이다. 다소 감지하기 어려운 그 벗어남은, 인공물이 가진 가상-아님의-가상에 대한 습관적, 관습적, 또는 정규화된 경험으로부터의 벗어남을 말한다. 기술을 지배하는 재현성으로부터의 벗어남은, 가상이 지각적 느낌들 속에서 거짓의 힘을 보여 주는 창에 균열을 창조한다.

초상화를 예로 들어 보자. 폴 발레리는 드가의 초상화 소묘에 관해 논하면서 "예술가의 작업 방식으로 인해…… 정확한 재현이 겪게 되는 독특한 변화가" 소묘에 자리 잡고 있는 "보기의 방식"을 바꾸는 "전위transposition의 힘"을 행사한다고 쓴다. 소묘의 보는 방식은 "자신을 크게 확장하여 예컨대 존재함, 할 수 있음, 앎, 원함의 방식을 포함하게 한다."[56] 한마디로, 그것은 자신을 어떤 생명의-형상으로 확장한다. 그 "소묘는" 가시적으로 감각적인 형상이라는 의미에서라면 "형상이 아니다."[57] 형상을 그런 의미로 볼 때 생명의-형상은 소묘를 벗어난다.

인간 형상이 출발점으로 여겨질 때 소묘는 생명의 복합적 형상의 나타남이다. 다시 말해 활력 정동들의 다양체가 소묘에서 보이는 정동적 색조 속에 포섭된 시각 사건 안에 상호 포함되며, 잠재적으로 "누군가를 재구성하는" 것으로 나타난다.[58] 재현이 정확할수록 소묘는 더욱 "가증스러워"진다.[59] 생명의-형상의 지각적 느낌이 강렬해질수록 소묘는 더욱 성공적이다. 또한, 역설적으로 지각적 느낌이 강렬해질수록 소묘는 더욱 **비인칭적**이 된다("누군가"). 그 소묘는 커다란 노력을 기울여 재현에 대한 그와 같은 집중에서 벗어났기 때문에 그 재구성은 특정한 "누군가"가 아니다. 소묘가 겪는 "독특한 변화"는 그것이 "**인칭적 오류**"를 범하게 한다.[60] 소묘는 인칭적인 것으로 알려진 예술이 그 분명한 소명에서 창조적으로 "오류를 범하"도록 만든다. 소묘는 그것에 대한 자기반영적 가상을 다시 만든다.

3장에서, 보기의 방식을 생명의-형상으로 창조적으로 확장하는 전위의 힘을 행사하는 독특한 변화의 소묘는 잠재적 상호 포함 속에 사건적으로 나타나는 존재being/할 수 있음being able/앎/원함의 복합체로 이해되었고, **디아그램**이라 칭해졌다.[61] 디아그램은 존재의 기술로 여겨진다. 반대로 모든 존재의 기술은 디아그램으로 여겨질 수 있다. 발레리는 드가의 소묘를 하나의 디아그램으로서 다룬다. 들뢰즈는 발레리의 요지를 뒷받침한다. "초감각적 디아그램은 청각-시각 기록물과 혼동되어서는 안 된다."[62] 그것은 감각적 형상들과 그들의 역사를 "힘들의 생성"(존재/할 수 있음/앎/원함)과 더불어 "이중화한다."[63] 가상과 존재의-기술로서의 디아그램은 합쳐져서 이중으로 간다.

모든 활력 정동은 관계적 생명의-형상이다. 제멋대로 내버려 둔 그것들은 부분적이다. 즉 그것들은 사건 속에 내포된 조합-속의-

대상들에서 이탈한다. 대상들의 조합은, 그 조우가 다른 조합들을 배경으로 일어나므로 객관적으로 존재하는 것의 일부일 뿐이다. 이때 다른 조합들의 역동적 형상은 비감각적 흔적에 의해 창조됨으로써 실증적으로 이중화되지 않는다. 조우의 역동적 형상은 가상 속에서, 그들 조합 가운데 두드러진다. 가상의 두드러짐의 부분성은 자기선별적이다. 다시 말해 자발적, 자율적이다.

"인칭적으로 오류를 범하는" 데 실패한 "사실적" 초상 소묘는 활력 정동들의 복합체를 전체에 대한 가상 속으로 묶는다. 그것들의 부분성과, 그들의 두드러짐의 자율적 자기선별을 무시하고서 말이다. 전체의 가상이 그로부터 분리되어 나온 감각적 형상은 비감각적 빙산의 일각이다. 인칭성의 보이지 않는 깊이는 가상의 "배후에서" 감각적으로 느껴진다. 인칭성의 이러한 암시된 깊이는 소묘에 대한 경험적 사건의 현실적 배경을 대체한다. 다시 한번, 닮음이 기초 원리로서 나타난다. 이번에 그것은 소묘에서 제시된 사람의 부분적인 모습의, 보이지 않는 전체에 대한 닮음, 즉 자기닮음이다. 활력 정동의 자율적 부분성은 암시된 전체에 종속되며, 그것의 드러난 감각적 끝부분은 전체에 딸린 부분으로서 보인다. 보이는 부분은 비감각적으로 소유된다. 그것의 선별성은 전적으로 통합된다.

이 경우 닮음의 원리 — 소유하는 전체에 대한 딸린 부분의 자기닮음 — 는 어떤 객관적 질서에 의해서도 재가되고 보증되지 않는다. 거기에는 실로 하나의 질서가 있으며 그것은 다시 초월적인 것으로 느껴진다. 그러나 이제 그것은 주관적 질서이다. 초상화는 영혼을 향한 "창"이다. 초상화의 지각적으로 느껴진 내용은 영혼의 진리가 거주하는 내적 풍경이다. 그림은 자기초월에 대한 것, 인칭적인, 혼이 담김의 진리다. 소묘는 참으로 내용에 정박함을 주장한다. 소묘의 프레임은 헤아릴 수 없는 깊이의 내적 풍경을 담는다. 그 감각적 폐쇄성은 완전히 주관적인 세계로 열린다. 소묘는 주관적으로 실재적인 것이나 마찬가지이다. 효과로서 나타나는 가상은 다시금 가상이 아닌 것으로 주장된다. 비감각적 유사성이라는 그것의 위상이 실재적 격차에 의지한다고 가정하기보다 가상은 자신을 자기동일성의 주관적 원리에 종속시킨다. 질적-관계적 질서의 비감각적 우주(그 요소들이 자율적이고 그에 대한 그들의 자발성에 기여하는)와 감각적 형상 사이의 이중 존재에의 그것의 참여를 느껴지게 하는 대신에, 가상은 자기닮음의 여유도redundancy에 만족한다. 거짓의 힘에 부응하는 대신에 그것은 "유일무이한" 진리에 만족한다.

재현을 진리에 대한 허세로부터 해방된 가상의 위상으로 완전히 되돌린다는 것은 특히, 다른 경우였다면 "사실적으로" 말해서 인칭적인 것으로 나타났을 것에 활력의 비인칭적 힘을 다시 전하는 방식으로 재현에서 벗어나는 것을 뜻한다. 발레리의 "누군가"는 들뢰즈의 "4인칭 단수"이다.[64] 어느 특정한 사람이 아니라 "직접적"in person 생명의 형상 — 객관적으로 실재적이기보다는 질적-관계적으로, 그 추상적 강도 속에서 직접 지각적으로 느껴지는. 내적 존재가 아니라 "외-존재."[65] 소묘는 감각적 형상으로부터 외-존재의 사건을 내놓았다. 이런 종류의 미술은, 그것이 벗어나는 재현적("구상적"figurative) 미술과 구별하여 "형상적"figural이라고 부르는 것이 최선이다.[66]

재현을 벗어난다는 것은 가상을 그 본연의 추상성이라는 사건, 즉 제작물의 감각적 형상 안의 균열을 통해 시각에 무형적으로 도래하는 사고-느낌의 자발적, 비인칭적 힘으로 돌려보내는 것을 뜻한다. 재현적 "정밀성"을 원하는 종류의 인간 형상 그리기에 통상적으로 수반되는 인간적 깊이의 느낌은 떨쳐진다. 자신에 대한 가상으로 돌아가는 선의 "독특한 변화"는 염치없이, 전체적으로 오로지, 기술적으로, 종이나 캔버스의 표면 위에 있다. 가상은 고유하게, 특이하게, 직접적으로 추상적 봄을 위해 이 표면에서 사변적으로-실용적으로 이탈한다. "이제 모든 것은 표면으로 돌아간다," 자기추상으로.[67] 가상은 다른 세계를 나타나게 한 체하지 않으며, 이 세계에 객관적으로 깔린, 혹은 다시금 인칭적 경험의 주관적 깊이를 반영하는 질서의 깊이에 의해 승인받거나 보증된 체하지 않는다. 표면으로 돌아갈 때 그로부터 잘 분리될수록, 형상적인 것의 사건은 그 고유한 감각적 내용에 대해 양가적이 된다. 그것은 표면에, 그것을 내용이 추상적으로 담길 잠재적 공간으로 만들 깊이의 가상을 부여하지 않으면서 표면의 "제한을 벗어난다"*de*-limit.

소묘를 가상으로 되돌리는 변화는 단순히 하나의 선이다.[68] 현실적으로 그려진 감각적 선의 고유성은 지각적으로 느껴진 추상적 선에 의해 이중화된다. 그들[현실적 선과 지각적 선]의 중-간은 가상을 구성한다. 그들 사이에서 그들은 4인칭 단수로 존재와 생성의 스타일에 손짓한다. 그것은 "직접적인" 역동적 생명의-형상, 누군가로부터 자신을 분리하여 특히 그 고유한 질적-관계적 일관성을 긍정하는 비인칭적 힘, "하나의" 생명이다.[69] 소묘가 현실적으로 누군가에 관한 것이라면, 그것이 살아 있는 모델로부터 제작되었다면, 가상이 그 현실적 사람의 참된 닮음으로서 그에게 속한다고 말하기보다는, 가상이 분리되어 나온 현실적 사람이 이 사건이 표면의 표현으로 가져간 활력의 비인칭적 힘에 속한다고 말하는 것이 더 정확할 것이다. 현실적 초상[같음]likeness은 가상의 질적-관계적 사건의, 그것의 국소적 기호의 숙주일 뿐이다. 소묘가 상응하는 어떤 사람이라도 그것을 소유하기보다는 그것에 의해 소유되어 있다. 형상적 소묘는 제스처의 의사-마법적 힘을 재현적 미술로 되돌려 놓는다. 그것은 의인화personification를, 어떤 주어진 사례 혹은 그것이 현실적으로 감각적 형상을 취하는 사례를 초과하여 그 자체로 생명의 힘으로서 느껴지게-한다. 그것은 벤야민이라면 한 사람의 "아우라"라고 불렀을 것이 나타나게 한다. 벤야민은 아우라를 "아무리 가까이 있더라도 멀리 떨어져 있는 어떤 것의 일회적 현상"이라고 정의한다. 이 시론의 어휘에서 벤야민의 "아우라"는 비국소적 연계의 특이하고 직접적인 지각적 느낌이다.[70]

이것은 묘하게도 소묘를 제의와 결연하게 한다. 존재의 기술로서 제의는 제스처의 마법적 힘들을 우주론적 표현으로 가져가기 위해 하늘에 다다른다. 존재의 디아그람적 기술로서 형상적 미술은 재현을 벗어나 제스처의 의사-마법적 힘들에 스타일적 표현을 가져다 준다. 특정한 누군가의 인간적 깊이에 대한 초월적 느낌을 사실적으로 환기하는 대신 그것은 "누군가"에 내재한 의인화의 이탈하는 표면-력의 직접 지각적으로-느껴진 과잉을 특유하게, 스타일적으로 호출한다. 제의의 경우와 마찬가지로 이런 효과의 창조는 준비된 좋은 조건으로 수행된 엄격한 기술을 요구한다. 소묘의 성공 조건은 또한 사회문화적인 것이기도 하다. 즉 초상의 암시성은, 제의의 암시인 동시에 호출된 관계적 실재이다. 그 관계적 조건은 모든 문화에서 언제나 좋은 것이 아니다. 1930년대에 전 세기의 미술에 관한 내용으로 출간된 발레리의 형상적 소묘에 대한 해석은 이미 회고적인 것이었다. 벤야민의 분석으로 유명한[71] 기술복제의 발흥, 그리고 추상 미술과 재현의 완전한 불화가 결합한 압력 아래서 그 사회문화적 조건들은 이미 하나의 문턱을 넘어서 있었다.

형상적 미술과 제의 사이에서 제스처의 친족 관계는 중지되었다. 그것은 말하자면 퍼텐셜이 되었다. 그것은 말하자면 잠세적으로 꺼내져서 강렬하게, 혁신적으로, 표면으로 다시 나왔다. 앙토냉 아르토가 1940년대 말에 종이에 그린 마법적 "주문"의 소묘는 바로 그러한 작업으로, 형상적 미술의 효과적인 네오아르카이즘을 만들었다.

이 소묘들을
　전체로서 이해하려면
　　1) 글이 쓰인 페이지가
　　실재적인 것
　　　　으로 들어가도록
　　내버려 두어야 한다
　　　　그러나
　　2) 실재적인 것은

초현실적인 것

외-현실적인 것……

으로 들어가도록

내버려 두어야 한다.

그것[초현실적인 것, 외-현실적인 것]으로

이 소묘들은

끊임없이

빠져든다

그것들[소묘들]이 여기서 오는 것을 보면,

그리고 그것들이 사실은……

효과들을

자석과 같이, 그리고

마법과 같이

발생시키고

산출한

생명이

종이 위에

형상화한 것일 뿐임을

보면,

그리고 이

소묘들이

어떤 대상의

재현

앙토냉 아르토, 〈자화상〉, 1947. 국립 현대미술관, 조르주 퐁피두 센터, 폴 테브냉 유증, 1993.

이나

형상화가,

혹은 어떤 심리학적

요소

또는 사건

에 대한 마음의

상태 또는 공포가

아님을 보면

그것들은 순수하게

그리고 단순하게

어떤 마법적

제스처가

종이

위에 복제된 것이다[72]

무한한 회귀

추상 미술은 선을 재현으로부터 가능한 한 급진적으로 해방한다. 그렇게 하면서 그것은 시각을 해방해 의인화를 앞질러 가게 하는 것은 물론, 사실주의적 내용에서 벗어나야 한다는 과업으로부터 해방한다. 그 선들(그리고 대비와 색면들)은 시각에서 지각적으로 느껴지는 운동감각과 더불어 캔버스나 종이의 감각적 표면을 이중화하지만 어떤 것 "뒤로" 혹은 그것이 가는 곳 "너머"로 계속하지는 않는다. 자신을 유발하지만, 그 자체의 발생 너머의 무엇 또는 특정한 누군가를 지목할 어떤 가능성도 피하면서 이 시각적 사건 이외의 다른 아무 데로도 절대 가지 않는 시각의 순수 활동. 그 고유한 잠재적 사건으로 이탈하는 시각. 즉 봄의 가상. 시각의 진리의 가상.

추상 미술은 시각을 그것의 고유한 자기창조적 활동으로, 운동감각적으로 회귀시킨다. 시각은 시각의 고유수용성으로, 즉 그것의 사건적으로 그 자신에게 돌아감이라는 느껴지는 활동으로 보내진다. 절대적 소실점에 있는 순수한 시각적 활동으로. 절대적 소실점에서 순수한 시각적 활동은 그것이 사유와 구분되지 않는 구역으로 들어가며, 또한 거기서 그것의 행위가 영원히 재탄생한다. 지각적으로 느껴지는 순수한 사고-봄. 시각의 사유로의 추상적 열림은 순수하게 역동적이다. 그것은 어떤 폐쇄성도 허용하지 않는다. 비공간화되고 내용을 삼가는, 담기지도 담지도 않는. "한계 없는 것이 되돌아온다"73

사유와 구분되지 않는 지점에서 자신의 지배적인 감각 양태나 기초적인 경험적 요소를 그 고유한 활동으로 되돌려 보내는 잠재적 사건 속에서 어떤 존재의 기술도 (형상적인 것이 소묘나 회화에 있어 그러하듯) "제한을-벗어나"거나, (모든 조형미술에서 추상이 그렇듯) 제한되지 않을 수 있다. 이 사건이 제한되지 않을수록 — 그 힘이 사변적일수록 — 진리의 가상으로부터 실용적 진리로의 발명된 세계-선들을 따르는 보행적 전환을 상상하는 것은 어려워진다. 그러나 잠재적 유발의 순수성으로 통약되는 강도의 거짓의 힘과 적절히 개방된-권역의 창조적 충동을 고려해 볼 때, 그 번역은 언제나 가능하다. 사건이 추상적이고 제한되지 않을수록 그것은 자신의 발생을 역동적으로 지연시킬 것이다. 능동적 중간 휴지. 휴식. 제동. 번역은 사건적 사전추적을 개시하는 첫 지연 속에서 기다린다. 시각적 사건은 이미 강렬하게 경향성을 가진다, 그러나 아직 다른 것들의 도래를 향해 확장하지 않는 자신으로의 도래를 표현한다. 인칭이나 대상, 논점 없는 순수한 강도적 표현. 오직 이 사건 속의, 그리고 오직 그것에 대한 열린 표현.[74]

생동성

모던 댄스에서 컨템포러리 댄스로의 이동에는 형상적 소묘에서 추상 미술로의 변화에 비견될 만한 점이 있다. 그 전이는 고전적으로 마사 그레이엄과 머스 커닝엄 사이의 차이에서 보게 된다. 그레이엄의 모던 댄스는 제스처를 상징적으로 사용했다. 신체의 움직임은 보편적 심금을 울리는 인칭적 느낌의 깊이를 환기하도록 배치되었다. 그는 춤이 "민족의 역사와 영혼에 초점이 맞추어진…… 인간의 내적 본성의 환기이며……춤의 실재성은 우리의 내적 삶에 대한 그것의 진리이다. 거기에 움직이고 경험을 전달하는 춤의 힘이 있다"고 썼다. 춤의 역할은 "인간"의 보편적 진리로서 해석된 춤-외적 진리를 환기하도록 전달하는 것이다. 그것의 "실재는…… 단순한, 직접적인, 객관적인 수단에 의해 조명될 수 있다—즉 인간적 가치들의 영역에 들어갈 수 있다."[75] 즉 은유적으로 작동하는 단순하고, 직접적이고, 객관적인 수단.

커닝엄은 은유를 무력화시키고 전달을 단절시킨다. 그는 춤에서 "움직임을 추동할 수 있는 모든 재현적이고 감정적인 요소들을" 벗겨 내 "순수한 운동에 초점을 맞춘다."[76] 순수한 운동에의 집중은 춤을, 시각에서 취해질 때 "운동감각적 감각"으로 통합적으로 되돌려 보낸다. 다시 말해 공간적으로, 고유수용성이 사유와 구별되지 않는 구역으로 들어가게 되는 소실점으로 되돌려 보내는 것이다. 춤은 운동신경적으로 "눈을 통해 정신에 호소한다."[77]

춤은 오직 행위들이 "부서졌을" 때 이를 할 수 있다.[78] 이는 현실적 세계-선들을 따라가는, 선이해된 의미와 더불어 인식 가능한 경로들로 그것들을 묶는 행위들 사이에 형성되는 객관적 상호연계들을 탈구시킴을 의미한다. 그것은 또한 운동에서 이 선이해pre-understanding를 구성할 수 있는 어떤 상징적 환기나 은유적 연합도 "비워 냄"을 뜻한다.[79] 커닝엄의 타협하지 않는, 춤의 탈-그레이엄화는 "행위로 직접 드러나지" 않는 어떤 의미도 배제한다.[80] 따라서 춤은 신체적 제스처의 직접적 사고-느낌으로 능동적으로 되돌아간다. 춤-외적 실재에 대한 어떤 내장된 관계로부터도 철수하여 그것은 그 고유한 사건으로 돌아간다. 그것이 가장 잘할 수 있는 것, 그리고 다른 어떤 존재의 기술보다 나은 것으로. 신체적 제스처 자체에 직접적 의미를 부여하는 것이다. 그러나 순수한 신체적 운동이 일단 "부서지고" "비워진" 후에 그것은 어떤 "의미"를 가질 수 있는가? 오직 의미의 창조적 가상—특이하게 무용수적인 종류의 사변적 의미이다.

발레리는 컨템포러리 댄스로의 커닝엄식 전이를 예견했다. "우리의 자발적 운동들 대부분은 그 끝에 외적 행위를 가진다. 즉 한 장소나 대상에 도달하는 것, 또는 어떤 지각이나 감각을 확정적 지점에서 변양시키는 것이 문제가 된다. …… 일단 그 목적에 도달하게 되면, 일단 그 일이 종료되면, 특정한 방식으로 우리의 신체와 대상의 관계 그리고 우리의 지향에 각인된 우리의 운동은 멈추게 된다. 운동의 결정에는 그것의 절멸이 담겨 있는 것이다. 운동을 종료시키는 사건의 관념이 존재하여 협력하지 않는다면 우리는 그것을 이해할 수도 실행할 수도 없다."[81] 그는 이어서 이렇게 말한다. "어떤 국소화된 대상도 그 진화를 자극하거나 결정할 수 없는, 그것을 야기하거나 끝맺을 수도 없는 다른 운동들이 있다. 재결합된 어느 것도 이러한 행동에 해결책을 주지 않는다." 이런 종류의 운동들은 "소멸 자체를 그 대상으로 한다." 그런 운동들은 "그 자체가 목적"이다. 이것이 결론 없는 "목적"이기 때문에 이 모든 것은 마침내 영구적으로 "시발적인 상태"를 목적 자체로 창조하기에 이른다.[82] 그 운동들을 종료시키거나 최종적으로 결정하는 내재적 원리를 갖지 않은 운동들은 어떤 "무관심한 정황", 이를테면 "피로나 관습"이 외부로부터 개입하여 그것들을 소멸시킬 때까지 "증식해야 한다." 외부로부터의 이런 개입조차 결론을 가져오지는 않는다. 운동은 그 자신이 실어 나르는 목적으로, 즉 그 시발적 상태로 회귀한다. 역설적으로 춤의 운동이 소멸을 그 유일한 외부적 대상으로 취할 때 그것은 자기운동이 되어 자신을 영원히 시발적 상태로 되돌린다. 그것은 자기를-재활성화한다. 이로 인해 "에너지에 대한 우리의 느낌은 변양된다."[83] 신체적 에너지가 변화하는 것을 느낀다는 것은 무슨 의미인가. 그것은 이제 어떤 선결정된 목적성의 관념에 의해서도 매개되지 않은 영구적 시발성 속에서 직접 사고되고-느껴진다. 이런 변화, 무제한의 운동에 대한 경험으로의 제스처의 개방은 순수한 운동, 혹은 호세 질의 표현을 빌리면 "총체적 운동"으로 산출된 의미의 가상이다.[84]

제스처가 이런 식으로 그 말단을 빼앗기면 그 실용적 진리의 퍼텐셜은 유예된다. 이는 제스처를 순수하게 사변적인 활동으로 만든다. 객관적 질서에 대한, 혹은 그 안에 습관적 혹은 관습적으로 "각인될" 수 있는 인칭적 지향의 주관적 영역에 대한 어떤 확정적 관계도 밖에서-각인되지 않는다. 운동은 오직 고유한 자기활성화 사건에만 관련된다. 춤의 그 고유한 사건으로의 무제한적 회귀는 바로 그러한 것이다, 즉 영원 회귀이다. 제스처가 자기활성화와 동시에 자기소멸하게 됨으로써 소멸하자마자 결정될 때, 운동은 그 자신의 재출발로의 영구적 회전 상태에 들어간다. 제스처는 이미 만들어지고 있는, 연속적 변화 속에 있는 제스처로 가까스로 접히게 된다. 운동은 "그 자신으로 되돌아간다."[85] 되돌아감은 저마다 현실적 운동들 사이의 현실적 전이이자 전이의 한 형태이기도 하다. 전이의 형태는 어떤 한 운동에 속하지 않는다. 그것은 그 고유한 질적-관계적 느낌과 더불어 사이에 온다. 그것은 비국소적 연계이다. 활력 정동. 춤의 경험은 개별적 운동들을 따로따로, 혹은 심지어 총합으로 취하는 것이 아니라 비국소적 연계들의 경험이다. 그와 같은 춤의 질서는 비국소적 연계들의 서로에게 되돌아감의 질서, 신체의 현실적 표면에서 자발적으로 분리되고 그 현실적 운동들을 이중화하는 "춤의 우주" 안에 집적되는 그들의 관계적 성질들이다.[86]

이것은 그 안에서 신체의 활력 정동들이 뒤섞이고 분기하는, 반복되고 변화하는, 세계-선 형성의 객관적 제약과 그들의 인간적 상징적 의미 혹은 은유적 연합들의 주관적 선이해 모두로부터 해방된, 독특한 그들 고유의 방식으로 안팎으로 접는 것이 운동신경적으로 사고-되는-느껴지는 우주이다.

신체를 정의해 달라는 질문을 받고 윌리엄 포사이스는 다음과 같이 답했다. "신체는 접는 것이다."[87] 신체는 제스처들의 영원한 회전 속에 자신으로 되돌아가는 것으로, 그로부터 전이의 신체적 형태들의 우주가 실황 공연[라이브 퍼포먼스] 속에서 이탈한다. 그리하여 무한히 갱신되고 변화되는 운동을 위한 신체의 퍼텐셜을 비감각적으로 "디아그람화하는" 독특한 질서를 구성한다. 신체의 생기 있는 자기추상의 수행된 사건.

들뢰즈는 디아그람에 대해 그것이 "장소가 아니라 비-장소, 오로지 변화하는 장소"라고 말한다.[88] 신체의 자기추상이라는 사건이 비감각적으로 일어나는 춤의 우주는 "공간"이 아니다.[89] 그것은 제스처의 변화의 형태들, 영원한 시발성의 상태 속에서 전이의 신체적 형태들만으로 만들어진 비-장소이다. 춤이 그로부터 이탈해 나온 각각의 현실적 운동은, 그것이 빠져나온 연속적으로 반복된 변이로 되돌아가는 순간 발생한다. 각각의 현실적 운동의 정향은 변화를 반복하게 되고, 비국소적 연계들의 이탈하는 비감각적 질서 속에 수반되는 변화로 이중화된다. "자기 자신의 목적인" 이 질적-관계적 "운동들"은 "공간 속에서 방향을 갖지 않는다."[90] 그들은 현실적인 신체적 운동의 공간에서 자기를-추상한다. 그 현실적 세계를 다른 것으로 이중화하는 신체의 다른 공간으로(제의 무용의 경우와 같이)가 아니라 "시간" 속으로.[91] 컨템포러리 댄스의 공간은 "행위들"[92]의 시간적 영역이며, 그 행위들의 부단한 소멸과 재발생은, 비감각적으로 느껴진 활력적인 신체적 변화가 영원한 시발적 상태 속에서 종료를 위한 인간적 의미와 실용적 퍼텐셜, 둘 모두를 "비워내"도록 만든다.[93] 춤은 직접 영구적으로-느껴진 신체의 시간이 그 변화의 퍼텐셜을 표현하게 한다.

춤은 공간 속에서 신체의 운동을 그 변화의 시간으로 전환하는 것, 즉 순수한 신체적 생성의 우주로 그것을 사변적으로 번역하는 것이다. 그 생성의 순수한 경험 속에서 무제한의 신체의 생명. 생명의 가상. 구체화된 생명, 즉 신체의 생생함의 순수한 표현. 그와 같은 생동성.

춤이 산출한 의미의 가상은 신체의 생동하는 생성의 힘에 대한 직접적인, 지각적으로 느껴진 경험이다. 춤을 춘다는 것은 느껴진 "생명의 의식"을 수행하기 위한 존재의 기술이다. 그것은 " '느껴진 에너지'(사고된-느껴진 운동 에너지)의 유희" 속에 경험된 직접적인, "생명력의 감각"으로서, 공간이 시간과 다르듯 "어떤 물리적 힘의 체계와도 다르다."[94] 수행되는 것은 "춤의 힘, 잠재적 힘"이다.[95] "무용수의 현실적 제스처들은 자기표현의 가상을 창조하는 데 쓰이며, 그럼으로써 잠재적인 자발적 운동, 혹은 잠재적 제스처로 변형된다."[96] 자기표현의 가상, 즉 신체에 대한 비감각적 과잉 속에 신체적 힘의 순수한 비인칭적 표현. "힘의 과다."[97] 무제한의 신체. 내용에 의해 제약되지 않은 구체화한 생명의 추상적 에너지.[98] 무형적 생명.

그와 같은 춤은 비국소적 연계들로, 즉 직접 지각적으로 느껴진 활력 정동들로 구성된다. 춤추어진 활력 정동들은 특이하다. 각각의 수행의 "느껴진 에너지들"이 질적으로 다른 것은 수행의 본성에 관한 것이다. 수행의 느껴진 힘은 밤마다 변이한다. 그러나 활력 정동들의 특이성은 유적 수행 범위에 포섭되어 있다. 춤추어진 활력 정동들은 유적, 정동적 색조 안에 특이하게 포섭되어 있다. 그것은 창조적 활동의 영역, 혹은 존재의 기술로서의 춤 자체에 관한 것이다. 춤이 신체적 운동을 비워 내는 것에 대한 유적 사고-느낌이 있으며, 그것은 이를테면 형상적 소묘가 인칭성의 제한을-벗어나는 것에는 비교가 안 된다. 활동의 두 영역 사이에 어떤 유사성이 있다면 그것은 비감각적 유사성으로서, 비국소적 연계들의 유희가 다양한 반복들을 가로질러 차이화를 합치는 방식에서 사고-되는-느껴지는 것이다.

제3악장 : 내용의 역설

힘과 융합에 대하여

전통적으로 춤에 가장 유사한 것으로 여겨지는 존재의 기술은 음악이다. 랭거는 커닝엄이 주장하는 것처럼 순수하게 "춤을 추는" 것이 아니라[99] 춤이 음악을 춘다거나, 심지어 리듬을 춘다고 하는 관념을 강력하게 비판한다.[100] 커닝엄의 요지는 춤이 최상의 힘에 도달하기 위해서 신체의 생동하는 힘을 가장 순수하게 표현하려면 (운동을 "부숨"으로써) 춤-외적 요소들을 없애야 한다는 것이다. 음악, 언어, 무대장치, 영상, 조명효과는 춤을 추는 것에 융합되어야 하며, 춤 안으로 받아들여져 내재적 요소가 되어야 한다 – 시각을 통해 질감을 지각적으로 느끼는 일상의 경험 속에서 촉감이 시야에 내재하는 요소가 되는 것과 마찬가지로 말이다. 춤은 시각이나 다른 어떤 존재의 기술과 마찬가지로 관계적 장이며, 그 장은 그것의 정동적 색조와 생성의 힘(그것이 통제하는 거짓의 힘)에서 완전히 독자적인 동시에 그 구성에 있어서는 이질적이다. 모든 퍼포먼스가 서로 다름에도 춤춘다는 것에 어떤 유적 느낌이 있는 것과 꼭 마찬가지로, 모든 시야는 특이하지만 봄에는 유적 느낌이 있다.[101]

존재의 기술은, 그 요소들의 목록에 의해 규정되기보다는 그것이 가상의 서명적 종 속에 요인들이 가진 이질성의 융합적 상호 포함을 사건적으로 야기하는 관계적 방식에 의해 규정된다. 그것은 그것이 수행하는 체험된 추상의 사건 방식에 의해 규정된다. 2장에서 제시한 것처럼 어떤 기술의 사건 방식에 대한 평가는 "매체" 관념을 대체할 수 있다.

춤-외적 요소가 춤에 내재적인 것이 되도록 만드는 융합적 실천은 안무가 윌리엄 포사이스의 작업에서 가장 잘 볼 수 있다. 그의 창조적 실천은 구성적 요소들의 폭넓은 다양성을 포용한다. 커닝엄은 그 나름대로, 춤과 음악을 "비관계"의 관계 안에 고집스럽게 붙잡아 두면서[102] 이들 사이의 근본적 이접을 유지하는 데 매우 공을 들인다. 그러나 비관계의-관계는 결코 융합을 배제하지 않는다. 사실 융합이 일어날 때 그것은 무엇보다 충격적일 수 있다. 2장에서 미셸 시옹의 작업과 관련해 논의된 영화 속의 시청각적 융합은 음향과 영상의 이접에서 발생한다. 고전적 사례를 들자면, 하나의 컷이 휘두르는 팔에서 비틀거리는 몸으로 곧장 이어지고 때리는 모습은 건너뛸 수 있다. 가격의 영상은 주먹이 아래턱을 때리는 음향으로 대체된다. 그런데도 대부분의 관객은 때리는 것을 보았다고 말하게 된다. 가격은 실제로 시각 안에서, 시옹이 음향과 광경의 "싱크레시스적"[103] 융합이라 부르는 것이 영상 절편들 사이의, 그리고 그것들과 사운드 트랙 사이의 이접을 가로질러 무형적으로 일어나는 가운데 지각적으로 느껴졌다. 그 효과는 단일하다(어떤 가격). 그러나 효과의 통일성은 전적으로 그것의 구성 원리인 경험적 차이생성 덕분이다. 도입된 구성적 기술은 분해 불가능하게 시청각적인 것이었다. 그것은 듣기와 보기 사이의 무형적인 것에서 일어났다. 음향과 광경이 바로 그렇게, 이런 이접적 방식으로 함께-도래하지 않았다면 그것은 일어날 수 없었다 (타이밍이 전부이고, 기술이 전부이다). 여전히 야기된 충격-효과는 시각의 정동적 색조 안에서 (눈을 "지님"withness 속에서)[104] 사고된다-느껴진다.

춤과 음악의 "자율성"에 대한 커닝엄의 주장은 이런 종류의 싱크레시스적 융합을 배제할 수 없으며, 그것이 "우연적으로"만 일어나도록 함으로써 그것을 더욱 드물게 만들 뿐이다. 일어나는 어떤 융합 효과들도 춤추어진 제스처의 정동적 색조 속에서 사고-될-느껴질 것이다. 바로 시청각적 사례에서 그 싱크레시스가 시각의 정동적 색조 속에 느껴진 것과 마찬가지로 말이다. 시네마적 충격의 지각적 느낌은 이접이 그 자체로 경험되지 않는 방식으로 꾸려진다.

경험적 차이생성은 비의식적으로 작동하도록 꾸려진다. 융합-효과가 출현하는 관계적 장의 구성은 그것의 효과들의 드라마 뒤로 사라진다. 우리가 음악과 춤을 극도의 이접 속에 수용하는 커닝엄의 기술에 이를 적용한다면 그것을 반드시 춤 융합에 대한 거부 그리고 음악을 춤에 내재적으로-만드는 것에 대한 거부로 볼 필요는 없다. 그것은 춤의 표면에 대한 경험적 융합의 이접적 조작에 대한 앎을 가져오고, 이러한 존재의 기술의 구성 원리가 모든 존재의 기술이 그렇듯 언제나 차이생성이라는[105] 사실을 의식적으로 느끼게 하려는 실천으로서 볼 수 있다. 거기에는 언제나 이접이 있다. 어떤 존재의 기술도 그 장을 등질적인 것, 즉 단순히 비-관계적인 것이 되도록 정화할 수는 없다. 모든 존재의 기술은 비관계의-관계를 통해 작동한다. 경험에 의한 융합-효과. 요인들이 가진 이질성의 특이하게-유적으로 순수한 표현의 힘 되기라는 상호 포함.

"순수한"이라는 것은 등질적이라거나 단순히 비관계적임을 뜻하는 것이 아니다. "순수한"이란 상호 포함하는 구성적 힘을 가지고 경험적 차이생성을 그들의 이접을 가로질러 통합된 경험적 효과로 합치는 것, 이질적인 외부 요인들을 특이한-유적 표현의 내재적 힘들로 효과적으로 전환하는 것을 의미한다.

시네마적 사건에서처럼 영상에서 시청각적으로 지각적으로-느껴지는 것은 가격의 힘이었다. 음향은 싱크레시스화된 시네마적 힘과 더불어 발생했다. "순수한" 춤도 마찬가지로 춤-외적 요인들을 춤의 힘으로 전환한다. 이것은 상이한 방식으로, 상이한 안무적 실천에 의해, 다소 동떨어진 방식들로, 이 과정이 통상적 의미에서 의식적이 되든 아니든 행해진다 (그것은 언제나 춤의 성질로 사고된다-느껴진다). 춤이, 그것이 가장 순수하게 할 수 있는 것을 스스로 느껴지게 만드는 방식을 다음 사건적으로 표현하면서 그것이 하는 것이 되듯, 춤-외적 요인들은 춤이-된다.

"표현"에 적용된 "순수하"다는 것은 효과적으로 융합적인 것을 뜻한다. 즉 기술적으로 기입된 이질적 요소들의 구성적 "가외"extra는 사건으로서 발생하는 내재적 힘의 역동적 형상 안에서 단일하게 느껴지며, 이는 수반된 감각적 형상들과 그들의 감각 양태들 양쪽 모두를 넘어서는 경험적 초과 상태에 있다는 뜻이다. 순수한 표현은 이 사건, 즉 그 고유한 사건 이외의 어떤 내용도 가리키지 않는다. 융합은 비국소적 연계의 다른 표현이다. 효과는 비감각적 유사성의 다른 표현이다. 표현은 세계-선을, 객관적 질서를 이중화하는 변화하는 질적-관계적 질서로 번역하는 것을 달리 말한 것이다.

모든 존재의 기술 ― 감각들 자체를 포함하는 ― 에 수반되는 필수적으로 차이생성적인 구성 원리가 산출된 효과의 드라마 속에 사라질 수 있다는 관찰은, 기술로서 경험의 "보관"이 지닌 이중적 배열에 대해 재고하는 기획에 중요한 도구를 추가한다. 또한 이 도구는 촉진된 경험적 사건의 방식에 따라 "매체들"을 재고하는 관련된 기획에도 적용된다. 관계의 장의 차이생성이 기술적으로 특이한-유적인 효과를 공통-구성하는 방식, 장을 구성하는 이질성이 강조되거나 삭제되는 방식은, 표현적 사건의 사변적-실용적 양극성을 평가하는 가능성과 더불어 평가의 준거로서 사용될 수 있다.

부유하는 생동성

춤이 운동을 부수어(부수어 열어) 신체적 힘의 순수한 표현이 되도록 함으로써 가장 강렬하게 진가를 발휘하듯 음악은 소리를 부수어 순수한 리듬적 표현이 되게 할 수 있다. 음악이 춤과 같다고 말해질 수 있는 유일한 길은, 그것이 그 고유한 관계적 장 속에서 그리고 그 고유한 방식으로 자신으로부터 상징적 의미와 은유적 연합들을 비우는 "동일한" 과정을 발효할 수 있다는 데 있다. "음악 외적 요소들에 의해 영향받지 않은" 음악 – 혹은 좀 더 정확히 말해서 융합적이고 상호 포함하는 음악, 그리고 그 관계적 장에 들어오는 모든 요소를 그 자체의 표현의 순수 사건으로 받아들여 그 장에 들어가면 그것들이 음악적 힘이 **되는** 음악 – 은 "절대음악"이라 명명된다.[106] 절대음악은 연속적으로, 다양하게, 반복적으로 소리를 소거하고 그것을 영원한 시발적 상태 속으로 재활성화한다. 컨템포러리 댄스가 신체적 제스처에 대해 했던 것과 마찬가지다. 의미 있는 차이라면 음악은 신체를 국소적 기호로써 사용할 필요가 없다는 점이다. 그 국소적 기호들은 **비신체적**이다. 음파인 것이다. 사유와 더불어 경계지대 위의 듣기와 고유수용성의 무형적 중-간 속에서 리듬으로서 직접 지각적으로-느껴지는 순수한 에너지 형상들.

역동적인 소리-형상의 사고-느낌은 신체로부터의 이승離昇, lift-off 속에 활력 정동의 경험을 야기한다. 운동신경적 효과는 지치지 않는 운동의 공간 속에 부유하는 듯하며, 거기서 비국소적 연계의 느껴진-에너지들은 서로의 안팎으로 접히며 변화의 무한한 유희 속에 뒤섞이고 분기한다. 음악을 연주하는 음악가들의 신체들은 경험적 상쇄 속에 이 음악의 우주가 벗어나는 인접 공간을 점유한다. 다만, 역시나 이것은 공간이 아니다 — 이런 식으로 신체의 국소적 기호로부터 떠난다는 점에서 더구나 그렇다. 더욱더 시간적인. 더욱더 비인칭적인. "누군가"조차 아닌. 어떤 시간이-아닌. 확정적 시간이 아닌. 적시성適時性, timeliness은 활력 정동과 더불어 강렬하게 살아 있다. 구체화한 경험 공간에서 변형의 강렬한 시간으로의 전환은 음악에 의해 고차원의 힘으로 데려가진다. 활력 정동은 음향의 우주 속을 부유하며, 비국소적 연계의 그 질적-관계적 질서는 비할 데 없는 정도의 치환적 자유에 도달한다. 떠 있는 활력 정동, 즉 고삐 풀린 생동성. 유희하는 순수한 생생함의 가상.

생생함의 엔진

"생생함"은 "라이브"와 같은 것이 아니다. 생생함은 생명의 관계적 성질이다. 그것은 가상, 즉 비감각적 유사성이다. 비감각적 유사성이 그렇듯 그것은 실황 공연에 들어가는 객관적 조합들에서 자신을-분리하면서 그 사물들을 체험된 추상의 질서와 더불어 이중화한다. 선험적으로, 춤이나 음악의 수록recording이 표현적 사건에서 생동감을 빼앗는다고 믿을 이유는 없다. 공연의 생생함은 심지어 그것이 벌어질 때조차 공연으로부터 자신을 분리하므로 그것이 재생에서 살아남지 못할 이유는 없다. 확실한 것은 그것이 재생 — 혹은 심지어 반복된 실황 공연 — 에서 변화 없이 살아남을 수는 없다는 점이다.

이것은 그 모든 특이성과 범용성에서 사건의 산출 또는 복제의 조건이 다른 요인들의 경우와 마찬가지로 표현에서의 "가외적" 구성 요소로서 작동하기 때문이다. 고유한 음향, 심지어 청중의 분위기나 객석의 집단적 "느낌"과 같은 문맥적 요인들은, 현을 뜯는 것에 못지않게 주어진 반복에서 악곡에 대한 경험의 질을 융합적으로 구성하는 성분이다. 음악 듣기의 운동신경적-고유수용적 취지로 볼 때, 아이팟을 통해 음악 경험이 일상의 운동으로 진출한 것은, 음악의 존재 기술이 자신을 느껴지게 만들 수 있는 방식, 그리고 그것이 표현적으로 할 수 있는 것에 강력하게 내재하게 될 것으로 기대할 수 있다. 좁은 의미의 테크놀로지 — 건축음향학, 녹음, 컴퓨터리제이션, 소형화 — 는 존재의 기술을 변성시키지 않는다. 이러한 테크놀로지는 그것의 사건을 선전하고, 퍼뜨리고, 변화시키며, 존재의 기술이 진화하고 종 분화하도록 만든다. 이런 각도에서 이해할 때 테크놀로지는 "테크놀로지의 계통"을 형성하는 "기계적 문"mechanic phylum — 테크놀로지 운동의 세계-선이다.[107]

테크놀로지 계통의 형성은 존재의 기술에 무관하지 않다. 그것은 그들의 표현의 힘을 약화하거나 저하하지 않는다. 테크놀로지의 우여곡절은 존재의 기술의 연속적인 자기구성에 내재한다. 테크놀로지의 계통은 연대기적 시간과 연장적 공간 속에 존재의 기술의 자연적 운동, 즉 변화하게 되는 표현적 사건들의 추상적 강도를 배분한다. 늘 그렇듯, 여하한 사건의 자기차이화. 테크놀로지는 경험적 동역학에 고유한 자기차이화의 자연적 역동성을 북돋운다. 그들은 연속적인 변이를 향한 이탈의 경험적 사건들 속에 자리 잡은 자발적 힘을 연장한다.

테크놀로지가 감관을 연장한다는 점은 미디어 이론에서 상투적으로 거론된다. 이것은 극히 일부에 지나지 않는다. 감관은 어떤 사건에서도 자신을-연장하고 있다. 감관은 늘 그 객관적(유기적) 기능에서 그것을 (사유를 통해, 언어를 통해) 그것이 갈 수 없는 곳으로 데려가는 체험된 추상의 사건을 분리하고자 할 뿐이다. 감관 자체가 체험된 추상의 테크놀로지로서, 일상의 모든 마이크로초, 모든 살아 있는 숨 사이에도 열심히 융합적 노동을 한다. 테크놀로지는 "신체의 인공기관"이 아니다. 감관이 이미 그것이다. 테크놀로지는 추상적-사건의 멀티플라이어[승산기]이며 살포기이다. 그것은 추상의 생명이 가진 인공기관이다. 생생함의 엔진.

그렇다면 질문은 수록된 음악이 실황 음악보다 체험된 질 면에서 나은지 못한지, 아니면 녹화된 춤은 아예 춤이 아닌지가 아니다. 실황 음악과 수록된 음악은 상이하게 생생하다 할지라도 대등하게 수행적이다. 질문은 그것들이 중요한 정황에서 어떻게 다른가 하는 것이다. 얼마나 통합적으로, 문맥적 조건들은 융합적으로 사건으로 포섭되어 있는가? 얼마나 단일한 효과로? 어떤 발생의 격차로부터 싱크레시스화하면서? 관계적 성질의 어떤 변화와 더불어? 얼마나 이접적으로? 얼마나 "순수하게"(효과적 추상의 어느 정도까지)? 내용에 대해 어떤 관점으로? 아브드 애쉬비[108]가 "절대음악"과 "기술복제"가 대립적 개념들이 아니라 절대음악, 기술 복제라고 쉼표로 이어져야 한다고 한 주장은 옳다. 존재의 모든 기술에 대해서도, 그것의 사건이 지닌 표현적 순수성 또는 "절대성"의 관점에서 그리고 과학기술의 세계-선과 병행되는 그 사건의 진화적 변화의 관점에서 마찬가지로 말해야 한다.

조건들

싱크레시스는, 표현적 사건의 발생으로 나타나는 창조적 인자들이 가진 이질성의 차이생성적 함께-도래함에서 융합-효과가 자발적으로 분리되는 것을 가리키는 말이다. 융합-효과는 비국소적 연계이다. 체험된 추상, 즉 그것이 이승하는 객관적 구성 요소들(사건의 국소적 기호들)의 조합으로부터의 발생적 자기추상. 체험된 추상이 표현하는 것은 그 자신의 출현이라는 사건이다. 그것은 그 자신의 나타남의 추상적 방식과 하나이다. 그것은 그것의 출현의 추상, 즉 세계의 생성 속에서 추상의 존재이다.

그러나 그 자체로 고려된 창조적 요인들의 다양성을 조합하는 것은 어떠한가? 요소들은 그 효과를 이승하게 하려면 바로 이런 이접적 방식으로 함께 도래해야 한다. 타이밍이 맞아야 한다. 요소들은 딱 맞는 거리로 근접하여, 딱 맞는 방식으로 가져와짐으로써 이탈하는 경험적 사건으로 폭발해야 한다. 기술이 모든 것이다. 사실 존재의 기술의 기술성technicity은 이것이 어떻게 행해지는가에 달려 있다. 즉 사건을 위한 조건들이 어떻게 함께 도래하는가에 달린 것이다. 효과의 출현은 자발적인 경험적 연소 사건이다. 그러나 조건들의 설정은 준비된다. 꼼꼼하게 준비된다.

그 준비는 (몇 가지만 들자면 물리적, 화학적, 생물학적, 지질학적, 기상학적 층에서) "자연적" 발생으로 분류될 수 있다. 그러나 그것들이 "인간적" 또는 "문화적"일 때 그들은 언제나 자연적이기도 하다. 무형적으로 결합하는 감각들을 지닌 신체 없이는 어떤 인간 경험의 사건도 없다. 딛고 설 바탕이 없이는 역동적 상호작용의 탈주하는 신체적 감각들도 없다. 그들 사이에, 그리고 그들 각각의 지층과 다른 지층 사이에 전자기적이고 야금술적인 종류의 창조적 차이생성이 부재하다면, 신체의 추상의 생명에 대한 기술적 연장은 없다. 표현의 사건들을 위한 조건은 자연-문화 연속체를 전제하며, 이로부터 이접적으로 활동하게 되는 요소들이 다만 각 사건에 대한 이런 효과를 위해 선별적으로 끌어내진다.

경험적 효과의 이승이 싱크레시스라면 이런 사건에 유리한 방식으로 근접해 감은 **합생**이다.[109] 싱크레시스와 합생은 상반되거나 모순되지 않는다. 그들은 동일한 동력의 동시 발생적 측면들, 즉 분리할 수 없이 서로에게 포섭된 경험 **과정**의 **양극**이다. 감각적인 것과 비감각적인 것, 추상적인 것과 구체적인 것, 객관적 세계와 질적-관계적 세계는 동일한 사건의 두 측면이다. 경험의 자기추상은 그것을 구성하는 요소들의 합생과 더불어 공통-발생적이다. 경험의 자기추상은 사변적 측면, 합생은 실용적 측면이다. 존재의 기술은 전자의 사전추적에 대한 탈주적 이해 때문에 후자를 꼼꼼하게 돌본다.

통상적으로 쓰이는 인과성 개념은 존재 개념의 창조적 활동을 설명하기에 충분하지 않다. 원인들은 보통 부분-대-부분의 상호작용을 통해 국소적으로 행동하는 것으로 여겨진다. 경험적 효과의 사변적-실용적 산출은 관여된 부분들의 관계적 중-간에서 비국소적 연계를 통해 일어난다. 그 효과는 전체적이다. 그것이 그 객관적 부분들로 구성된 전체라는 의미에서가 아니다. 부분들로 구성된 전체는 다만 더 큰 객관적 전체의 보다 큰 부분일 뿐이다. 하나의 경험적 효과는 떨어져 있는 하나의 전체이다. 즉 전체적으로, 그리고 오직 그 고유한 역동적 통일성을 갖는 이탈하는 사건이다. 그 사건은 부분들 자체나 그들의 구조가 아니라 부분들의 함께-도래함을 정확히 표현한다.

체험된 추상의 사건은 엄밀히 말해 자존한다uncaused. 그것의 발효는 자발적이다. 즉 경험적 자기연소이다. 그것은 자존하지만 고도로 조건화된다. 다시 말해서 그것을 구성하는 요인들의 함께-도래함에 정확하게 전체적으로 좌우된다. 그 조건화는 언제나 우연의 화용론을 포함한다. 거기에는 언제나 예기치 않게 자신을 주장하고 그 효과를 파괴할 수 있는 기이한 세부가 있다. 혹은 실증적으로 그것을 굴절시킨다. 존재의 기술은 우연을 포용하여 기이한 세부의 자기주장을 그것의 발효에서 실증적 요인으로 전환해야 한다. 아니면 그것은 우연의 침입에 대비해 자신을 다져야 한다. 존재의 기술은 늘 그 사건들을 능동적으로 조건화하고 있다. 그 조건화에 결정적으로 수반되는 것은, 우연의 기여를 여과하고 굴절시키는 것을 가능하게 해 주는 제약들의 자리 잡음이다.[110] 사변적-실용적 과정의 실용적 측면은 통상적 의미를 야기하는 것보다는 우연한 굴절들을 위해 선별하는 것으로 이루어진다. 우연적 굴절들의 선별은 인과를 시행하기보다는 변조modulation를 야기한다. 감관은 동물 신체의 타고난 변조 테크놀로지들이다. 그것은 유기체 바깥에 있는 것을 반영하지 않는다. 그것은 유기체로부터 도약하는 것을 굴절시키며, 그 생동하는 생명을 체험된 추상의 비유기체적 영역으로 실어

나른다. 거기서 모든 연계는 비국소적이고 활동은 결과적으로 사전 추적된다.[111]

존재의 기술로서 여과할 수 있다고 해도 우연은 언제나 어느 정도 들어온다. 거기에는 언제나 굴절이 있다. 변조가 규칙이다. 경험적 사건의 결과를 향한 우연의 필연적 개입은 모든 사건에 새로움을 준다. 그것은 모든 발생을 새로움의 출현으로 만든다. 모든 사건은 창조적 사건이다. 이것은 사변적-실용적 사실이며, 과정 속에서 영원히 자신을 재규정한다. 사실은 한정성definiteness이다. 새로움은 이미-한정된, 객관적 혹은 감각적 형식들에 준하여 설명될 수 없다. 사실의 한정성은 객관적 조우 배후에서, 그것을 가로질러, 그리고 그것을 통하여 연속되는 창조적 운동에 기인한다.

> 사실의 한정성은 그 형식들에 기인한다. 그러나 개별적 사실은 피조물이고, 창조성은 형식에 의해 설명할 수 없는, 모든 형식의 배후에 있는 궁극적인 것이다. …… 새로운 존재는 그것이 발견하는 "다"多, many의 공재성인 동시에 또한 그것이 뒤에 남겨 놓는 이접적인 "다" 속의 하나이기도 하다. 그것은 그것이 종합하는 많은 존재 사이에서 이접적으로 새로운 존재이다. …… 따라서 "새로운 공재성의 산출"은 "합생"의 관점에서 구체화한 궁극적 개념이다. …… "창조성"은 보편자들의 보편자이다. …… "창조적 전진"은 그것이 기원하는 저마다의 새로운 상황에 이 궁극적 원리를 적용하는 것이다.[112]

그러나 합생이라는 용어는 충분하지 않다. 그것으로는 세계의 운동에 "관여된 창조적 새로움을 암시하지 못한다."[113] 이런 이유로, 창조적으로 다多를 떠나는 공재성의 하나라는 측면, 다시 말해 종합적인, 또는 융합적인 과정의 맥박의 그 자신에 대한 양극적 일치를 구체적으로 포착할 준비가 되어 있는 싱크레시스와 같은 다른 용어를 갖는 것은 유용하다. 즉 " '하나'라는 표현이 '통합적 숫자 1'이 아니라" 스스로 일어나는 계기의 사고하는-느끼는 '특이성'을 나타낸다는 점을 기억하면서 말이다.[114]

내용의 영원 회귀

호세 질은 춤추는 신체의 "역설"에 대해 말한다.[115] 간단히 말해서, 춤은 신체로부터 새로 벗어나기 위해, 효과를 창조하기 위해 계속해서 신체로 되돌아가야 한다는 것이다. 유사하게, 음악의 우주는 오로지 연주하는 신체에서 상쇄되어 도래한다. 어떤 종류의 비감각적 연계도 감각적 형상들의 조합으로부터의 체험된 추상이다. 현실성의 객관적 질서와 잠재적인 것의 질적-관계적 우주는 모든 단계에서 서로에게 그림자를 드리운다. 그것들은 이란성 쌍둥이로서, 창조적 전진의 배꼽에 의해 태어나면서 각기 접속된다. 서로의 차원들. 동일한 운동들의 맥박들. 많은 함께-도래함들에서 특이한 효과로 가는 한 과정의 양극. 결코 끝나지 않는 이중적 배치. 언제나, 모든 방식으로 이중 존재.

이것의 결과는 존재의 표현의 기술이 갖는 "순수성"이 취약한 성취라는 것이다. 사실 사건에서 그 고유한 발생을 제외한 모든 내용의 표현을 비워 내는 것은 세계의 창조적 전진이 영원히 지향하며 결코 도달할 수 없는 과정의 한계이다. 감각적 조우에 의한, 모든 체험된 추상의 이중화란 비감각적으로 이중화된 — 그러나 삭제된 것은 아닌 구체화한 생동성과 객관적 질서에 언제나 잔여가 있다는 뜻이다. 비움은 삭제함이 아니다. 그것은 ~에서의-도약이다. 부숨은 일소함이 아니다. 그것은 ~에서-달아남이다. 감각적 잔여는 내용의 재생의 싹, 상징적 의미의 힌트, 은유적 연합을 위한 도발이다. 그것이 거기 있다는 것은 매우 좋은 일인데, 왜냐하면 그것은 또한 사건을 실용적 보행 속에서 재흡수하기 위한 국소적 이정표이기 때문이다. 그리고 객관적 질서의 진보를 위한 싹이기도 하다. 체험된 추상에 감각적 잔여가 따라붙지 않는다면 세계는 그것의 사변 속에 길을 잃게 될 것이다. 순수한 표현이 사건을 되돌리는 영구적 시발성은 휴경기에 들어갈 것이다. 그것은 불모를 뒤섞을 것이다. 체험된 추상의 이탈하는 우주를 세계의 경로로 다시 불러들이는 것은 표현의 사건의 감각적 잔여이다.

내용의 싹은, 존재의 기술을 그것이 할 수 있는 것의 표현적 한계로 가져가고자 하는 어떤 실천에 대해서도 일관된 도전이며, 그에 못지않게 부단히 필수적이다. 그것은 실천이 그 표현의 한계에 접근하면서 실질적으로 하는 것을 할 수 있게 해 주는 제약이다. 그리고 표현적 한계로의 접근이야말로 과정이 절대 멈추지 않고 하는 것이다. 체험된 추상의 한계는 경험의 보편적 끌개attractor이다. 그것은 다름 아닌 늘-재탄생하는 세계의 말단, 그 재생을 위한 영원한 출발점이다. 모든 존재의 기술은, 비감각적 유사성을 최고도의 추상적 강도로 가져가고, 그것이 경험 가능하게 존재할 수 있는 것만큼 절대적으로 느껴지게 하고자 하면서 그것을 갈 수 있는 한 멀리 밀어붙이고자 하는 표현적 욕구를 가진다. 체험된 추상의 한계를 밀어붙이는 것은 보편적인, "느낌으로의 유인", 즉 **욕구**이다.[116] 외-존재의 유인. 생성으로의 유인.[117]

이것은 (새로움의) 필연성이다. 그 도전을 이해하기 위해서 컨템포러리 댄스에 대해 다시 생각해 보자. 춤을 춘다는 것은 신체의 현실적 운동에서 생동성 — 순수-운동 성질들 — 을 추출하는 것이다. 그러나 신체는 비감각적 춤-형식에 그림자를 드리우면서 그것의 이승에 강렬한 대비를 이룬 채로 남아 있다. 신체가 드리우는 그림자 중에는 그 물리적 취약성이 있다. 즉 신체는 한계로 밀어붙이는 데 맞서 불가피하게 대지로 끌어당겨지는 것이다. 반대편-한계에 필멸성이. 신체의 생동성에 대한 어떤 강렬한 체험도, 암시적 퍼텐셜로 이 대조적인 끌어당김을 담고 있다. 추상을 향한 욕구의 부상/중력의 낙하. 낙하 위치가 지면으로 되돌아오기는 매우 쉽다. 관습적 언어는 준비가-완료된 상징적이고 은유적인 연합들의 비축량을 가지고 쉽사리 밸러스트를 제공한다. 돌아온 내용. 죽음의 "테마"를 엄중하게 보여 주는 컨템포러리 댄스에 대한 리뷰들이 얼마나 많이 쓰였는가? 또는 섹스와 사랑, 낭만적 희열, 질투의 쓰라림을 보여 주는 것에 대해서? 인간의 신체는 그것이 필멸하는 만큼 성욕을 가지기 때문이다.

절대음악으로 보자면, 그것의 매우 추상적인 성공이 내용의 회귀를 자초한다. 그것의 생동성이 성욕을-가진-필멸의 신체의 국소적 기호로부터 표현적으로 분리됨으로써, 관습적으로 (고정 관념적으로) 말해서 혼이 담겼다고 탐욕스럽게 해석되는 것이 산출된다. 얼마나 많은 음악에 대한 주석들이 그 "정신적" 의미의 거창함을 격찬하는가? 그것이 영혼의 인간적 깊이를 드러냈다며 감상적이 되는가? 그 부유하는-생동성을 영속하는 비신체적 생명의 환기에 고정하는가? 그것의 순수한 변화의 시간을 기꺼이 불멸의 영원성에 대한 일별로 여기는가?

형상적 미술에서 내용을-장전한 채로 대기 중인 것은 언어의 서사적 힘이다. 초상화가 암시하는 듯한 — 그리고 가상이 자신을 재함유하는 이야기를 상상해 보라. 한때 그것이 의인화의 힘으로서 비인칭적으로 발발했던 곳에서, 그것은 이제 인칭성의 타격력, 그것의 고삐 풀린 한계를 환기한다.

내용이 그것을 통해 회귀하는 경향이 있는, 관습화된 담론의 연합적 우회로로 들어서는 분기점은 이미 표현적 사건의 직접적 경험 속에 싹터 있다. 결정적으로, 사건이 벌어질 때 사건의 정동적 차원의 감정으로의 번역은 이미 시작되고 있다. 앞서 거론한 것처럼 특이한 활력 정동의 다양체는 사건의 정동적 색조에 포섭되어 있다. 정동적 색조는 사건의 수행 범위이다. 그것은 존재의 기술에 의존하면서 표현의 특정한 유적 영역으로 떨어진다. 활력 정동들의 특이성은 각 사건에 특이한-유적인 느낌을 부여하면서 그것의 유적 색조를 변조하지만, 그 변조는 사건-범위의 매개변수 내에 머물게끔 된다. 실증적으로 이것은 활력 정동들이 특정한 강도를 보장하면서 사건 속에서 공명한다는 뜻이다. 동시에 그것은 활력 정동들에서 "범주적 정동들"로의 그들의 전환 방법을 준비한다. 즉 동일화 가능한, 일반적으로 인식 가능한, 서사적으로 (혹은 다른 식으로) 코드화 가능한, 상징적으로 환기적인, 은유적으로 환기하는 인간 감정들로.

인간적 감정은 체험된 추상을 재합유하는 왕도이다. 그것은 활력 정동들이 동일한 사건 속에서 재집계 가능한, 코드화 가능한, 혹은 공식화 가능한 내용으로 특이하게 함께 도래하는 강도의 번역으로 이루어진다. 이를 위한 길을 여는 것은 바로 활력 정동들의 과잉이다. 그들의 다양체는 전면적인 느낌 속에 상호 포함된다. 그들의 특이성들은 사건의 유적 사고-느낌으로 섞여 든다. 그 수준에서 그들의 다양성은 희미하게만 감지될 뿐이다. 감정으로 번역되는 것은 체험된 강도의 과다에 대한 이런 희미한 지각적 느낌이다. 관습적 언어 사용에 의해 운반된 존재의 초코드화 혹은 공식화 기술이라는 각도에서, 포섭된 활력 정동들의 **공명**은 참조 또는 의미의 **모호성**ambiguity이라는 인상을 준다. 그럴 때 모호성은 가공되어야 한다. 그것은 해석에 의해 하나의 "진정한" 의미로 환원될 수 있다. 또는 그것은 상징적 혹은 은유적 다의성plurivocity의 동심적 원환들로 연계될 수 있다. 거기서부터 그것은 의미의 극적 중심을 향해 구심적으로 나선형을 그리거나, 원심적으로 궤도를 벗어나 다소간 환기적인 공상의 탈주로 갈 수 있다. 이런 절차 중 어느 것이든 이런저런 방식으로 서사화될 수 있고, 구조를 구성하는 이런저런 버전에 따라 구조적으로 코드화될 수 있으며, 혹은 이런저런 정도로 절차적으로 공식화될 수 있다.

어느 경로를 취하든 전환점은 활력 정동의 감정으로의 변형이다. 감정으로의 전환은 명시적으로 언급될 수 있고, 그럼으로써 그 자체가 내용이 된다. 혹은 그것은 달리 해석된 내용으로 가는 길을 통해–전이될 수 있다. 표현적 사건의 공명하는 취지는 바르트가 그 순전한 발생을 "보충하는 메시지"라고 부른 것에 의해 이중화된다. 사건은 순수한, "코드화되지 않은" 살아 있음(기술 복제되었든 그렇지 않든)으로부터 코드화된 "메시지"로 넘어간다.[118] 그것은 전달 가능해진다. 사건은 그 나름의 특이한–유적 이유로 "전달"의 일반적 범주 — 그것이 생명의 강도가 그렇다고 받아들이곤 했던 것처럼 포괄적으로 모호하고 불분명한 초–장르에 들어가기를 멈춘다. 어떤 일반적 범주도 정동에 대해 아무것도 이해하지 못한다. 생명의 강도는 항상 내용이 이미–준비되어 있으므로, 그것은 항상 감정이–준비되어 있다. 그것은 내용에 대한 타고난 욕구를 가진다. 그것은 내용을 향해 입을 쩍 벌리고 있다. 이것이 생명의 강도가 하는 것이다. 그것은 게걸스러운 함유의 기술이다. "상식"은 일반적 범주에 닥치는 대로 헌신한다. "양식"이 보다 선별적이고 훈련된 방식으로 헌신하듯이. "의견"은 일반적 범주에 그들 고유의 인칭화된 감정적 힘을 입힌다. 대량 함유의 무기, 전부.

커닝엄은, 춤의 경우 언어로 코드화함으로써, 그리고 (이것은 상당히 동일한 것으로 귀결되는데) 언어의 모델에, 다른 경우였다면 춤에 구성적으로 내재하는 힘의 직접성을 가졌을 요소들을 초코드화함으로써 표현적 사건으로 가져가진 감정의 함유 효과에 대해 기술한다. 그 효과는 탈강도화하고 무차이화한다.

춤이 제공할 수 있는
인간 감정들의 의미는
언어에 대한,
그리고 언어와 더불어 행동하는 요소들에 대한
친근성에 의해 지배된다.
여기서 그것들은 춤이 일어나는 공간과 함께
음악, 의상이 될 것이다.

기쁨, 사랑, 공포, 분노, 익살, 모든 것은
눈에 친숙한 이미지들에 의해 "명료하게 만들어질" 수 있다.
그리고 모든 것은 보는 이의
눈에 따라 크거나 웅장하거나 건조해 보인다.

어떤 이들에게는 찬란한 오락이
다른 이들에겐 그저 지루하고 안절부절못하는 것이고,
어떤 이들에게는 황폐해 보이는 것이 다른 이들에게는
영웅적인 것의 본질 자체이다.

그리고 예술은 더 낫거나 못한 것이 아니다.

제4악장 : 정치적인 것을 구성하기

미적/정치적

"그리고 예술은 더 낫거나 못한 것이 아니다." 춤의 관습적인 "언어"는 커닝엄이 보기에 **예술로서의** 춤과 아무런 상관이 없다. 춤의 사건이 가지는 미적 힘은 다른 데 있다. 그러나 회귀하려는 내용의 고집을 고려하면, 또한 춤으로서의 춤이 이승하게 한 국소적 기호들의 수준에서 그것이 이미 싹틈을 고려하면 "예술"은 어떻게 그 관습적 언어로부터 효과적으로 분리될 수 있을까? 미적 질문은 바로 그들 사이의 긴장에 깃들어 있지 않은가?

표현적 사건의 미적 힘은 그것이 맡고 있는 체험된 추상, 즉 그것이 산출하는 가상의 방식, 그리고 그 가상 속의 쟁점을 향해 함께-도래하고 그것을 통해 부활하여 유희하는 경험의 강도들이다. 가상의 분리는 이미 그것의 재함유를 위한 내용을-갖춘 기술들로 넘쳐나는 관계적 장에서 일어난다. 그것들이 예술이 실천되는 관계적 장에 거주함에 따라 그 장은 이중으로 **문제적 장**이 된다. 미적 문제는 언제나 한편으로는 **구성적**이다. 즉 구성 요소들은 어떻게 순수한 표현으로 나아가는 구성력으로서 도래하는 사건에 내재적이-되는 방식으로 합쳐지는가? 구성적 문제는, **생태적인** 것인 관계적 공동-서식의 문제를 동시에 다루지 않고서는 다루어질 수 없다. 즉 어떤 외-요소들이 구성적 공동-내재성의 공생으로 들어가게 되는가? 어떤 것이 포식자 또는 경쟁자로 취급되며 접근이 막히는가? 어떻게, 그리고 얼마큼 가깝거나 멀리서, 어떤 후속 효과로? 봉쇄의 정도는 받아들여질 것인가, 혹은 심지어 그것을 관리하거나 보낼 셈으로 고무될 것인가? 상식에 대한 자세는 어떠할 것인가?

양식? 대중의 의견? 제스처들은 특정한 코드화, 혹은 상징적이거나 은유적인 접속들로 만들어질까? 후자라면 그들은 의미의 중심으로 나선형을 그려 갈까 아니면 연합적 방종 속에 원심적으로 선회해 나갈까? 전자라면 어떤 종류인가? 서사화? 구조화? 공식화?

이 두 묶음의 질문들은 모두 내재성이라는 문제를 중심으로 제기된다는 점에서 하나의 복합적인 미적 문제가 된다. 어떤 요소들이 순수한 표현에 대한 사건의 욕망에 기여하는 내재적 힘이 되는가, 또한 어떻게 해서 되는가? 어떤 요소들이 그렇지 않으며, 역시 어떻게 그러한가? 어떻게는 동일하다. 그것은 양면에서 바라본 동일한 물음이다. 사건에 대한 어떤 내재적-되기라도 그 가상의 이탈을 향한다. 그것은 분리되어 나온 것을 배제한다. 이것은 특유하게 변화되어 "나왔다." 가외로 잔여가 될 요소들은 배제되어-들어와야 한다 — 그렇지 않으면 그들의 내용의 싹은 사건의 표면에서 균열들을 파고드는 잡초처럼 침공할 것이다. 그것들은 능동적으로 배제-포함되어야 ex-included 한다. 화이트헤드는 이를 "부정적 파악"negative prehension이라 부른다. 부정적 파악은 역설적으로 "유대관계를 표현하는" 배타적 처리treatment이다.[119]

마지막 "어떻게." 문제의 두 측면, 즉 받아들임과 배제-처리가 통합적으로 함께 취해진 것이 정치적임이 어떻게 명백하지 않을 수 있는가? 통합적으로, 예술이라는 이중의 문제적 장은 미적-정치적이다. 그리고 어떤 사건-표현적 존재의 기술이, 그 공공연한 장르와 무관하게 하나의 "예술"이 아니겠는가?

따로 구성하기[작곡하기]

문제적 장의 이중성을 다루는 상이한 전략들이 있다. 아브드 애쉬비는[120] 구스타프 말러가 작곡의 "기능적 구성단위의 배열로부터 발생하는 의사-언어적 의미들"을[121] 배제-처리함으로써 "음악적 절대주의자가 되려는"[122] 자신의 경향을 따라간 방식을 상세하게 기록한다.[123] 그는 "담화의 급습에 저항하여, 말과 절대적 의미에 저항하여", 음악으로부터 우연적으로 파생되거나 그에 기생적으로 자신을 접목하는 어떠한 "보충적 메시지"에도 저항하여 일관되게 작업했다.[124] 그의 기획은 작곡 그 자체의 음악적 힘을 가능한 한 순수하게 표현하는 것이었다. 그의 특별한 전략은 다른 종의 내용의-싹틈을, 즉 그것이 필연적으로 쓰는 국지적 기호들 덕분에 음악에 대한 직접 지각에 고유한 이 내용의-싹틈을 포용함으로써 언어 종들의 외-요소를 배제-처리하는 것이었다. 들리는 리듬은 그것에 대한 비감각적 유사성 속에서 사고-되는-느껴지는 잠재적 시각 동작으로 무형적으로 전이하려는 자발적 경향을 가진다. 들리는 리듬, 시각적 리듬과 운동감각의-고유수용성 사이에는, 이러한 양상 중 하나에서 지각적으로 느껴진 리듬을 다른 것에서 자동적으로 보지 않기 어렵게 만드는, 아마도 본유적인 무형적 동조가 있다. 색채와 빛의 사고-된-느껴진 운동 패턴들을 잠재적 시각적으로 수반하지 않고 음악을 들을 수 있는 사람은 별로 없다. 듣기가 잠재적 제스처와 함께 벌어질 때 그것을 재연하게 되지 않는 사람은 거의 없다. 이 비감각적 유사성들은 바로, 예컨대 언어 속에 내장된 관습적 연합들(고음과 상승하는 제스처나 시각적 운동, 희망의 함축의 연합)을 통해 내용으로의 번역을 요청하고 있다.

말러는 "음악 외적 묘사라는 낭만주의적 관념들"을 억누르는 동시에 음악에서 시각적 사고-느낌의 싹틈을 포괄했다.[125] 그의 음악은 강렬하게 이미지적이지만 그는 그것을 "참조 없는 심상"으로 만들고자 했다.[126] 그가 도입한 기술은 작곡을 "선명하고 생생하게" 만들어서 그것이 느껴지게 하는 것이 "실재적 사건의 수행"(의 가상)과 "같이" 되도록 했다.[127] 내용-형성을 관리하려면 사건의 가상은 극단으로 가져가져야 했을 것이다. 그것은 과다 청구되어 극적으로 즉각적인 음악적 힘의 과잉을 실어 날라야 했을 것이다. 이것은 이미지적 요소가 제한을-벗어나게 함으로써, 즉 음악이 너무도 선명하고 생생해서 그것이 역동적으로 전개되면서 여러 개의 이미지 암시들을 동시적으로 가져가게 함으로써 성취되었다. 이로 인해 심상의 포용은 "비-특정적"이 되고, 그 결과 "그것은 환기적인 만큼 [환기를] 좌절시키는" 것이 되었다.[128] 작곡은, 이미지적 요소들을 너무나 강력하게 포섭해서 잠재적 시각화가 잔여 없는 내재적 음악-힘으로 전환되는, 그것의 적절히 음악적인 표현력을 유지한다. 이런, 심상의 음악에 내재적이-되기는, 말러에 의하면 너무나 완벽해서 현실적 시각의 자리를 차지할 수 있을 정도이다. 말러는 산지를 걸으면서 동반했던 사람에게 이렇게 말한다. "'바라볼 필요 없어요 — 내가 이미 전부 따로 작곡해 두었거든.' "[129] 바라보기가 할 수 있는 것이 이제 음악에서 가장 잘 들리게 된다. 귀를 기울이는 순간 잊힌 관광. 산악과 소리의 산악.

이것은 선호되는 종류의 내용의 싹을 받아들임으로써 음악에

변용을 일으키는 내용의 우연적 또는 기생적 성장의 원천들을 배제-처리하는 작곡[구성]의 기술의 한 사례이다. 선별된 싹은 너무나 단단하게 포괄되어서, 너무 지나치게 포함되어서, 그것을 채택하는 존재의 기술에 선명하게 되살아온다. 그것은 사건의 표현적 힘에 내재적이-된다. 그 포함의 강도는 모든 경쟁적인 내용-을-갖춤에 앞선다. 이는 **따로-구성하기[작곡하기]**composing-away의 전략이다. 말러는 따로-구성하기[작곡하기]라는 창조적 전략을 발명했고, 존재의 표현적 기술의 한 장르, 즉 당대 교향악의 잠세적 강도들에 배타적으로 헌신하는 가운데 그것을 실행했다.

일반적으로 따로-구성하기는 특수한 존재의 기술을 그 최고도의 추상적 강도로 가져가게 되며, 주어진 (개별적, 사회적, 문화적, 경제적, 테크놀로지적) 조건 속에서 그것이 경험 가능하게 존재할 수 있을 때 그것이 절대적으로 느껴지게 한다. 거기에는 늘 내부로부터 피어나는 내용의 싹들이 있다. 따로-구성하기의 기술은 이런 싹들과 이런저런 방식으로 협상해야 한다. 내용의 특정한 양태가 성장하도록 고무하면서 동시에 그것을 과도하게 비-구체적으로 묘사함으로써 그 성장을 막는 말러의 기술은 처음부터 내용-을-갖춤의 특정한 질서를 선별적으로 포용하고, 그러고는 그것이 외-요소가 아니라 오히려 내재성의 과잉의 한 요소임을 보장함으로써 내용의 영원 회귀라는 문제를 협상하는 한 방식이다. 내용-을-갖춤의 모든 흔적을 출발부터 따로-구성하게 하도록 시도되었을 때, 성장은 과정의 어느 시점에서 종종 맹렬하게 회귀한다. 그 회귀는 아마도, 경험의 과정이 그 최고의 강도에 도달하여 비감각적 유사성의 가장 순수한 외양을 획득하는 바로 그 순간에 내부로부터 터져 나오는 경험의 또 다른 양태의 반란이라는 형태를 취할 것이 분명하다. 체험된 추상은 언제나 개체발생적으로 복수적이다 — 그 순수성에 대한 역류가 아니라면 그것의 기능으로서.[130]

함께 구성하기

따로 구성하기에 상보적인, 함께 구성하기에 착수하는 접근들이 있다. 함께-구성하기composing-with란 명칭이 암시하듯 존재의 기술들과 그들 각각의 내용-을-갖춤의 결합을 수반한다. 결합한 기술들은 관습적인 "예술" 장르에 속할 수도 그렇지 않을 수도 있으며, 그 결과물 또한 마찬가지이다. 함께-구성하기는 경험의 양태들을 가로질러 작용하며, 그 발생에서만큼 구성의 과정에서도 그들의 다양성을 긍정한다. 함께-구성하기의 기술 — 존재의 기술들을 결합하는 존재의 기술 — 은 전통적으로, 시기, 문맥, 강조점에 따라 혼합-매체·멀티미디어·크로스-플랫폼·학제·초학문 등의 용어들로 언급되었다. 로버트 어윈의 설치 작업은 특히 교훈적 사례이다. 그것이 따로-구성하기의 급진적 기획의 성공을 나타내는 다른-감각의 반란의 파생물로서 함께-구성하기에 이르기 때문이다.

비사물성의 예술

어윈은 자신의 예술 활동 초기였던 1940년대와 1950년대의 재현적 초상 소묘 덕분에 찬사와 상들을 받기는 했지만, 자신은 불만족스러운 채였다고 말한다.[131] 그는 마치 자신이 시늉만 하는 것처럼 느꼈다. 거기에는 강도가 부족했다. 그는 "당연시되는 것", 즉 "어떠한 원리에 근거해 이미지들을 회화적으로 또는 분절적으로 읽는" 자신의 예술을 정화할 필요를 느꼈다.[132] 그는 "가능한 한 그와 같은 관습들을 중지"하고[133] "재현"과 "이미지의 연합"[134] 작업을 정화하려고 했다. 예술 작품은 "무엇인가에 '대한' 것이 아니어야 한다."[135] 그것은 내용을 갖지 말아야 하고, 그 고유한 "행위"로 내려가야 한다.[136] 능동적으로 "기여하지 않은 모든 것"은 "걸러져"야 한다.[137] 그 행위의 발효에 내재하는 기여적 힘이 되지 않은 어떤 것도 남지 않을 것이다. 예술 작품은 "운동"으로 가득 차겠지만, 그것은 더는 "연장적"이지 않을 것이다.[138] 강도는 **그것**[작품]이 움직임을 만들었을 때 – 그것이 그 고유한 행위를 내재적으로 활성화한 방식으로 구성되었을 때 복원될 것이다. 그럴 때 그것은 "비대상"[139], 즉 순수하게 그것의 자기발생하는 사건일 것이다.

관습을 유예하고, 분절된 읽기를 걸러 내고, 경험적 강도 사건의 자기발생함에 능동적으로 기여하는 것을 발견하는, 이것은 대단한 노고이다. 예술가의 자발성만으로는 충분치 않다 (그 때문에 어윈은 추상 표현주의에 대해 짜증을 낸다.[140]). 기술이 전부이다. 예술을 순수한 행위로 만들기 위해서는 "작품의 정황을 그것의 모든 물리적 측면에서 통제할" 필요가 있다.[141] 이것은 **자발성이 예술 작품으로 이전되어야** 하기 때문이다. 객관적 조건에 대한 완전한 통제가 필요하며, 그리하여 예술 작품은 **그 자신의 순수 행위의 주체**가 된다. 이것은 화이트헤드의 어휘와 일치한다. 거기서 사건의 역동적 형식은 그것의 "주관적 형식"이라 불린다. 화이트헤드는 한 계기의 주관적 형식을 느낌의 "어떻게"[방식], 그것의 "느낌의 성질"이라고 말한다. 다시 말해 사건이 자신의 객관적 조건이 바로 그러할 것을 요구하는 — 그러나 그 조건에 제약되거나 그것으로 환원되는 것은 거부하는 방식인 것이다. 느낌-성질은 그 사건이 그 객관적 조건 위에 "어떻게" "자기규정을 걸치는가"이다.[142] 그것이 어떻게 자신의 경험적 성질로 자신을 감싸 그 객관적 조건으로부터 탈주하는가. 사건의 자기발생하는 규정 행위는 기술에 관한 것인 만큼이나 효과의 비감각적 강도(비사물성의 절정의 성취) 속에 "그 이상의 통합에 대한" 욕구의 "목적"(융합)의 산물이기도 하다.[143]

어윈은 자신의 작품이 그 자체의 순수하게 발생적인 주관적 형상에서 탈주하기에 적당한 조건들을 마련하는 일에 착수했다. 20년에 걸친 "탐구"가 이어졌고, 그 시간 동안 "바깥세상은 계속해서 멀어져 갔다."[144] 따로-구성하기. 어윈은 시종 "제로 지점에" 이르는 "연속되는 환원들"을 통해 자신의 작업을 수행했다.[145] 제로 지점은 폭발 장소였다. 또는 좀 더 정확히 말해서 회화의 시각적 공간을 프레임으로부터 터져 나오는, 자기연소하는 시각 에너지로 대체하는 것. "좋은 회화에서는 모여듦이, 상호작용적 증강이 일어나"며, 그리하여 그 효과가 바로 "우리 앞의 빌어먹을 벽으로부터 튀어나와 우리에게 달려든다. 그것은 그냥, 쾅!"[146] "순수 에너지"는 시각을 통해 해방된다. 그 해방은 얼마 안 되는 남아 있는 포함된 요소들이 상호적으로 "서로에게 작용하"여 그들의 개별적 능력들을 그들이 단일한, 역동적인 융합-효과로 자신을 해방하는 폭발 지점까지 기하급수적으로 "증가시키"는 방식으로 이루어진다.

융합-효과는 거리距離를 가로질러 폭발한다. 그것은 감각적이고 객관적인 요소들 사이의 격차에 일어난다. 그것은 "실재적 긴장"의 효과적 발생이다.[147] 예컨대 어윈은 처음에 구상을 그 가장 기본적 요소, 즉 채색된 바탕 위를 가로지르는 한두 개의 선으로 환원하는 실험을 했다. 시행착오를 통해 그는, 선의 위치의 지각 불가능한 변화가, 색조의 미세한 변화가 그렇듯 "전체 장을 변화시킨" 것을 깨달았다.[148] 이것은, 선이 있는 곳에서는 언제나 그것이 시각에 어떤 경향을 활성화하기 때문이다. 자연히 선은 배경으로부터 분리되기 시작하여 어떤 형상이 되려고 한다. 선이 정확하게 위치하게 되면 그것은 시각의 구상적 욕구를 활성화한다. 그것은 이미 하나의 선 이상의 것이 되었지만, 아직 어떤 형상은 아니다. 이 미니멀한 구성에 의해 어떤 형상도 환기되거나 어떤 식으로든 암시되지 않도록 주의한다면, 시각은 그것의 구상적 경향이 발생하는 상태를 마주하게 된다. 그것은 운동으로 가져와졌지만, 그 자신 외부의 어떤 것도 가리키고 있지 않다. 그것의 능력 중 하나가 활성화되었지만, 그것은 능력을 활성화하는 이 사건이 아니면 다른 어디에도 없다. 그것은 자신의 고유한 능력 속에서 진동하며 대상 없는 에너지—추상적 에너지로 전율하고 있다. 바탕과 형상의 이접은 아무런 볼 것도 제공하지 않는 시각의 에너지로 채워져 있지 않다. 시각의 활성화를 통해 일어나는, 시야의 어떤 특정한 대상에도 상응하지 않는 지각적으로 느껴지는 운동. 사고된-느껴진 운동신경적-고유수용적 시각-효과. 선의 수평성 또한 채색된 배경의 운동 경향을 활성화한다. 위쪽과 아래쪽의 색채에 서로 다른 무게를 부여하는 방식으로 수평의 선을 지평선으로 경험하는 시각의 경향으로 인해 채색된 배경에서 긴장이 나타난다. 아래쪽 공간은 시각에 중력을 행사하며, 그것은 지각적으로 관성으로서 느껴진다. 위쪽의 색조에 극히 미묘하게만 가벼움을 암시해도 시각을 위쪽으로 이끌게 되며, 거기에는 시각 자체가 무게로부터 해방되었다는, 그리고 상승할 수 있는 가벼움을 가지고 있다는 감각이 수반된다. 회화에 의해 산출되는 전면적 효과는 이 두 차등적 긴장의 유적인 융합-효과이다.

각각의 긴장은 시각의 활력 정동이다. 효과의 전면적 통일성 속에서 그것들의 상호 포섭은 시각의 정동적 색조를 – 이 사건 속에서 그것의 특이한-유적 느낌을 낳는다. “시각의”란 시각에 내재적임을, 시각 발생의 직접성 속에서 그것의 활성화와 더불어 직접 도래함을 뜻한다. 선의 위치의 어떤 변화라도 전면적 효과를 변조하는 시각적 긴장들 사이의 긴장을 오갈 것이다. 미술 작품은 시각의 진정한 기계, 즉 그것의 산출과 치환을 위한 존재의 기술이 되었다. 이런 특수한 기술에 의해 가능해질 수 있는 치환의 폭에 대한 직관적 감각을 줄 만큼 충분한 선 회화가 실험적으로 제작되고 나자, 옮겨갈 때가 되었다. 보다 미니멀한 시각적 요소로 구성된 회화가 그들의 자리를 차지했다. 즉 선 뒤에는 점이 왔다. 점 회화는 중심과 주변 사이, 두 가지 색조(초록과 빨강[149]) 사이의 차이생성적 긴장들을 가지고 실험했다.

지각의 지각

산출된 효과는 “부유하는 느낌”이다.[150] 우리의 시선은 “공중에서, 중간에서, 혹은 중도에서 끝난다."[151] 이런 추상-효과 자체는 "추상 가능하지 않다."[152] 그것은 자신의 고유한 발생에 깃든다. 그것은 다른 어떤 것에 적용되거나 다른 곳으로 옮겨질 수 없다. 그것은 그것이 지금 있는 바로 그곳, 생명의-"가운데" 있다. 그것은 그 자체의 "비매개된 존재"이다.[153] 자신의 활동 속에서 강도적으로 유예된 시각의 특별한 방법에 지나지 않는다 — 또는 다름 아닌 그것이다. 그 유적 요소들 사이의 긴장의 유발에서 "자신을 폭로하는" 시각의 "자약."自若, self-possession [154] 회화 표면에서 지각적으로 자기운동하여, "일종의 엔트로피적 소멸로……사라질" 뿐인 것으로 느껴지는 "어떤 성질, 어떤 에너지"로서 자신을 폭로하는.[155] 자기유발하는 시발성의 상태에서 포착된 진동하는 시각의 성쇠.

"어느 정도 시간이 지나야 한다."[156] 효과가 점점 커지고 자기연소하게 되기까지는 시간이 걸린다. 융합-효과는 캔버스 표면에서 분리되어 중-간의 부유라는 어느 곳도 아닌 곳으로 간다. 그 효과는 비국소적이다. 그것은 어떤 특수한 곳에도 없다. 그것은 전면 효과이다. 그것이 결과적으로 오는 곳은 엄밀히 말해 장소가 아니라 기본적인 관계적 장이다. 봄의 객관적 공간은 시각에 의해, 그리고 시각에 대한 사고-느낌의 추상적 시간으로 전환된 과정 속에서 자약해졌다. 시야의 가상.

시각의 자약이 가지는 사고-느낌은 어떤 수준에서는 그 사건에 내재적이 되는 구성 요소들 사이의 (비관계의) 차이생성적 관계로부터의 유희이다. 동시에 또 다른 수준에서 그것은 시각이 그 자체의 발생에 관계를 맺는 방식, 즉 시각의 자기관계 짓기의 방식이다. 이것은 양방향적 사건이다. 이중적 경험. 이중적 배치의 경험. 국소적 기호들의 감각적 질서는 전면적 융합-효과에서 비감각적 연계의 사고-느낌으로 이양되는 것으로 보인다. 시각의 활력 정동들은 그들의 표면으로부터 떨어져 함께-출현하고, 서로의 안으로 융해되는 것으로 보인다. 그것들이 포섭된, 그리고 사건의 특이한 성질을 이루고 있는 정동적 색조는 오직 이 추상적 운동만을 고려한다 — 그것은 추상의 운동 자체이다. 지각은 특수한 어떤 것이 아니다. 그것은 지각의 지각이다.[157] 그것은 그것이 경험적으로 지각하게끔 되어 있는 것에 대한 사고-느낌이다. 세계의 영원히-현행인, 강렬하게 예증된 자기추상에 대한 직접적이고 비매개적인 의식. 질적-관계적 우주의 그 경험적 생성에 대한 운동신경적-고유수용적 일별.

시각의 이런 자기관계 짓기는 자기참조적이고, 특별한 의미에서 반성적이기조차 하다. 그것은 시각 속의 세계에 대한 반성이 아니다. 의식 속의 시각에 대한 반성도 아니다. 차라리 그것은 시각의 사건 속에 순수한 행위의 의식적 반성이며, 그 순수한 행위에 의해서 그것은 그것의 느낌-성질이 사유와 관계적으로 구분되지 않는 지점을 향해-도달하는 가운데 언제나 자신으로부터 무형적으로 벗어난다. 전부가 "4인칭" 단수로. 순수한 요소적 행위로 이해된 사건에 대해 우리는 가주어 "it"을 붙인다. 벌어지다*It* happens. 비가 오다*It* rains. 눈이 오다*It* snows. …… 사고-느끼다*It* thinking-feels.

따로-구성하기에서의 이런 모험으로부터 더 먼 전장으로 나아가는 함께-구성하기로 미끄러지듯 이어짐이 일어날 수 있는 곳은,

시각이 그 고유한 사고-느낌의 순수한 행위 안에서 그 사건을 자기참조하는 이 정점뿐이다. 어윈의 외-요소들의 따로-구성하기는 막 시작된 형상-배경 효과, 막 시작된 지평선 효과, 막 시작된 수직의 중력 효과 속에 봄을 유예시켰다. 공간의 싹들. 시각적 표면으로부터 해방된 순수한 에너지는 운동신경적-고유수용적이 되지 않을 수 없다. 전율하는 시각은, 무형적-비국소적으로 말해서 간지러운 발과 거리가 멀지 않다. 보행의 싹들. 어윈의 공들인 탐구는 그 정화 기획의 제1 목표들에 속했던, 공간의 시발성과 연장적 운동을 시각에 내재적으로 만드는 데 성공했다. 의도되지 않은 불가피한 포함들이, 호박 속에서 선사 시대의 벌레들이 발견되는 식으로 순수한 행위 안에 포착되었다. 세계로부터 정화되어 온, 그리고 두려운 낯섦과 더불어 회귀하는 시간 속에 유예된 사물들.

재관여[158]

어윈은 그가 시각을 그 내재성의 관계적 장으로 "환원"시킨 결과로서 작품이 역설적으로 공간과 연장적 운동을 "받아들이기" 시작했으되, 이는 그 존재의 기능으로서 미니멀하게 받아들이는 것일 뿐임을 깨달았다. 나아가 그는 이 "받아들임"이 회화를 둘러싼 환경의 현실적 공간과 다시금 "관여되게 되기" 일보 직전이라는 것을 깨달았다.[159] 그의 비대상 미술은 이제 움직여 나갈 준비가 되어 있었다. 그것은 자신의 고유한 사건 속에 접혀 있었고, 이제 그 사건으로 펼쳐져 걸어 나갈 준비가 되었다. 이것은 원칙적으로 겉으로 보이는 것만큼 어렵지 않다. 결국, 요소적 관계적 장의 차이생성이 융합적으로 "취할" 때 폭발하는 효과는 비국소적이다. 그것은, 비국소성을 펼쳐 그 "취함"이 그 이상의 차이생성을 받아들이는 구간이어서는 안 된다

따라서 어윈은 이제 추가하기 시작했다. 관계적 장을 확장하기 위해 더욱 많은 요소들을. 그는 캔버스와 틀을 없애고 디스크들을 벽에 직접 붙였다. 대상성이 되돌아왔다. 선조차 일부 디스크 실험들에서 디스크를 가로지르는 현실적이고 물질적인 띠로서 물질화되었다. 그는 또한 조명을 추가했다. 즉 디스크를 가로질러 교차하는 조명의 각도들을. 그 효과는 이전과 마찬가지로 동일한 시각의 활성화였다. 그러나 이제 미술 비사물art nonobject은 벽으로부터 이탈해 주변 공간으로 가는 것으로 지각적으로 느껴졌다. 원반이 "실재적"인 것인지 아니면 어떤 사물의 가상인지 말할 수 없었다. 그것은 특정한 공간을 점하지 않았지만, 여전히 어떤 두려운 낯섦의 방식으로 공간을-채우는 것으로 여겨졌다. 이는 긴장들 사이의 긴장에서 야기되었다. 교차하는 여러 단계의 조명(빛과 그림자) 사이의 긴장, 3D 사물의 현실적 입체감과 그것이 튀어나온 벽의 배경 평면 사이의 긴장은 전면적 긴장 속에 포섭되었다. 긴장들 사이의 긴장은 공간의 가상 속에서 시각의 자약을 재수반하는 효과가 있었다. 그물망 효과는 지각적-사건적 상호 포함 속에 봄의 가상에 둘러싸인 공간의 가상이었다. 공간의 싹들이 그들의 성장을 지각적으로-느껴지게 할 것이기 때문에, 그 자체로 공간을 만드는 봄의 가상. 이 모든 것은 함께-구성하기, 즉 상이한 매체에 속하는, 심지어 3D 사물을 다시 주름 안으로 불러들이는 요소들 사이에서 공공연

히 작동하는 구성적 기술을 통해 성취되었다.

생태적 비매개

거기서부터 어윈은 작품을 벽에서 떼 공간 안으로 옮기기로 했다. 그는 구성적으로 전체 공간을 받아들이는 지각적으로-느껴지는 융합-효과들을 창조한 환경적 디자인을 시작했다. 한 가지 사례만으로도 이것이 어떻게 세계 속에서 미술 작업하기의 보행적 재관여로 되돌아가는지를 보여 주는 데 충분할 것이다.

바닥에서 천장까지 이어지는 거의 투명한 흰 스크림scrim이 공간의 한쪽 벽에서 어긋나게 설치되어 있다. 조명은 공간에 처음 들어갔을 때 아무것도 전혀 알아채지 못하게 되어 있다. 우리는 텅 빈 공간을 보고 있다고 생각한다. 그러나 공간 안을 걸어 다니면서 우리의 시각을 통해 지각적으로 느끼기 시작하게 되는 것은 무엇인가가 잘못되어 있다는 본능적 감각이다. 효과가 나타나는 데는 시간이 조금 걸린다. 그것은 우리를 괴롭힌다. 우리는 약간 혼란에 빠졌다고, 어쩌면 조금 어지럽다고 느낀다. 우리는 무엇인가가 걸린다고, 시각의 주변부가 유발하여 그것에 주목하도록 근질거린다고 느낀다. 그러나 주의를 기울여도 우리는 아무것도 쳐다볼 것이 없다. 그때다. 쾅! 스크림이 갑자기 시야에 뛰어 들어온다. 우리가 그것을 바라본다기보다는 그것이 우리에게 뛰어드는 것이다. 그것은 갑자기 난데없이, 시각의 자기활동으로부터 나타났다.

시각은 그것이 어렵게 받아들인 조건들 아래서 자신의 한계 속에 전율해 왔다. 공간 속을 걸어 다님으로써 그것은 그 자체로 나설 수 있게 되었다. 그것은 스크림의 그 뒤편 벽으로부터의 어긋남이 바로 지각의 문지방 위에 있었기 때문에 발생했다. 그것은 보일 만큼 분명하지는 않았지만 아무런 효과도 없을 만큼 전체적으로 지각 불가능하지도 않았다. 이는 처음에는 의식적으로 보이지 않지만 이미 비의식적으로 활성화되어 있던 꺼림칙한 깊이-효과를 산출한다. 효과로 나타날 필요가 있었던 것은 실내를 걸어 다니는 현실적인 운동신경적-고유수용적 경험이었다. 시각과 운동의 감각 사이의 비의식적 협업에서 초래된, 예술 작품의 융합-효과. 우리가 공간을 걸어 다니는 것은 부수적인 일이 아니다. 그것은 도래하는 사건 안에 그것의 발-효를 위한 능동적 힘으로서 선구성되어 있었다. 관람객이 갤러리를 걸어 다니는 것은 작품 안에 그것의 구성 요소로서 포함되었다. 그것은 관계적 장에 대한 기여자로서 작품에 내재하도록 만들어졌다. 연장적 운동은 받아들여졌다. 관여된 요소들 사이의 긴장이 시간을 들여 작동함에 따라 스크림의 확정적 보기는 의식적 앎의 문턱을 향해 상승하고 있었다. 작품은 스크림이 아니다. 그것은 공간이 아니다. 그것은 보기와 연장적 운동 사이의 무형적 협업 속에서 지각에-대한-지각의 복합적인, 의식적으로 확정적이 되기에 대한 지각이다.

지각의 발생에 대한 지각은 갤러리 방문객의 주관적 관점이 아니다. 경험은 취한다. 즉 그것에는 나름의 시간이 들고, 그것은 요소들을 그 자신에게로 취하며, 시작되는 효과의 촉매적 감각을, 또는 느린 폭발의 연소적 감각을 받아들인다. 그 경험은 어떤 한 요소에 속하는 것이 아니라 그것들의 바로 이런 식의 함께-도래함에 속한다. 그것은 "그물망"의 결과이다.[160] 갤러리 방문자의 인간적 요소는 분명 그 그물망에서 특권화된 연계이다. 그러나 표현을 취하는 존재의 기술이라는 관점에서 인간적 요소보다는 표현적 사건의 정점을 위한 전달자가 중심이 된다. 그것은 그물망을 느끼기 위해 거기 있으며,[161] 그것에 확정적 주관적 형식을 부여한다. 경험적 효과는 그것이 고유한 사건으로서 그 자체에 발생하듯 방문자라는 전달자를 통해 방문자에게 발생한다. 그 효과는 인간적 앎의 문턱 아래서부터 차오른다. 경험적 효과는 그것이 시작할 준비가 되었을 때, 그 고유한 리듬에 따라 그것의 방식으로 그 문턱을 넘게 된다. 그것—사건-그물망—은 인간-에게-맞춰진, 그-자체에-지각적-초점을-맞추는 과정을 거침으로써 자신의 함께-도래함을 표현한다. 이것은 경험을 통합적으로 생태적인 것으로 만든다.

사건이 생태적이라는 것은 그것이 문화적인 것에 상반되는 의미로 "자연적"이라는 의미가 아니다. 그것은 자연적이라고 분류할 수 있는 요소들(인간 신체의 생리학, 빛과 물질의 물리학)을, 그것들을 효과적으로 문화적 요소들과 융합하는 방식으로 받아들인다. 그 함께-도래함은 자연-문화 연속체에 의지한다. 보통 문화적 매개의 요소들로 여겨지는 것들은 다른 어떤 요소들과도 마찬가지로 직접 생태적 그물망에 들어간다. 표현의 사건에 내재적이-되기 속에서 그것들은 직접적인 기여적 힘들이 된다. 그것들은 비매개된다. 경험적 효과가 그 고유한 내재적 리듬에 따라 직접적이고 비매개적으로 느껴진다고 말하는 것은, 문화적 관습과 코드화가 그것의 결과적 발생에 기여하는 정도에 주목하는 것과 모순되지 않는다. 이 과정이 일어날 수 있는 것은 오로지 관람객이 한 공간의 관습적 배치와 갤러리 건물의 건축적 코드들에 친숙하기 때문이다. 최초에 공간에 들어갈 때의 지각의 떨쳐 버림과 그 공간의 특이성에 대한 최종적 확정은 모두 이 친근성에 좌우된다. 경험적 사건의 유발은 바로 관습들, 분절적 읽기들, 회화에 대한 실험에서 그토록 일관되게 걸러져 온 뿌리 깊은 습관들 위에서 작동한다.

진리의 가상 (스며듦)

자연적인 것과 더불어 그물망을–표현하는 사건을 향해 연속체 속으로 끌려들어 간 문화적인 것의 비매개는 어윈이 처음부터 추구한 경험의 강렬함의 직접성을 잃지 않으면서 요소들을 다시 덧붙이기 시작하는 것을 가능하게 해 준다. 그의 뺄셈 경향은 이제 증대하는 강도를 향한 동일한 운동을 계속하면서 자신을 반전시킬 수 있었다. 작품은 복도와 계단으로 갈 수 있었고, 그러고는 건물을 나가 건물들 사이의 공간에, 정원들과 수풀들 사이에 자리 잡게 되었다. 무한의 융합–유효성. 어윈은 그 자신의 실천이 제한을–벗어나게 했다. 그 강도는 영원히 확장하는 원환들 속에서, 마치 흡수성 종이 위에 떨어진 잉크 얼룩이나 포도鋪道 위의 기름 자국처럼 번져 나갔다. 그 존재의 기술은 자신의 주변으로, 그 표면을 가로질러 다채롭게 빛나면서 자신을 흡수시킨다.

예술 작품이 세상으로 나오기 전에도 그것은 이미 보행적 효과를 지닌다. 우리가 스크림 설치 중 하나를 떠날 때 한 가지 여파가 있다. 우리는 자신이 갤러리를 나서서 거리를 걸어갈 때 [이전과] 다르게 사고하는-느끼는 것을 느낀다. 지각의 그 자체에 일어남을 지각하는 느낌이 우리와 함께한다. 거리의 원근법에 조금 낯선 어떤 것이 있다. 우리는 걸어 다니고 둘러볼 때 도시의 깊이들을 사고하는-느끼는 것을 알고 있다. 시각과 고유수용의 구성적 협업은 그 사건의 현행 속에서 여전히 자신을 반영하고 있다. 거기에는 우리가 세계를 이중으로-경험하고 있다는 매우 희미한 기시감과 같은 낯선 느낌이 있다. 우리는 보통은 일상생활의 무의식적 배경 속에 남아 있는 경험의 가상화—그것의 이중 질서와 우리의 이중 존재—를 의식적으로 경험하게 된다. 지각은 스스로 갱신된 것을 느낀다. 우리의 경험이 그 시발성에서 지체하고 있기 때문이다. 이것은 강력하게 암시적이지만 불특정적이다. 이것은 어떤 차이를 만들어야 한다. 어떤 차이를 만들 수 있을 것이다. 하지만 어떻게? 어떤 차이를? 사변적인 것일 수 있을 것이다/이어야 할 것이다. '어떻게'와 '어떤'에 대해서 말하자면 실용적으로. 거리를 걷는 것은, 그것이 직접 사고-되는-느껴지는 방식으로 사변적으로 실용적으로 재생성한다. 그 예술 작품은 이미 차이를 만들었다. 생태적 진리의 가상이라는 역동적 형상 속에서 막 시작된 차이. 남은 것은 그것이 다른 요소들을 받아들이고, 다른 친근성들·관습들·분절적 읽기들 위에서 작동하고, 아직 발명되지 않은 세계-선들로 나가 그것을 따라가는 방법을 비매개하면서 계속해서 유희하게 될지 여부, 혹은 그것을 어떻게 할지를 보는 일이다.

정치성

말러가 작곡했던 방식은 어윈이 시각을 가지고 구성했던 방식과는 특이하게-유적으로 다르다. 이 둘의 실천이 가지는 차이들은 질적-관계적으로 말해서 상이한 감각 양태들이 중시되는, 분류 가능하게 상이한 매체들 속에서 작업했다는 단순한 사실과 별 관계가 없다. 말러는 소리를 가지고 작업한다. 그것은 말할 필요도 없다. 진짜 질문은 그 밖에 무엇으로 작업하는가이다.[162] 그의 작업을 통해 다른 무엇이 들리는가? 오케스트라로 산의 광경을 듣게 되는 지점에서 문제의 표현적 사건의 방식에 대한 우리의 이해 어딘가로 우리는 데려가지고 있다. 어윈은 수십 년을 회화에, 순수하게 회화에, 오로지 회화에 바쳤다. 그렇다, 하지만 그 밖에 무엇인가?[163] 안료가 거리에 스며들고 순수하게 회화였던 과정이 산책을 나왔을 때, 우리는 그가 탐구하고 있던 존재의 기술을 포착하기 시작하고 있다.

표현의 실천에 대한 평가는 그 과정의 "어떻게"를 붙들고 씨름해야 한다. 그것은 과정이 변형적으로 전개되면서 그 과정의 단계들을 통해 그 차이 중 "어떤 것"이 발생하는지를 이해하려고 애써야 한다. 논점은 창조적 변화의 방식['어떻게']과, '그중 어떤 것인가'이다. 방식[어떻게]은 테크놀로지가 관여된 무엇이든 그것의 기능으로 환원될 수 없다. 테크놀로지는, 언제나 여러 종류의 많은 가외를 받아들이려는 욕구를 가진 존재의 기술에 의해 감응된 함께-도래함에 기여하는 요소이다. 그것에 관여되는 테크놀로지가 생생함의 엔진일 수 있는 것은 오로지 존재의 기술이 생명의 기술이기 때문이다. "어떤 것"은 내용에서의 차이로 환원 불가능하다. 그 질문은 내용보다는 활력 정동들을 근본적으로 고려하며 범주들보다는 정동적 색조들을 더 암시적으로 고려한다.

과정적으로 말해서 말러는 내용의 예술을 정화하는 기획을 공유한다는 점에서 어윈과 같은 편에 세워진다. 그들은 내용의 회귀하려는 영원한 경향에 대처하는 방식, 그리고 구성될 표현의 사건들의 경험적 강도를 유지하는 방식에서 서로 다른 전략을 취한다.

말러는 음악의 절대성을 위해 따로-구성[작곡]했다. 그는 음악-외적 요소들의 특이한 음향-되기를 발효했다. 그러나 그가 이를 한 방식은, 그와 그의 시대가 유적으로 알고 있었던 바의 음악 활동 외부로 이어지기는 어려웠다. 음악당 주변으로의 누출은 그 주변이 방대하게 받아들여졌을 때조차 제외되었다. 그가 발명한 오케스트라 음악의 되기는 자기회귀를 위해 구성되었다. 그는 특히 음악 활동의 활력 정동들을 변화시켰지만, 음악으로서 그것의 정동적 색조를 유지했다. 그는 음악사의 연보에서 현저하게 중요한 인물이다.

어윈이 회화에서 외-요소들을 따로-구성하는 과정은 점차 주변으로 들어갔다. 그것은 계속해서 함께-구성하기로 들어갔다. 회화의 활력 정동들에서 그 특유의 변화는 그들을 통합적으로 다른 것이 되도록 이끈 진화를 시작했다. 그 일의 정동적 색조는, 활력 정동(예술 작품을 발생적 지각적 "에너지"로 창조적으로 채우는 수단)을 변조하는 기술과 동시에 검토되고 있었다. 그의 과정은 위상 변이를 통해 자신을 확장했다. 그것은 다음 위상으로 변형되면서 지속적으로 이동하여 스스로 탈위상화했다. 미술사에서 어윈의 위치는 오래도록 논란거리가 될 것이다 (화가? 조각가? 설치 예술가?

조명 예술가? 공간 예술가? 정원사?).

말러의 존재의 기술은, 더 강렬하고 절대적으로 그 자기되기를 끈질기게 재위상화했다. 어윈의 존재의 기술은 강도에 대한 그 고유한 목적의 순수성에 대해 결코 타협하지 않은 채, 보다 확장적으로 타자되기를 향해 스스로 탈위상화했다. 말러는 음악적 지각의 새로운 양태를 발명했고, 그러면서 그 지각에 대한 지각을 강조하지 않은 채 그것이 자기 주변에 견고하게 감겨 있도록 했다. 어윈은 모든 단계에서 지각에-대한-지각을 중시하고 표현의 순수한 행위를 견고하게 자기회귀적으로 만들기보다는 확장적으로 자기참조적인 것으로 만들면서 원환들의 확장 속에서 지각의 새로운 양태들을 발명했다. 말러는 음악 우주의 사변적 산물을 포용했다. 어윈의 사변적 창조성은 세계 속에서, 실용적 운동들이 도시적 퍼텐셜 속에서 강렬하게 사전추적된 방식으로 보행적이 되었다.

이러한 과정적 차이들은 말러의 그리고 어윈의 표현적 사건들을, 그들의 형식적 스타일에 대한 어떤 관습적 분석이나 그들의 표면적 내용에 대한 예술사적 접근보다는 존재의 미적 기술로서의 표현적 사건으로 이해하는 데 있어 훨씬 결정적이다. 과정적 차이들은 **내용에 선행하고**precede **형식주의를 넘어선다**exceed. 그것들은 경험적 사건의 시발성 속에서 내용에 선행한다. 이러한 시발성은 언제나, 내용의 결정(애초에 거기에 도달한다면)을 고려하기에 앞서 욕구의 집요함, 강도에의 유혹, 함께-도래함의 **활동**을 고려한다. 그것들은 비감각적 유사성의 자기부유 속에 형식 규정을 넘어선다. 비감각적 유사성은 그것이 산출되는 순간 연속적인 질적-관계적 차이화의 외-존재가 된다.

이러한 미적인 과정적 차이들이 동시에 정치적이라는 것을 어떻게 인식하지 않을 수 있겠는가? 어떤 과정이 자기회귀의 되기를 중심으로 돌아가는지 아니면 다른-것-되기를 중심으로 돌아가는지가 정치적 차이를 만들어 낸다. 어떤 과정이 그 말단에 도달할 때 그 주변이 따로-구성된 채로 남아 있는지, 아니면 그 따로-구성하기가 스스로 어울림을 익혀 주변을 다시 안으로 되돌리는지가 정치적 차이를 만들어 낸다. 존재의 기술이 그 자신의 활동과의 관계를 어느 정도까지 협상하는지, 그것이 지각에-대한-지각으로 자신을 연장하는지의 여부 또는 어떤 식으로 연장하는지에 따라 정치적 차이가 만들어진다. 그것이 어떻게 사변적으로 행위하는지, 말하자면 그것이 모든 경험의 사변적-실용적 이중성을 어떻게 조종하는지가 정치적 차이를 만든다.

잠세적으로. 이 모든 것은 잠세적으로 차이를 만든다. 이것은 잠세적 정치학에 관한 것이다. 하지만 그렇다면 잠세적 정치학은 퍼텐셜의 정치학이다. 그리고 어떤 정치학이 퍼텐셜에 관한 것이 아닌가? 질적-관계적 퍼텐셜. 제작 중인 생명의 형식들의.

생명의 형식은 앞서서 "사건적으로 잠재적 상호 포함 속에 함께 나타나는 존재/할 수 있음/앎/결핍됨의 복합적 방식"으로 정의되었다. "변화의 조건들 속에서"라는 것은 정의에 내포되어 있다. 또한 "존재"가 그 고유한 사건이라는 것, 즉 생성의 존재라는 것도 이해되었다. 존재의 기술은 생성의 양태로서 삶의 형상의 조작자이다. 그 조작에 따르는 사건들은 그 피조물들이다. 존재의 기술의 조작은 구성의 한 양태이다. 구성적 과정은 개체발생적이다. 즉 생명의 형상들의 나타남을 고려한다. 정치학이 생명의 형식들의 잠세적 생동화에 관한 것이라면 그것은 본질적으로 존재의 기술의 조작과 밀접한 관계가 있다. 그것의 활동이 구성적이고 개체발생적이라는 것은 그것을 보다 근본적으로 규칙적이기보다는 창조적인, 해석적이기보다는 창의적인 것으로 만든다. 생명의 형상을 구성하는 복합적인 방식이 "잠재적" 상호 포함 속에 나타난다는 관념은 즉각적으로 무형적 경험과 비감각적 유사성이라는 질문을 제기한다 — 정치적인 것의 심장부에 체험된 추상이라는 문제를 위치시킨다.

우리는 이제 사변적-실용적으로 미적인 것과 정치적인 것을 더는 분리할 수 없는 지점에 와 있다. 정치적 어휘는 운동의 성질들을 조우 중인 객관적 형상들의 조합으로부터 어떻게 분리할 것인가와 같은 논점들을 다루도록 확장되어야 할 것이다. 사건들의 운동은 어떻게 그것이 가는 곳 "뒤편", 그리고 그것이 멈추는 곳 "너머"로 잠재적으로 계속되는가. 비국소적 연계들은 어떻게 사물들의 변화하는 위치로부터 자발적으로 분리되는가. 그것들은 어떻게 그들 고유의 구성적 질서의 우주 속에서 질적, 관계적 회합으로 진입하는가. 세계는 어떻게 서로에게 작용하고 대비되는 싱크레시스와 합생의 이중 질서에 의해 통치되는가. 어떻게 모든 존재는 통합적으로 양자 모두, 이중 작용, 이중 존재인가. 이것은 "정치적 이중성"이라는 용어에 완전히 새로운 의미를 부여한다.

"미학의 정치학"은 "감각 가능한 것들의 분할"[감성의 분할]과만 관련된 것이 아니다.[164] 더 강렬하게, 더 창의적으로, 더 강력하게 그것은 감각 가능한 것과 비감각적인 것 사이의 분할, 즉 경험의 이중적인 미적-정치적 경제와 관련되어 있다. 이를테면 방금 언급된, 자기회귀, 타자-되기, 표현의 순수한 행위들의 발생적 자기참조성 같은, 세계의 이중의 싱크레시스적/합생적 배열이 어떻게 창조적으로 교섭되는가 하는 미적 논점들은 정치적인 것을 사고하는 핵심 기준이 된다. 그것들은 (인정된 예술 기관들과 예술 시장과의 관계로 규정되는 것과 같이) 관습적으로 예술의 현실적 영역에 속하는 것으로 범주화된 활동들에 적용되기만 하는 것이 아니다. 어떤 영역에서도 모든 존재의 기술에 관련된 이런 미적으로 **정치적인 기준**은 사변적·실용적 접근의 핵심에 **정치성의** 미적 **기준**을 추가한다. 정치성의 사변적-실용적 기준은 세계의 이중적 배열이라는 사건에 의해 제시된 가장 기본적인 **기술적** 질문에 관한 것이다.

그 질문은, 무엇을……내용에 관해 할 것인가? 하는 것이다. 존재의 기술은 어떤 식으로 싱크레시스와 합생 사이에서 내용을 다룰 것인가? 그것은 그 내용의-준비됨 안에서 자신을 유예시키면서 내용의 과정을 비울까? 또 만일에 그렇다면 어떤 비감각적 목적으로? 그 기술이 내용의-준비됨에서 그것의 과정을 유예시킨다면 그것은 그 유예를 얼마나 멀리 가져갈 것이며 그것을 얼마나 오래 유지할 것인가? 존재의 기술은 어떤 변형의 시간 속으로 그것의 내용을 따로 구성할까? 강도적 목적으로? 그것은 그 싹들이 다시 자라날 길을 놓을까? 만일에 그렇다면 어떤 새로운 합생으로, 어떤 새로운 세계-선을 따라 그것들은 성장할까? 혹은 그 과정은 현존하는, 검증된 세계-선들로 되돌아갈까?

사변적-실용적인 "무엇을 할 것인가?"는 그 물음을 완전히 상반되는 방향으로 틀어 같은 표현으로 이루어진 레닌의 질문으로 간다. 레닌의 질문은 당 노선에 따른 답, 즉 외부로부터의 질서를 구했다. 사변적-실용적 질문의 힘은 존재의 내재적 힘들을 표현하게 하는 것으로 향한다. 레닌의 질문은 그것이, 상당히 다른 의미의 "힘"에 손짓하면서 오로지 하나의 "올바른" 해결책만을 인정한 방식에 있어 정치적이었다. 사변적-실용적 질문은 같은 방식으로 정치적인 질문이 아니다. 그것은 정치성에 대한 질문이다. 그 답은 잠세적으로 다수이며, 한 과정의 자기형성의 내재적 운동 안으로부터 각기 자기결단한다. 정치성의 사변적-정치적 기준들은 한 과정이 자신을 실행하는 강도에 관한 것이다. 그것은 그 과정이 어떻게 외부로부터 적용된 올바른 판단의 전제된 프레임에 필적하는가에 관한 것이 아니다. 그것은 생명의, 그 존재의 변화하는 힘들, 즉 생성의 힘들의 내재적 척도로서 질적-관계적 추상을 창조적으로 살고자 하는 욕구의 형식이 가지는 강도에 관한 것이다. "미적 사실"로서 이해된 새로움으로의 "창조적 전진" 일부로서 "느낌의 강도에 대한 겨냥"이란 결국 화이트헤드의, 모든 과정을 위한 "궁극의" 기준이다.[165] 이런 의미에서 정치성은 과정의 형이상학적 실재에 부수적이지 않다. 그것은 추가되거나 생각난 것이 아니다. 그것은 궁극의 형이상학적 질문들로 가득한 채 도래한다. 이것들은 그가 반복해서 주장하듯 우주론적 질서에 관한 것들이다. 이는 인간이 없는 곳에조차 정치학이 있음을 암시한다. 그는 나무들의 "민주주의"에 대해 언급한 것으로 유명하다.[166] 사변적-실용적 정치성은 극단에서 인간 이상의

것, 즉 **세계정치**cosmopolitics와의 관계 속에서 자신을 발생시킨다.[167]

언표하기의 과정적 빈곤

내용의 영원 회귀를 붙들고 씨름하는 어떤 생명 형식의 강도가 그 정치성을 구성한다면, 그것과 씨름하는 데 실패한, 혹은 그것을 거부한 존재의 기술들은 정치에 무관심하다. 어떤 존재의 기술이 정치적일수록 그것은 더욱 창의적으로 반복된다. 그것은 특유의 모멘텀으로 반복되는 차이화들의 리듬을 따르면서 자기를-위상화한다. 그것은 나름의 시간을 들여 자신의 의지대로 배치하면서 위상화하고, 탈위상화하고, 재위상화한다. 그것은 결국 **자기표현한다**. 덜 강렬한 정치성을 동원하는 기술은 그 대신 **언표한다**. 그것은 순전히 "에 관한"about 것이다. 그것은 그 자체의 발생 외적으로 — 그것의 과잉 속에서와는 대조적으로 — 표현할 것을 주장한다. 그것은 외-요소들이 그 과정 바깥에 놓여 있음을, 종종 흡사 **모든** 과정 바깥에 있는 듯 하다는 것을 지적하는 데 만족한다. 상식과 양식이 이것을 한다. 의견이 이것을 한다. 교의 또한 그것을 한다. 그것들은 사물들에 "관한" 이야기를 계속한다. 그것들은 참조하고 재현하며, 설계하고 지시하고, 상징화하고 의미화한다. 그것들은 손가락질하고 주먹으로 내리친다. 그것들은 마치 순수한 지시가 가능하기라도 한 것처럼 계속한다. 이는 과정에 대한 지시적 부정에 이른다. 그것은 사물을, 이미 그들이 현재 있는 곳과 현재 그들의 존재로, 이미 만들어진 것으로 받아들이는 것이다. 그럴 때 사물은 미리 상정된 형상에 곱게 들어앉은 채, 결정적이고 확정적으로 혼잡한 세계 속에서 다만 공간을 차지하고서, 정적으로는 아니라도 나태하게 정위를 지키고 있다가 어떤 사고가 느껴지기 시작하기조차 전에 가리켜진 위치로 너무 빠르지 않게 움직인다. 변화가 상정되어 있다면 그것을 다시 추가해 넣을 방법들이 발견되어야 한다. 세계의 나태는 (언제나 이미 변형 아래 있는 모든 것의) 과정의 "방식[어떻게]"과 "어떤 것"보다는 사물들의 선정위된 "어디"와 선규정된 "무엇"을 "실재적으로" 그 출발점으로 삼는 지시적으로 타당한 프로그램을 따라 행동으로 유발되어야 한다. 정치적 무관심은 "원래 그런 거야" 그리고 "현실적이 돼"와 같은 일반적 진술에서 출발한다. 그것이 거기서부터 앞으로 이동한다고 해도, 그것은 지친 "당위"의 질질 끄는 목발들을 짚은 채이다—종종, 그들이 실제로 곱게 앉아 있었던 과거에 사물들이 어떻게 존재했던가 하는 감각을 반성하는 당위의 목발을. "원래 그런 거야"/"그래야 하는 법이지"…… 그러니 바스대지 말고 이제 현실적이 돼. 보수적으로 표현된 정치적 무관심의 포물선은 실재적인 과거를 향한 되돌아감의 타성에서 온다. 정치적 무관심은, 그 혁명적 표현에서 미래가 과거, 즉 전위vanguard에 의한 지시적 결정의 최근 과거에 일치하도록 뒷받침하는 것에 대등하게 관계된다. 어느 경우든 욕구는 활동을 언표에, 언표를 프로그램에 종속시키려는 것이다. "정치학"의 이런 실천방식은 기껏해야 오만한 프로그램일 뿐이다. 그것은 언제나 빈약한 과정이다—또한 그런 이유로 사변적-실용적으로 정치에 무관심한 (세계정치에 무관심한) 것의 자격을 얻는다.

정치성의 사변적-실용적 기준들의 도발은 그것이 관습적으로 정치적으로 통하는 것을 정치에 무관심한 것의 강도들, 즉 프로그램의 언표로 평가한다는 것이다. 이것은 이념적이고 당파적인 정강, 개혁 프로그램, 구체적인 목표-지향의 로비 노력, 교의에-초점을-둔 운동을 각기 정도 차는 있지만, 세계정치에 무관심한 것으로 특징짓는다. 그것들의 언표된 목표가 아무리 "정치적"이고 프로그램의 내용에서 아무리 "혁명적"일 수 있어도 말이다. 사변적-프래그머티즘의 정치성 기준의 정치적 사고에 대한 도전은 그것이 관습적으로 존재의 기술들에 근거한 프로그램의 언표에 적용되는 전통적인 좌-우, 진보-보수의 범주들을 따르지 않는다는 데 있다. 언어의 측면에서 볼 때 정치성의 기준들은 언표를 위한 그것의 유용성보다는 존재의 기술이 그 상상적 힘을 이용하는 정도에 훨씬 더 많이 관련된다. 그것은 사물들이 존재하는 방식을 설계하기 위해서가 아니라, 불시에, 창의적으로, 사전프로그램되지 않은, 과거의 모델을 반영하지 않으면서 도래하는 것을 촉매하기 위해 거짓의 힘을 통제하는 그 능력이다. 이것은 사전추적의 잠재적 사건들을 수행하는 언어의 힘이다. 하나의 진리를 산출하는 그 사변적-실용적 힘이다. 그것은 프로그램적인 것의 도움 없이도 설득력을 갖는 직접적인 수행적 힘이다. 그것은 소환하는 힘이다. 관계적 실재성들을 세계-선-그리기로 호출하는 "마법적" 힘이다.

잠재적 사건들의 산출을 위한 존재의 기술로서 언어가 다루는 것은 의미론적인 내용이 아니다. 그것은 내용 형성을 위한 내용의 코드들이나 구문들도 아니다. 상징적 의미도 아니다. 형이상학적 연합도 아니다. 존재의 기술로서 언어가 직접적이고 비매개적으로 체험된 추상 속에 처리하는 것은 활력 정동들의 사건적 특이성, 그것들의, 유적·정동적 색조 속에서의 상호 변형적 포함의 양태이다. 정치성은 늘, 그 최첨단에서 **정동적**이다.[168] 우익은 이를 근본적으로 이해해 왔으며, 그 강력하게 수행적인 정동적 정치성의 수행적 사고-느낌을 30년에 걸쳐 활용했다. 거기에는 과정적 노력을 보여주는, 그리고 사변적 모멘텀을 잃은 기색이 없는 산출된 실용적 진리가 있다. "정치에 무관심한" 것은 보수적일지 몰라도, "보수" 우파는 철저하게 근본적일 수 있다.

언어 수행의 미적-정치적 힘을 칭송하는 것은 결코, 다른 사용역에서 정치적인 종류의 잠재적 사건들을 산출하는 다른 존재의 기술의 힘을 묵살하는 것이 아니다. 시청각 이미지 사용역은 그 "생생함의 엔진"의 활동이 삶의 모든 측면에 지속적으로 통합되는 덕분에 (케이블과 위성TV, 인터넷, 휴대전화, 그리고 그것들의 기술적 수렴을 위한 모든 방식의 디지털 플랫폼들을 통해) 오늘날 틀림없이 더욱더 큰 힘을 갖게 되었다. 중요하게 고려해야 할 점은 경험의 모든 사용역 혹은 양태가 이미 잠재적으로 서로를 싹으로서 담고 있으며, 그들의 무한히 반복된 다양한 사건들의 반복적 산출에 기여하는 모든 테크놀로지, 그리고 이 테크놀로지를 통해 작동하는 모든 존재의 기술들이, 경험적 효과로의 그들의 함께-도래함의 그물망을 구성함으로써만 수행한다는 것이다. 정치성은 언제나 상호 포함의 생태적 질문으로, 그것은 제공된 요소들의 무한성으로 미루어 언제나 지극히 선별적이다. 즉 받아들임과 배제-처리의 사건-경제가 그에 수반되며, 경험적 효과를 결정한다. 발생적 지각적 효과들이 인간에-맞추어져 결정되는 범위와 방식은 주요한 평가 변수이다. 그것은 생명의 형상들의 과정적 생태를 환경주의적 의미에서의 생태에 접속하는 변수이다.

예술 언표

우리 모두는 예술이 매우 잘 언표할 수 있으며, 종종 그렇게 한다는 것을 알고 있다. 그것을 하는 한 가지 전통적 방식은 프로그램의 언어를, 예술 작품에 수반되고 그 사건에 가외적인 "예술가의 언표"라는 형태로 그 자신에 붙이는 것이다. 또 다른 방식은 선언manifesto이다. 거기에는 또한 작품 안에 정치적 메시지들을 포함하는 제스처도 있다. 정치성의 사변적-실용적 기준을 문자로 취하는 이 기술들은 특별히 정치적인 것으로 여겨지지 않을 것이다. 미적 힘의 사변적-실용적 기준들과의 관계에서 (가상을 구성하는 융합-효과) 그것들은 특별히 예술적인 것이 되지도 않을 것이다. 그것들은 결국 내용의 영원한 회귀를 붙들고 씨름하는 방식들일 것이고, 이러한 접근의 정치성에 대한 리트머스 테스트일 것이다.

그것들은 – 그 내용에도 불구하고가 아니라 그것들이 내용을 언표하기 때문에 – 탈정치화될 것이다. 그러나 이것은 오로지 언어의 사용이 취하는 형식에 근거해서만 예단되어서는 안 될 것이다. 어떠한 미리 정해진 기준, 특히 사변적-실용적 기준에 의해서 예단하지 않는 것은 중요하다. 이러한 접근을 위한 논점은 작품의 형식 자체(그것의 인식된 장르나 관습적 제스처들)가 아니고, 그것이 그 자신의 외부에 이른바 외-사건 내용을 가리킨다는 것조차 아니다. 사건에 어떤 요소가 들어가든, 논점은 그 요소가, 역동적 형태와 정동적 색조, 생동하는 성질과 강도를 특이하게-일반적으로 가지는 융합적 효과의 자기이탈을 향하여 사건에 내재적이 되는 힘이다. 작품이 이것을 가졌는지의 여부는 들어오는 상이한 요소들이 "무엇"이냐가 아니라 그들의 차이생성적 함께-도래함이 "어떻게" 이루어지는가에 좌우된다. 이것은 예단될 수 없으며 오직 경험될 수 있다. 조건이 마련되어 온 방식들은 그것에 대해 수행적으로 할 말이 많을 것이다. 따로-구성하기와 함께-구성하기의 전략들, 그들의 상호 함께 도래함(그리고 일부를 점함)의 경제 또한 결정될 것이다. 언표의 단순한 존재는 가상에 대해 아무것도 말하지 않는다. 평가 "기준"은 바로 그것 — 판단의 규칙이 아니라 평가의 기준이라는 것을 늘 기억해야 한다. 여기서 제시된 기준은 미적 강도와 표현적 사건의 정치성을 평가하는 체험적 장치들이다. 평가는 취미나 올바름의 어떠한 관습적 기준 혹은 잣대에 의한 산물의 가치가 아니라 과정의 발생적 특이성에 관련된다. 이것들이 규칙이라면 그것들은 손가락으로 가리키는 지시가 아니라 경험 법칙들이다.

"아름다운 가상"

이 시론이 펼친 여러 단계의 출발점으로 삼은 벤야민의 가상 이론은 미학 이론의 역사에서 미와 가상, 미와 진리의 전통적 등식을 숙지하고 있다. 그는 "미는 가상이라고 하는 유명한 교의"를 받아들인다.[169] 심지어 그는 가상이 진리와 분리 불가능하다는 것조차 수용한다.[170] 아름다운 사물은 "그것이 이런저런 의미에서 살아 있다는 이유로 가상을" 갖기 때문이다.[171] 문제는 거기에 생명력을 빼앗는 진리들, 즉 "특정한-진리"로서의 진리들이 있다는 점이다.

벤야민은 살아나는 가상과 죽어 가는 가상을 구분하는 기준으로 은폐를 제시한다. 이것은 다시 내용의 문제이다. 특정한 예술적 종류의 가상들은 그들의 표면 아래 자리한 내용을 드러내는 제스처를 한다. 그러한 가상들은 내용을 감추는 제스처 자체에서 깊이를 드러낸다. 왜냐하면, 그들의 것은 "단순한" 외양이라는 의미에서 표면의 미이기 때문이다. 그것은 그 뒤에 자리한 것을 위해서만 의미 있다. 그 외양은 너무 단순한 것이라 어떤 의미로 진정한 의미를 가리고 있다. 그러나 그것의 표피성은 동시에 진리의 깊이에 접근하는 유일한 길이기도 하다. 그것의 가상은 얌전한 진리를 드러내는 덮개이다.

진리의 깊이는 그것이 특정한 방식으로 비감각적이기 때문에 과묵하다. 이 시론이 다루어 온 특이하게 발생적인 방식으로 그런 것이 아니다. 그것은 영원한 진리의 불변하는 방식에 있어 비감각적이다. 이것은 비평가들이 인간 조건의 "보편적인" 어떤 것을 드러낸다고 말할 그런 종류의 예술이다. 진리는 전형적으로, 인간의 곤경에 관한 것, 사람이라는 것이 "뜻하는" 바에 관한 것일 터이다. 그러나 그것은 자연의 "보편적" 질서(그것의 세계정치에 무관심한 질서)의 진리일 수 있다. 혹은 자주적 진리. 무엇이든. 그러나 그 진리가 무엇에 관한 것이든 그것은 극도로 일반적인 의미에서 그러하다. 진리는 그 비감각적 성격 때문에 반드시 은폐의 상태에 있는 것은 아니다 — 오히려 그것의 극도의 일반성 때문이다. 우리가 살펴본 것처럼 비감각적인 것은 바로 나타나는 것이다. 감각적 표면에서 분리되어 변화의 시간인 어떤 "공간"을 부유하는 비감각적 유사성의 발생적 특이성은 지각적으로 느껴질 수 있다(그러지 않을 수 없다). 표면 아래의 진리의 "보편적" 일반성은 결코 그렇게 느껴질 수 없다. 그것은 그 영원성에 너무나 무겁게 자리 잡고 있어서 어떤 직접성도 취하지 않는 일반적 종류의 추상에 관한 것이다. 그것은 제스처를 통해 표면으로 강렬하게 회귀할 수 없다. 그것은 다만 피상적으로 가리켜질 수 있을 뿐이다. 그것은 다만 간접적으로 환기될 수 있을 뿐이며, 징후적일수록 좋다. 예술 작품 구성의 표면적 감각적 형식들은 깊이에의 유일한 지각적 접근 양태이다. 그것들은 그들의 세계 너머를 가리켜야 한다—그러나 사건과 이중적으로 하나인 변형의 질적-관계적 우주를 가리켜서는 안 된다.

이 진리를-드러내는 형식들을 환기적으로 만드는 것은 구체적인 방식으로 정의된 그들의 아름다움, 즉 관여된 감각적 형식들의 조화로 정의된 것이다.[172] 감각적 형식들의 조화는 저변과 너머의 영원한 진리의 완벽한 질서를 상기시킨다. 그것은 그 형식을 반복하고, 그렇게 하면서 그것의 질서 원리를 감각적 경험으로 가져간다. 미는 숨겨진 내용을 형식적 가상 속에서 지각 가능하게 만든다. 이것은 감각적 형식들의 조화를 진리의 상징으로 만든다. 죽어 가는 가상은 형식적으로-내용적인 상징적 가상이다.

상징적으로 만들어진 가상은, 가상은 산출된 것이며 그것이 오로지 사건들의 특이성에만 관련된 것임을 재차 잊는다. 상징적으로 작동하는 미는 조화 속에서 형식적 가상의 원리를 전제한다. 그 원리는 일반적으로 예술 작품에 선행하고, 그러고는 이 일반적 선행을 그것의 조직 원리로 받아들인다. 구성은 다시 한번 가상의 선험적 원리에 종속된다. 닮음이 사건에 앞서 오고, 그것에 선행한다. 그것은 일정하게 획득된 해석적 기술을 필요로 하는데, 관람객이 상징적 참조의 권한을 가진 측이 된다는 점에서 어윈은 이를 "분절적 읽기"라 불렀다. 닮음의 선행성과 더불어 해석의 지배가 도래한다. 해석을 통해 드러난 의미가 "보편적"이라 말해지면 "일반적으로 읽기 쉬운"으로 풀이하라. 즉 일정한 시기에 일정한 교육 수준을 가진 기존의 계급의 기존의 공동체의 전형적인 구성원을 진실로 환기시키는. 해석의 지배와 더불어 예술에 적용된 문화적 표준의 합의된 독재가 도래하는 것이다.

벤야민은 아름다운 가상을 가리켜, 20세기 전반에 그가 글을 쓰던 시기에 이미 지나간 시대에 속했던 보편적 진리를 드러내는 덮개를 제공하는 단순한 외양이라고 했다. 그러나 그것은 그에게 논점으로 존속했고, 그는 수년에 걸쳐 아름다운 가상이라는 문제로 돌아갔다. 짐작하건대 가상-만들기의 이런 방식에 여전히 무엇인가를 빚진 당대의 실천들이 있었기 때문일 것이다. 지금도 여전히 있다. 아름다운 가상의 반향은 앞서 인용한 마사 그레엄의 말들에서 크고 뚜렷하게 들을 수 있다. 그것의 효과를 단순하게 혹은 순수하게 환기적인 것으로 — 상징적 의미에서 "시적인" 것으로, 아니면 "형이상학적인" 것으로 — 일차적으로 규정한 어떠한 작품도 아름다운 가상에 종사한다. 그것의 "보편성"과 "깊이"는 합의된 천상까지 높이 칭송될 것이다. 20세기와 21세기에 드러난 진리들은 거의 예외 없이 1

인칭으로 호출된 인간 조건에 관한 것이다. "정체성을 밝힐"identify 것이 권고된다. 즉 가상의 원리가 여전히 선행하고, 여전히 예술 작품에서 그것의 구성 원리로 받아들여지지만 이제 닮음은 인칭적으로, 일인칭 보편(나, 모든 이)으로 받아들여진다. 진리는 "진정성"으로 이어진다. 정체성을 밝히기 위해서 우리는 인칭적 느낌만을 필요로 하며, 어떤 위치에 있든 모든 인간은 아마도 그것을 가지고 있을 것이다. 인칭적 느낌, 감정. 감정적 일반성의 보편적 지배는 예술의 내용을 요구한다.

벤야민이 아름다운 가상이라는 논점으로 되돌아간 것은 그가 거기에 대해 느낀 불편함이 정치적인 것이었기 때문이다. 여기서 논점은, 가상의 관점에서 내용의 역설, 예술의 정치성에 대한 죽어 가는 효과를 가지고 씨름하는 데 실패하거나 그것을 거부하는 데 대한 것이다.

전율하는 생명

아름다운 가상은 한 가지 종류만 있는 것이 아니다. 상이한 "정도"의, 매우 상이한 미적이고 정치적인 힘을 가진 아름다운 가상들이 있다. 그 등급은 "아름다움의 크고 작은 정도에 의해서가 아니라 한 사물이 가상의 성격을 얼마나 가지고 있느냐에 의해 결정된다."[173] 미에는 양극 사이에서 움직이는 가상의 차등제가 있다. 한쪽 끝에는 가상의 비정치성이 있어서 그것의 미는 그 내용의 특정한-진리를 환기한다. 반대편 끝에는 "그 속에서 아무것도 나타나지 않는 가상"이 있다 — 그것은 그 자체의 나타남이며, 그것의 나타남은 "단순한" 외양이 아니라 독특한 사건이다.

그 등급은 생생함의 등급이다. 즉 "아름다운 가상의 인공물에서 가상은 그것이 생생하게 보일수록 더욱더 위대하다." 가상과 생생함은 분리할 수 없다. 가상의 사건에는 언제나 "생명이 전율하고" 있다. 단순한 활동.[174] 강렬한 사건의 모든 실재와 더불어 추상적으로 나타나는 생명의 순수 활동.

"전율하는 생명은 결코 상징적이지 않다." 그러나 그것은 강제적으로 조화와 그것의 상징적 연합들에 담길 수 있다. 그럴 때 조화는 생명으로 "전율하지만" 그것을 해방하지는 않는다. 조화는 그것이 광택을, 아름다운 빛을 부여하는 진리로 생명을 보낸다. 상징주의는 진리 속에 추상적 생명-강도를 담는다. 그것은 예술 작품을 죽어 가는 정치적 무관심의 등급 끝인 극으로 미끄러뜨린다. 예술, 그리고 생명은 그때 "임계적 폭력"에 의해 그 극으로부터 떼어져야 한다.

임계적 폭력은 아름다운 가상을 "저지하는 것"으로 이루어진다. 그것의 진리에 대한 전율을 "차단하기." 그것을 "석화시키기", 그것을 "마비시키기", 그것의 "넋을 빼앗아" 두기. 진리의 역행적 운동은 유예된다. 진리의 표현은 참조의 깊이로의 퇴각을 완전히 환기할 수 없어 머뭇거린다. 닮음의 선험적 원리가 흔들린다. 조화는 더 이상 그것에 의해 보장되거나 보증되지 않으며, 그러므로 진리는 더는 그 표면의 베일에 의해 드러나지 않는다. 상징주의와 은유는 따로-구성된다. 덮기-드러내기의 변증법은 멈춘다. 생명은 되찾은 불확정성의 "강렬한" 개방성 속에서 어느 때보다 더 강력하게 지각적으로-느껴지며 전율한다.

생명은 다시금 제한이 없어지고, 그 가상은 더는 진리나 인칭적 느낌을 표현하라는 선고를 받고 있지 않다. 최고로 "표현 없는" 상태의 예술. 표현의 단순한 활동. 그 자신의 강도 외에는 "어떤 확고한 방향도, 어떤 액터도, 어떤 목적도" 없다.[175] 생명의 전율이 무제한이 됨으로써 봉쇄되어 있던 모든 강도의 힘이 해방된다. 단순한 활동으로의 열림은 폭발적이며, 작품을 "산산이 부숴" "파편들로 만들고, 그것을 가상의 최소한의 총체성으로 환원시킨다." 폭발적으로 산출된 최소한의 총체성, 즉 총체적으로 특이한 역동적 통일성. 벤야민의 "표현 없는 것"은 여기서 "순수한 표현"이라 불렀던 것, 즉 전적으로 오로지 그 고유한 자기부유하는 발생인 경험적 사건의 강도-표현이다.

아름다운 가상의 이론은 좁은 의미의 예술에 관한 것만이 아니라고 벤야민은 말한다. 그는 그것이 또한 정치성에 관한 것임을 분명히 하며, 그것이 "형이상학에 핵심적인" 것이기도 하다고 명시적으로 말한다. "최소한의 총체성"으로서의 그의 가상의 폭발적 파편에서 우리는 제임스의 "직접 주어진 관계"의 작은 절대자를 볼 수 있다.[176] 가상은 2장에서 작은 절대자로 규정되었으며, 그것은 다시 근본적 경험론 철학과 그 쌍둥이 자매인 사변적 프래그머티즘의 관점에서 기본적인 형이상학적 실재로 긍정되었다. 제임스가 말한 것으로 인용된 그 작은 절대자는, 상징적인 수단이든 다른 어떤 수단에 의해서든 그것에 속하게 되는 어떤 동일성도 "다른 실재들로 단축하고 융합하는" 방식으로 그 사건 속에 자신의 타자를 포함한다.[177] 형이상학적-정치적으로, 세계정치적으로.

벤야민도 같은 의견인 듯하다. 그러나 그는, 근본적 경험론과 사변적 프래그머티즘 또한 해결하려고 애쓰는, 직접 주어진 관계는 비관계적이라고 하는 형이상학적-정치적 관점을 고집한다. 벤야민은 "표현 없는 것"이, "예술에서 가상과 진리를 분리하지 못하면서 그것들이 뒤섞이는 것을 방지하는" 임계적 폭력이라고 쓴다. 진리와 내용의 따로-구성하기는 현실적으로 일종의 분리의 함께-구성하기이다. 즉 함께이지만 분리되어 있고, 차이생성적 긴장 속에 이접적이다. 강도적으로, 이중적으로. 싱크레시스적으로-합생적으로.

"임계적 폭력"은 그저 내용의 싹이 꽃피기 위해 폭발적으로 예비되는 이중적 방식일까? "표현 없음의 힘"은 이미 "다른 실재들로의 단축과 확산"을 향한 — 오직 변화의 장소로서의, 그 폭발의, 예술의 비-장소로부터 떨어져 도래하는 퍼텐셜을 향한 경향을 보이는가? 아름다운 가상의 유예는 표현 없는 것에 발을 달아 줄 수 있을까? 그것으로 세계-선을 더 잘 그리기 위해서? "임계적 폭력"에 타격 당한 전율하는 생명은 확장하는 생명을 흘릴까?

결론

"단순한 가상이 되지 않는 이상, 또한 예술 작품이기를 멈추지 않는 한 어떤 예술 작품도 완전히 생생하게 나타날 수 없다" 벤야민.[178]

:: 후주

한국어판 지은이 서문

1. [옮긴이] 한국에서 『가상계』라는 제목으로 출간된 이 책의 원제는 *Parables for the Virtual*이다. 『가상과 사건』에서 채택한 번역어에 준하여 원제를 직역한다면 『잠재적인 것의 우화』가 될 것이다.

서론 : 활동주의 철학과 사건발생적 예술

1. James 1996a, 161.
2. Deleuze and Guattari 1987, 21~23, 293.
3. James 1996a, 161.
4. Whitehead 1968, 140.
5. [옮긴이] 이 장의 11번 주석에서 저자 자신이 설명하고 있는 것처럼 이 책에서 bare activity는 화이트헤드의 용어로 등장한다. bare의 일차적인 의미대로 '벌거벗은'으로 옮길 수도 있겠으나, 기존의 화이트헤드 번역본에서 사용된 '단순한'이라는 번역어가 본문의 문맥을 보다 포괄적으로 전달한다고 보아 이를 채택했다. 화이트헤드, 『사고의 양태』, 오영환·문창옥 옮김, 치우, 2012 참조.
6. James 1996a, 161.
7. Whitehead 1968, 146.
8. James 1996a, 161.
9. 같은 책, 161~162.
10. 같은 책, 161.
11. 화이트헤드와 제임스는 활동이라는 개념을 상당히 일치하는 방식으로 특권화하지만, "단순한 활동"이라는 어휘에서 차이를 보인다. 화이트헤드는 이 용어를 제임스와 상반된 의미로, 하지만 이 책에서는 제임스에게서 차용한 의미로 쓴다. 화이트헤드는 "단순한 활동" 개념을 뉴턴의 물질(matter) 개념을 가리키는 데 쓴다. 이에 따르면 물질은 순수하게 그것의 공간에 대한 점유로, 동시에 공간에서 그것의 연장적 운동들로 이해할 수 있다. 이렇게 볼 때 물질은 "다른 어떤 순간, 또는 다른 어떤 물질의 조각, 혹은 다른 어떤 공간의 부분과도 무관한" 것으로 이해될 수 있다. 그것은 본질적으로 관계를 갖지 않는데, 관계를 갖지 않는다는 것 그 자체는 중요하지 않다(Whitehead 1968, 146~147). 이것은 이 서론에서 뒤에 언급될 "잘못 놓인 구체성의 오류"이다. 그 효과는 물질과 생명을 분리하는 것이다. 제임스와 화

이트헤드는 모두, 생명을 물질에, 물질을 생명에 내포함으로써 둘 중 어느 쪽도 서로에 대한 그 관여를 없앨 수 없는 사건·변화·가능성·창조성의 개념들에 대한 이런 접근에서 일치하는 평판을 가지고 있다. 같은 철학적 방향으로 움직이는 최근의 접근으로는 Bennett(2010) 참조.

12. [옮긴이] 이 책에서 'potential' 및 파생어휘들은 주로 '잠재성'으로 번역되는 들뢰즈의 'virtuality' 개념과 공외연적인 의미로 사용되었지만, 구별을 위해 형용사 'potential'을 '잠세적'으로, 'potentiality'를 '잠세성'으로 옮겼다. 다만 명사 'potential'의 경우, '퍼텐셜'이라는 용어가 외래어로서 비교적 폭넓게 통용되고 있고, 따라서 이 말이 갖는 다양한 함의를 좀 더 효과적으로 전달할 수 있으리라 여겨 이를 채택했다.
13. Whitehead 1968, 99~100 [강조는 저자의 것임].
14. 같은 책, 151.
15. [옮긴이] 알렉산더 새뮤얼이 "Artistic Creation and Cosmic Creation"에서 사용한 개념으로 화이트헤드의 『과정과 실재』에 인용된다.
16. Whitehead 1978, 28.
17. 같은 책, 21.
18. 같은 책, 151.
19. 다음 구절은 화이트헤드가 이것을 가장 압축적으로 표현한 부분들 가운데 하나이다. "느낌이 자신을 구성하면서 나아가는 과정은 또한 통합적 느낌의 주관적 형식 속에 기록된다"(Whitehead 1978, 226). 들뢰즈·가타리의 과정의 "두 번째 종합", "기록 생산"의 종합과 비교해 보라(세 번째 종합은 "향유"의 정점이다)(Deleuze and Guattari 1983, 9~21).
20. Whitehead 1967a, 176.
21. James 1996a, 48.
22. 같은 책, 63.
23. 같은 책, 62.
24. 같은 책, 166~167.
25. 같은 곳.
26. James 1996b, 231~232.
27. James 1996a, 93~94.
28. 같은 책, 95.
29. Deleuze, 1988b, 32.
30. Deleuze 1995, 160.
31. Deleuze and Guattari 1983, 2~5; Deleuze and Guattari 1987, 20.
32. Whitehead 1964, 78.

33. 같은 책, 166.
34. 같은 책, 74~98.
35. Whitehead 1967a, 175.
36. Descartes 1996, xxii.
37. James 1996a, 52.
38. James 1978, 233, 245~246.
39. James 1996a, 196.
40. 같은 책, 105.
41. 이 모든 점에 관해서는 Whitehead 1967a, 175~190, 그리고 1978, 41, 52.
42. Whitehead 1968, 89; 계기의 지속 기간에 대해서는 Whitehead 1978, 125와 James 1996a, 131; 직접적 과거와 직접적 미래에 대해서는 Whitehead 1967a, 191~200 [제임스는 이 개념을 E.R. 클레이로부터 인용했다. 『심리학의 원리 2』, 정양은 옮김, 아카넷, 2012, 1101쪽 ― 옮긴이].
43. James 1996a, 57.
44. Whitehead 1978, 29; Whitehead 1967a, 177.
45. Whitehead 1978, 166.
46. 모호함에 대해서는 Whitehead 1968, 109 참조.
47. James 1996a, 130.
48. 같은 책, 23.
49. 같은 책, 93.
50. Whitehead 1978, 113.
51. Peirce 1997, 93~94, 242~247.
52. Massumi 2002, 30, 189~190, 198~199, 293n 17, 그리고 "점화"(priming)에 관해서는 Massumi 2010a.
53. Simondon 2005, 24~26 외 여러 곳.
54. Whitehead 1968, 1~19.
55. 같은 책, 20~41.
56. Peirce 1997, 226.
57. 같은 책.
58. Whitehead 1985, 25.
59. Deleuze 1978b.
60. [옮긴이] 저자는 이 책에서 특히 발터 벤야민을 참조하여 이 말을 쓰고 있다. 그런 맥락에서 여기 등장하는 semblance는 독일어 Schein을 대체하는 것으로 읽어도 될 것이므로, 이를 고려해 '가상'으로 옮겼다.
61. Whitehead 1967a. 182~183.

62. Deleuze 2004a, 94~116.

63. 비감각적 지각에 대해서는 Whitehead 1967a, 180~183; 추상적 선에 대해서는 Deleuze and Guattari 1987, 9, 197, 280, 496~498.

64. Deleuze 1989, 68~97 외 여러 곳.

65. Whitehead 1967a, 177.

66. James 1996b, 280.

67. Simondon 2005, 63.

68. 관계와 불균등함(disparateness)에 대해서는 Simondon 2005, 31, 34~35, 205~209

69. [옮긴이] 싱크레시스에 대한 자세한 설명은 4장 103번 주석을 참조.

70. 이것은 화이트헤드의 주제이다. 외-존재에 대해서는 Deleuze 1990, 7.

71. Whitehead 1967a, 195~196.

72. 또 다른 역설은 뒤에서 광범위하게 다루어지지 않지만, 화이트헤드 어휘를 정밀하게 다룬다는 의미에서 언급할 가치가 있다. 그것은 변화의 개념에 관한 것이다. 경험의 한 계기가 절대적으로 그것의 자기창조라는 사건이라면 그것을 변화로 언급하는 것은 잘못된 일이 된다(Whitehead 1978, 35). 그 자체, 그 작은-절대성을 고려하면 그것은 다만 그 자신의 순전한 생성을, 그 위상들 간의 상호적 포함으로서 가질 뿐이다. 그러나 경험의 계기는 모두 그 자체의 발생에 있다. 그것은 그 자체의 특이하게 벌어지는 순전함에 흠뻑 빠져 있다. 경험의 계기는 변화하지 않고 있다. **왜냐하면**, 그것이 절대적으로 그 자신의 생성이고, 새로움의 순전한 산물이기 때문이다. 엄밀히 말해서 화이트헤드에게 "변화"는 경험의 새로운 계기들이 어떻게 서로를 계승하는가에 적용되었을 때만 의미가 통한다. 변화는 경험의 계기들 사이에서 일어나며, 그것에 대해 변화가 일어났다고 말할 수 있게 해 주는 것은 그들 사이의 차이생성이다. 그것이 사건을 구성하는 것이다. 화이트헤드의 입장에서, 그 고유한 생성의 역동적 통일 속에 고려된 경험의 계기는 사건 개념의 본보기가 아니다. 경험의 단일한 계기는 제한-사례 사건이라고 화이트헤드는 말한다. 즉 "하나의 성원만을 갖는 사건의 제한적 유형"(Whitehead 1978, 73)이라는 것이다. 경험의 생성의 계기는 벌어짐의 최소치일 뿐이다. 그렇지만 제한-사례 사건은 아무리 작아도 여전히 하나의 사건이다. 현실적 계기들은 결국 **계기들**로 불린다. 이 정밀성이 형이상학적으로 중요할수록 그것들은 이 책에서 집중하는 것이 아니다. 사건과 계기의 경험 사이의, 그리고 생성과 변화의 기술적인 화이트헤드식 구분은 이 책의 기획에 필수적인 것이 아니다. 이 책의 용법은 들뢰즈와 들뢰즈·가타리의 그것에 보다 부합하며, 그들은 사건, 생성, 변화를 함께 오는 것으로 본다(Deleuze 1990; Deleuze and Guattari 1987). 화이트헤드의 "순전한 개체성", 그것을 제임스식으로 표현한 작은-절대성은, 계기의 생성 사이에 끼어드는 우연한 조우들의 접

어 넣음을 배제하지 않는 방식으로도 읽힌다. 이에 대한 화이트헤드의 해명은 경험의 계기가 그 자신의 구성에, 그것의 개별성 너머에 놓인 세계의 그 "이상"을 포함한다는 것이다. "각각의 존재는 유형을 불문하고 본질적으로 다른 사물들의 우주와 나름의 접속을 수반한다"(Whitehead 1968, 66). 너머의-그 이상이 계기의 구성에 속할 수 있는 유일한 방법은 접어 넣기의 **능력**(그리고 이 계기의 형성적 활동을 다른 것들에 유증하는 기술 — 디아그람)이라는 형식을 통해서이다. 능력은 그것이 동시에 **정동 가능성**(affectabilities)일 때에만 접어 넣을 수 있다. 경험의 계기의 지속적 본성(Whitehead 1978, 125), 그리고 다른 지속들 주변에서 늘 진행 중임을 고려할 때 접어 넣기의 정동적 능력은 즉흥적으로 작동되어야 한다. 나방의 날개처럼 유리창을 두드리는 "보다 작은" 지속들이 언제나 있을 것이다. 화이트헤드의 "개념적 역전" 원리의 목적은 이를 고려하는 것이다. 이 원리에 의하면 일차적인 위상에서의 여건과 "부분적으로 동일하고 부분적으로 상이한 여건을 수반하는 개념적 느낌들의 이차적 발생이 있다." "이 두 번째 위상에서 근접한 새로움이 개념적으로 느껴진다." "거기에는 물리적으로 양립 불가능한 것들의 개념적 대비가 있다." 이는 계기가 "이후에 풍부해지는" 것으로 이어진다(Whitehead 1978, 249). 이것은 계기의 순전한 개체성의 발생적 통일성과 모순되지 않는다. 한 경험의 통일성은 그 위상들을 통한 그것의 발생이 그리는 경향적 포물선이다. 경험의 한 계기는 제한된 통일성이나 닫힌 총체성과 같은 의미에서 "그 자체"가 아니다. 그것은 구성적으로 열린 역학적 통일성으로, 그것은 자신을 자기변조로 여는 그 능력의 한 기능이다. 활동주의 철학은 모나드론을 **트랜스모나드론**(Guattari 1995, 112~116)으로 변형시킨다. 그리고 동시에 "오토포이에시스[자기생산]"를 "이형발생"(33~57)으로 변환시킨다. 경험의 사건의 위상화는 중도에 조우한 개입에 무관심할 수 없다. 이것들은 사건의 모멘텀에서 행동 유도성으로서 논의되어야 한다. 사건이 그 자기창조적 말단을 향해 포물선을 그릴 때, 그것의 최초의 충동의 재활성화로서. 그러나 그것이 그 용어의 어떤 통상적인 의미로도 지각되는 "여건"이 아님을 기억해야 한다. 여건의 주관적 형식은 지각적으로 느껴진다. 달리 말해서 "지각되는" 것은 그 활동의 형식이다. 그 활동의 형식은 개입으로서 발발하고 **공명**으로서 계속된다(2장의 공명에 대한 논의 참조). 공명 개념은 그때그때의 계기의 2차적 발생들을 현실적 계기들의 동시적 독립 원리와 모순되지 않게 이론화할 수 있게 해 준다. 여기서 개입의 공명으로의 변환은, 다른 사건과의 정동적 공동-내포 중인 사건에 의한 비감각적 지각 — 서로의 발생에서 그들의 상호 내재성에 대한 직관을 수반한다. 들뢰즈의 라이프니츠 해석에서 공명하는 접어 넣기의 정동적 능력에 상응하는 개념은 유대(vinculum)이다. 그것은 모나드가 그 외부와의 사이에 갖는 "절대적 내부의 경계를 이루는 비국소화된 일차적 연결고리"이며, 경험의 사건이 "모나드에 대한 외부로서가 아니라 그 고유한 내부성의 외부 혹은 바깥으로서 다른 편을 회복"할 수 있게 해 주는

"내부의 모든 것과 공존재하는 유연한 이차(異着)적 막(adherent membrane)"이다(Deleuze 1993, 111).

73. Whitehead 1967a, 195.
74. 같은 책, 237; Whitehead 1968, 167.
75. James 1996a, 93~94.
76. Klee 1950, 15, 17.
77. 그 이상의 내용은 Massumi 근간.
78. Whitehead 1967a, 234~235; Whitehead 1967b, 69~70.
79. 들뢰즈와 들뢰즈·가타리는 이 점에서 화이트헤드와 만난다.

"감각은 구성면을 채우고 그것이 응시하는 것으로 자신을 채움으로써 자신으로 가득 찬다. 그것은 '향유'와 '자기향유'이다. 그것은 주체 혹은 차라리 주입(inject)이다. 플로티노스는 만물을, 인간과 동물뿐 아니라 식물, 흙, 바위마저도 응시로 정의했다. 이것들은 우리가 개념들을 통해 응시하는 관념들이 아니라 감각을 통해 응시하는 질료의 요소들이다. 식물은 그것을 생겨나게 하는 요소들 ― 빛, 탄소, 염분 ― 을 수축함으로써 응시하고, 각각의 경우에 자신의 다양성, 자신의 구성을 질화하는 색채들과 향기들로 자신을 채운다. 그것은 그 자체가 감각이다. 그것은 마치 꽃들이 그들을 구성하는 것의 냄새를 풍김으로써 향기를 내뿜는 것과 같다."(Deleuze and Guattari 1994, 212; 또한 Deleuze 1994, 74~75)

80. Foucault 1970, 422.
81. Manning and Massumi, 근간 a.
82. Whitehead 1967b, 51~52.
83. Deleuze, 1978a.
84. Whitehead 1968, 138.
85. 같은 책.
86. 비현실화된 잠세성들에 대한 이 언급은 화이트헤드 철학을 들뢰즈의 생명주의에 극명하게 대립하는 현실주의로 해석하는 주장들을 복잡하게 만든다. 이 일반적 범주들은 ― 다른 모든 일반적 범주들이 그렇듯 ― 너무 조잡하다. 그것들은 이 사상가들의 복잡성, 혹은 그들의 친족성과 차이들을 포착하지 못한다. 비현실화된 잠세성들에 대한 화이트헤드의 언급은 그의 부정적 파악 개념에 관련된다. 부정적 파악은 경험의 펼쳐짐의 계기 안으로 실증적으로 취해지지 않을 퍼텐셜들을 선별해 내는 것이다. 화이트헤드는 어떤 퍼텐셜의 배제가 경험의 구성에 실증적으로 관련되지 않지만, 그 주관적 형식에 "규정적" 충격을 준다고 지적한다. 그 퍼텐셜들은 형성하는 경험의 역동적 통일성으로 내보내진다. 그것들은 능동적으로 추상되지만 흔적을 남기지 않는 것은 아니다. 이것은 그들에게 그 계기의 현실성에서 특

정한 위상을 부여하면서 규정적 흔적의 형태로 "작동 중인" 존재의 자격을 부여한다. 그들은 여전히 완전히 실재적인 것으로 인정된다. 왜냐하면, 화이트헤드의 실재 개념에 의하면 실재적인 모든 것은 지금 여기에서가 아니라면 어딘가에서 실증적으로 예시되기 때문이다. 이것은 이 배제된 실재들이 다른 곳 다른 때에 존재할 때 그것들의 지위라는 문제를 제기한다. 이를 설명하기 위해 순수 퍼텐셜의 범주가 필요하다. 잠재적인 것이 들뢰즈의 철학에서 동일한 기능을 수행한다. 순수한 잠세성들 혹은 잠재성들은 그들이 다른 곳, 다른 때에 있을 때조차 현실적인 것에 대한 주상적 압력을 행사한다. 그것은 언제나-어디서나 현실성의 문을 두드리며 들여보내 줄 것을 청하며, 들어갈 수 없다면 능동적으로 선별되어 버려져야 한다. 화이트헤드의 용어로 우리는 "영원한 객체[대상]"에 대해 이야기하고 있다. 들뢰즈의 경우 이에 상응하는 용어는 『의미의 논리』(1990)에 등장하는 특이성이다. 화이트헤드가 부정적 파악에 대해 쓴 핵심 구절은 이렇다. "현실적 존재는 우주 안의 각 항목과 완벽하게 확정적인 유대 관계를 갖고 있다. 이 확정적 유대 관계가 그 사항에 대한 현실적 존재의 파악이다. 부정적 파악이란 주체 자신의 실재적인 내적 구조에 그 사항이 적극적으로 기여하지 못하도록 그 사항을 완전히 배제하는 것을 말한다. 여기에는 **부정적 파악도 하나의 유대 관계를 표현한다**……는 견해가 포함되어 있다. 그렇다고 해서 느껴지지 않은 영원한 객체들이 무시될 수 있는 것은 아니다. 왜냐하면, 부정적 파악도 모두 자기 자신의 주관적 형식 — 아무리 이것이 사소하고 미약한 것일지라도 — 을 가지고 있기 때문이다. 그것은 또한 객관적 여건에 대해서는 아니라고 하더라도 감정적 복합에 대해서는 첨가 요인이 된다. 이 감정적 복합은 최종적인 '만족'의 주관적 형식이다"(Whitehead 1978, 41; 강조는 저자). 부정적 파악은 **느낌에서 느껴지지 않는** 요소로서의 역설적 위상을 가진다.

87. Whitehead 1968, 150~151.
88. Whitehead 1985, 26.
89. Whitehead 1968, 21.
90. 같은 책, 148.
91. Whitehead 1978, 29.
92. 인간-이상인 것에 대해서는 Manning 근간 a.

1장 에테르와 당신의 분노 : 사변적 프래그머티즘을 향하여

1. James 1978, 98.
2. 같은 책, 32, 169.
3. James 1996a, 25.
4. 같은 곳.
5. 같은 책, 54~56.

6. 들뢰즈는(1993, 245, 251~53) 이런 견지에서 대상을 "극화" 과정에서 "주목할 만한 점"의 기호라고 부른다.
7. James 1996a, 13~15, 56~57.
8. 같은 책, 61.
9. 같은 책, 9.
10. 같은 책, 4.
11. 이런 관점에 부합하는 (그리고 이 해석이 크게 빚지고 있는), 제임스의 철학에 대한 훌륭한 연구로 David Lapoujade(1997) 참조.
12. James 1996a, 69.
13. 같은 책, 73.
14. 같은 책, 69.
15. 같은 책, 238.
16. 같은 책, 202.
17. 세계의 현행 속으로의 사건적 참여적 몰입으로서의 이러한 믿음 개념은 질 들뢰즈에 의해 공유된다. 그는 그것을 "이 세계에 대한 믿음"이라 부른다. "아무리 하찮더라도 통제를 피해 가는 사건들을 우리가 촉발하는 세계에 대해 믿는다면, 우리는 표면적이나 체적이 아무리 작다고 해도 새로운 공간-시간을 낳게 된다"(1995, 176; Deleuze 1989, 172~173도 참조).
18. James 1996a, 56.
19. 같은 책, 93~94.
20. 같은 책, 23.
21. 같은 책, 68.
22. 같은 책, 37.
23. 같은 책, 57. 강조는 저자가 덧붙임.
24. 같은 책, 58.
25. 같은 책, 110.
26. 같은 책, 42.
27. James 1978, 173.
28. James 1996a, 47.
29. 같은 책, 88; 강조는 저자의 것임.

2장 벌어지는 것에 대한 사고-느낌:근본적인 것을 경험론으로 되돌려 놓기

1. 도입 쟁점을 구성함으로써 이 대화의 문맥을 만들어 낼 수 있게 해 준 아리엔 뮬더(Arjen Mulder)에게 감사하고 싶다. 또한, 이어지는 가상의 대화 과정에서 그가 허구적 인물이 된 것에 대해 사과하고자 한다. 그 인물이 기분이 언짢은 것처럼 보일

수 있겠지만, 그것은 절대로 그라는 사람을 반영하는 것이 아니라, 단지 내가 나 스스로와 벌인 싸움을 드러내는 것일 뿐이다. [V2는 로테르담에 소재한 예술과 미디어 테크놀로지 간 학제 연구 및 활동 센터이다. 1981년에 설립되었다. 자세한 내용은 http://v2.nl 참조. — 옮긴이]

2. 디지털 미디어와 삶 전반의 상호작용을 통한 세계의 "게임 공간"으로서의 재편에 대해서는 McKenzie Wark(2007) 참조.
3. Whitehead 1985, 25~26.
4. Deleuze 1978.
5. Noë 2004, 50, 66~67, 134~135.
6. Stern 1985, 53~61; Stern 2010.
7. Langer 1953, 45~68 외 여러 곳.
8. Benjamin 1996b, 1996c.
9. [옮긴이] 종종 '언캐니'로 그대로 쓰이기도 하는 이 개념은 잘 알려져 있는 것처럼 프로이트의 unheimlich에서 유래한 것이다. 개념의 의미와 배경을 고려하여 한국어판 프로이트 전집에서 쓰인 '두려운 낯섦'이라는 번역어를 여기서도 채택했다. 프로이트의 해당 개념에 대해서는 정장진 옮김, 「두려운 낯섦」, 『창조적인 작가와 몽상』 프로이트 전집 18권, 열린책들, 1998, 97~150쪽 참조.
10. 여기서 전개된바 어떤 대상을 보기와 그것과 같은 것을 보는 것 사이의 구분은 다마시오의 "느낌"과 "느낌들에 대한 느낌" 사이의 구분에 거칠게 상응한다(1999, 278~181).
11. Gibson 1986, 36, 137~138.
12. Whitehead 1967b, 49, 58, 91.
13. James 1996b, 231~232.
14. Deleuze 1995, 86.
15. Deleuze 2004b, 82, 128.
16. Deleuze 2007, 384~89.
17. Massumi 2000.
18. Manning 2009b, 42, 86~93, 105; Manning and Massumi, 근간 b.
19. Simondon 1989, 179~201.
20. [옮긴이] 여기서 '고전적 원근법'이라고 규정된 후 계속 등장하는 '원근법' 개념은 소실점에 의한 선형 원근법(linear perspective)에 한정된다. 예술가들이 원근법적 효과를 인지하고 이를 작품에 활용하기 위해 도입한 수단은 고대 이래로 다양하게 존재했다. 15세기 이탈리아의 화가와 조각가, 건축가들이 기하학적 원리로 이를 규범화한 것이 소실점에 의한 선형 원근법, 또는 투시도법 체계이다.
21. Benjamin 1999a, 2003.

22. Barthes 1988.
23. Whitehead 1968, 66.
24. James 1996b, 280.
25. 같은 책, 271.
26. 같은 책, 272.
27. Deleuze 1993, 137, 영역 저자 수정.
28. Guattari, 1995, 112~116.
29. Benjamin 1996c, 225.
30. 에르빈 파노프스키 역시 원근법에 대한 고전적 연구에서 우리가 물감과 캔버스의 물질성을 "통해 봄"으로써 시각 속에서 공간의 무한한 기하학적 질서의 유사성을 경험한다는 것을 강조한다. "페르스펙티바(perspectiva)는 '통해서 봄'이라는 뜻의 라틴어이다.……우리는 단순히 집이나 가구와 같은 고립된 대상들이 '단축법'으로 재현되는 경우가 아니라, 전체 그림이 ― 또 다른 르네상스 이론가를 인용하여 ― 하나의 '창'으로 변형되었을 때, 그리고 우리가 이 창을 통해 공간을 들여다보고 있다고 믿게끔 되었을 때 비로소 온전히 공간의 '원근법적' 조망을 말할 수 있을 것이다. 개별 형상이나 대상들이 소묘나 회화로 그려지거나 조각된 물질적 표면은 그렇게 부정되고, 대신 그저 '회화 평면'으로 재해석되게 된다. 이 회화 평면 위에 그것을 통해 보게 되는, 그리고 모든 다양한 개별적 대상들을 담고 있는 것으로 이해되는 공간 연속체가 투사되는 것이다"(Panofsky 1991, 27).
31. Benjamin 1996b, 283.
32. Benjamin 1996c, 224~225; Benjamin 2002, 137.
33. Massumi 2009.
34. Simondon 2005, 31~33, 107~110 외 여러 곳.
35. Whitehead 1967a, 195.
36. 같은 책, 195~199.
37. 같은 책, 177.
38. 같은 곳.
39. 같은 책, 183~184.
40. 같은 책, 176.
41. 같은 책, 182.
42. 같은 책, 246.
43. Ryle 1949, 83, 96, 99.
44. Deleuze 1997, 15, 107~114.
45. Whitehead 1967a, 179.
46. 시몽동은(2007, 208) 기술적 발명의 문맥에서 관계의 내재성에 대해 이야기하는

데, 그것은 연접성과 동시적 독립성에 대한 이 책의 몇 가지 관점을 상기시킨다. 그는 관계의 내재성을 기술적 대상들과 그것들의 연합된 환경의 역동적 "바탕"(fond)이라 부른다. "역동성을 유지하는 것은 영구적으로 간과된 바탕이다. 그것은 형상들의 체계가 존재하도록 해 주는 것이다. 형상들은 다른 형상들과 함께하는 것이 아니라 바탕에 참여한다. 바탕은 모든 형상의 체계이거나, 혹은 심지어 형상들이 분리된 존재들로서 존재하고 외현적 체계로서 구성되기 이전에 형상들의 경향들이 담긴 공통의 저수지이다. 형상들을 바탕에 접속하는 참여의 관계는 현재를 아우르며 그것을 미래의 잠세적 영향으로, 잠재적인 것과 현실적인 것의 영향으로 물들이는 관계이다. 바탕은 잠재성, 잠세성, 과정의 힘들의 체계인 반면 형상들은 현실적인 것의 체계를 구성하기 때문이다. 발명은 잠재성들의 체계에 의해 현실성의 체계를 맡고 있다. 그것은 그 두 체계로 하나의 체계를 창조하는 것이다. 형상들은 그것들이 현실성을 표상하므로 수동적이다. 그것들은 바탕과의 관계 속에 자신을 조직하고, 그럼으로써 이전의 잠재성들을 현실화할 때 능동적이 된다."

47. Whitehead 1967a, 197.
48. 여기서 제대로 다루기에는 너무 복잡하고, Deleuze 1993, 79~80 참조.
49. 불어를 아는 독자들은 원전을 참조하기를 권한다. 번역본은 "현실적/현실화"(쓰이지 않게 되는 경향이 있는 용어들)와 (다양하게 번역되는) "실재적/실재화"와 같은 주요 개념들을 둘러싼 들뢰즈의 철학적 어휘들의 복합적인 유희를 매우 모호하게 만든다. 여기서 다루어지는 원전의 구절들은 Deleuze(1988b, 107~108)에 들어 있다.
50. Guattari 1995, 112.
51. 구상을 피한다는 의미에서 추상적인 것이 아니라 구상적인 (일차적으로 풍경의) 장면을 복제하는, 추상적으로 안에서-체험된 운동에 대한 설명은, 뤼크 쿠르셰느의 파노라마 사진에 대한 Massumi(2003) 참조.
52. Marks 2002.
53. 촉각 자체를 시각뿐 아니라 모든 감각 경험에 대한 운동감각의 중심성을 재인하는 방식으로 재고하는 부분에 대해서는 Manning(2007) 참조.
54. Weschler 1982, 85~97.
55. 같은 책, 98~109.
56. 같은 책, 110~114, 147~154, 168~175, 182~203.
57. Massumi 2002, 169~171.
58. 같은 책, 144~176.
59. Manning and Massumi, 근간 b.
60. Deleuze and Guattari 1987, 6, 21, 98~99.
61. Manovich 2005.
62. Chion 1994.

63. Langer 1953, 121.
64. Simondon 2005, 48, 61.
65. Whitehead 1978, 113.
66. James 1996a, 69, 71~72.
67. 같은 책, 73.
68. 같은 책, 88.
69. 같은 책, 69.

3장 존재의 기술로서의 디아그램 : 분할된 우주의 난자

1. Lamb and Bourriau 1995, 149.
2. Westphal 1987, 84.
3. 언어와의 관계에 중점을 두고 다른 감각들과 색채의 관계를 연동한 해석은 Massumi(2002, 162~176) 참조.
4. Goethe 1972, 35; 강조는 저자가 추가한 것임.
5. Katz 1935, 294.
6. Peirce 1992a, 323~324.
7. 같은 책, 261~262.
8. 같은 책, 262.
9. James 1950, 149.
10. Gibson 1986, 178.
11. 같은 책, 66.
12. 같은 책, 3.
13. 같은 책, 148.
14. 같은 책, 12.
15. 같은 책, 65~92.
16. 같은 책, 190.
17. James 1950, 149.
18. Peirce 1997, 226.
19. Whitehead 1967b, 51~55, 157~179; 1978, 7~8.
20. Migayrou 2004.
21. Eisenman 1994, 21.
22. Eisenman 1999, 여러 곳.
23. 같은 책, 26~35.
24. Peirce 1992a, 277.
25. 같은 책, 276.

26. 같은 곳.

27. 앞서 2장에서 논한 마노비치의 "메타-매체"에서 "메타-"가 뜻하는 것과는 매우 다른 의미로; Guattari 1995, 22, 33, 127~128; Genosko and Murphie 2008.

28. James 1996a, 63~65.

4장 경험의 예술, 표현의 정치학: 총 4악장

1. 앞의 인용은 Benjamin 1999b, 721~722.

2. 같은 글, 208.

3. 같은 글.

4. Benjamin 1996c, 223.

5. Benjamin 1996a, 208.

6. Michotte 1963, 138.

7. 같은 책, 138.

8. 같은 책, 137.

9. 같은 책, 222.

10. 같은 책, 14~15.

11. 같은 책, 225.

12. 이것이 화이트헤드가 "물리적 파악"에 상반되는 "개념적 파악"이라 부르는 것이다. 기본적 차이는 물리적 파악이 "느낌들의 순응"을 수반하며, 개념적 파악은 (여기서는 "비감각적 유사성"의 산출이라는 관점에서 이해되는) "새로움"을 수반한다는 점이다(Whitehead 1978, 26, 33, 238 외 여러 곳).

13. Stern 1985, 57.

14. Michotte 1963, 16~17.

15. Stern 1985, 58.

16. 이때의 "우주"는 펠릭스 가타리의 "비신체적 우주"("의식의 우주", "가치의 우주", "참조의 우주들"로도 불린다)를 암시한다. 가타리에게 "참조"란 의미론적 내용이나 지시된 대상이 아니라 차라리 "횡단적 배치(transassemblage) 관계들의 메타-모델화"를 뜻한다(Guattari 1989, 31). 이 시론에서 분석된 비감각적 유사성의 "보관"은 직접 체험된 메타-모델화와 같은 것이다. 가타리는 『분열분석적 지도작성법』(*Carthographies schizoanalytiques*, 1989)을 통해 참조의 우주들에 관한 이론을 전개한다. 『카오스모제』(Guattari 1995)도 참조할 것. 이 책에서는 참조의 우주를 "비담론적 비신체적 복잡성"이라는 용어로 규정한다(60). 가타리의 "우주" 개념은 뤼에의 "잠재적 영역들" 개념과 밀접하게 관련된다(Ruyer 1952).

17. Michotte 1963, 19~20.

18. Stern 1985, 52.

19. Michotte 1963, 19.
20. Stern 1985, 58.
21. "생명의 형상"은 여기서 사유와 활력을 하나로 보는 아감벤(2000)의 용법에 가깝게 사용되었다. "생명의 형상이라는 것으로⋯⋯나는 그 형상으로부터 결코 분리될 수 없는 생명, 그 안에서 벌거벗은 생명 따위를 분리하는 것이 결코 가능하지 않은 생명을 뜻한다"(3~4). "나는 생명의 형상으로서의 분리 불가능한 맥락에서 생명의 형상들을 구성하는 그물망을 사유라고 부른다. 나는 이것으로 어떤 기관이나 정신적 능력의 개별 행사를 뜻하는 것이 아니다. 나는 이것을 차라리 생명과 인간 지성의 잠세적 성격을 대상으로 하는 실험, 경험이라는 의미로 쓴다. 사고한다는 것은 그저 이런저런 사물에 감응된다는 의미가 아니라, 우리 자신의 수용성에 의해 감응되는 동시에 사고되는 모든 것 하나하나에서 순수한 사고의 힘을 경험하는 것을 말한다"(9).
22. Stern 1985, 138~142.
23. 정동적 색조의 속성은 "범주적 정동들"이라 불리는 것의 비의식적 싹이다. 범주적 정동들은 의식적으로 명명되고 동일화되게 된, 그리고 그 결과 경험의 특정한 순간들의 주관적 내용으로 이해되는 정동적 경험의 유형이다. 이로 인해 그 정동들은 그 사건성으로부터, 그 순전한 발생함으로부터 분리되며, 그것들을 명사로 만든다. 이러한 내용으로서의 실체화는 그것들을 특정한 관점들에서 그들의 사건으로부터 독립적으로 전달 가능하게 만든다(위의 각주에서 언급한 아감벤의 규정에서처럼 그들에게서 삶의-형태라는 위상을 박탈하면서). 이 범주적 정동들과 그들 고유의 사건의 분리는 그것들을 매개의 기술들로 인도한다. 이전의 저작에서 나는 매개 가능한 정동을 "감정"(emotion)이라고 칭했다(Massumi 2002, 27~28). 감정은 정동적 동조의 완전한 정동적 차원으로부터의 추상의 특수한 양태이다. 그것의 매개 가능성 덕분에 감정은 관습적 표현과 조작에 더욱 접근 가능해지며, 많은 일상적 상황에서 그것을 더욱 두드러지게 만든다. 이것은 활력 정동의 수위성과 편재성을 모호하게 만들 수 있다. 실제로 활력 정동의 편재성 자체가 많은 습관적 상황들 속에서 그것을 배경으로 만드는 경향이 있다. "활력 형상들은 우리가 그것들을 일어나는 거의 모든 활동에서 경험하기 때문에 파악하기 어렵다. 그것들은 감정들의 느껴진 성질〔그것들을 내용으로 인도하는 정동적 색조〕이 그들에 수반될 때 그것에 의해 모호해진다"(Stern 2010, 20). 정동적 생명-사건성에서 감정적 삶-내용으로의 전이에 대한 보다 긴 논의는 Massumi(2005, 37~39) 참조. 특이한-유적인 것은 앞서 (2장에서) 어떤 대상의 그 자신과 "같음"이라는 관점에서 논의되었다. 그것은 그것과 같은 종류의 다른 것들에 속하는 것으로 가득한 대상(가상으로서의 대상)과의 각각의 특이한 조우를 만든다. 특이한-유적인 것에 대한 논의는 어떤 대상이 현실적으로 어떤 사건의 본성인 방식(사건-계열들, 혹은 전개되는 세계-선 속에

서의 반복)을 겨냥한 것이었다. 이 장에서 문제가 되는 것은 보다 직접적으로 사건들, 그리고 사건들의 가상들이다. 삶의 성질들의 비감각적 우주의 "지대들"은 뤼이에의 잠재적 "영역들"(그는 이것은 유사하게 비국소적 연계의 관점에서, 혹은 그의 표현으로는 "비국소적 관계들"로 규정한다)이다(Ruyer 1952, 95~131). 스턴은 특이한-유적인 것의 개념을 칭하지는 않지만 사용한다.

24. Whitehead 1967a, 176, 180, 215~216.
25. Simondon 2005, 251~253, 293~316.
26. 부모-자녀의 사례가 개인의 삶에서 무형적 지각의 발달적 기원을 암시하는 것이라고 오해되어서는 안 된다. 오히려 그 반대다. 관계의 직접적·비감각적 지각이 개체 자체의 출현 조건이다. 그 출현의 조건은 관계의 "독특한" 경험과 더불어 그가 조우하거나 참여하는 형태들의 객관적 함께-도래함 각각을 이중화하면서 모든 단계에서 그 개체를 따른다. 서로와의 조우로부터 관계의 경험은 변화한다—생성의 독특한 경험을 구성하면서. 생성의 이 비감각적 느낌은 살아 있음의 느낌이다. 활력이다(Stern 2010). 발달의 문제에 대해 스턴은 무형적 지각이 본유적인 것이라는 조사를 인용한다(1985, 38~42). 발달 심리학에 대한 그의 접근은 무형적 지각이 "자기의 감각"이 계속해서 생성하는 능력과 더불어 어떻게 관계적으로 출현하는지를 설명하게 한다.
27. James 1950, 526.
28. 같은 책, 372.
29. 같은 책, 381.
30. Whitehead 1967a, 192~194; Whitehead 1978, 237~238, 245.
31. Bergson 1988, ch. 1.
32. Whitehead 1985, 83.
33. James 1996a, 175; James 1978, 247~248.
34. James 1996a, 64.
35. 같은 책, 69.
36. James 1978, 245~247.
37. James 1996a, 55.
38. Whitehead 1964, 10.
39. 같은 책, 6.
40. 같은 책, 15.
41. 언어와 사유의 창조적 힘은 망상적인 것에 대조되는 환각적인 것으로 여겨질 수 있다. 모든 경험은 정확히 그것이 창조적인 만큼 환각적인 차원을 가지며, 그러므로 선구성된 대상을 갖지 않는다(Deleuze 1993, 93). 이 환각적 힘은 뒤에서 논의하게 될 "거짓의 힘"이다.

42. 이 장에서 언어와 사유가 함께 가는 길들에 초점을 맞춘다고 해서, 이들이 함께 가야만 함을, 즉 그들이 본성적으로 반드시 서로에게 구속되어 있음을 암시하는 것으로 읽혀서는 결코 안 될 것이다. 이 장의 나머지 부분을 통해 제시하고자 하겠지만 비감각적 사건-흔적들은 비언어적으로 (여러 방식 가운데 특히 제의에서, 춤에서, 음악에서) 조작될 수 있다. 이러한 비언어적 조작들은, 활력 정동과 비감각적 유사성을 수반하며 언어로-전달되는 조작들에 못지않게 사유로서의 자격을 얻는다. 비언어적 존재들에는 진정한 사유가 있다. 이것은 이른바 "저기능" 자폐증 환자와 같은 비언어적 인간들만큼이나 동물들에게도 적용된다. 동물의 사유에 대해서는 Massumi(근간 a) 참조. 자폐증적 사유와 경험에 대해서는 Manning and Massumi(근간 a), Manning(근간 a) 참조. 사유와 언어가 효과적으로 함께 갈 때 그것은 각기 잠재적으로 조작하는 고유한 힘을 가지고 있기 때문이고, 기제가 그들의 잠재적 힘들을 효과적으로 결합시킬 수 있는 위치에 있기 때문이다. 비언어적인 사유의 양태들이 있는 것과 마찬가지로 사유와 분리된 언어의 용법들도 존재한다는 점을 언급해 두어야 할 것이다. 이들 중에는 언어의 통상적 용법들(상식의 기준에 부합하는 종류의)과, 망상과 실질적 보행 양쪽 모두에 구애되지 않는 방식의 인칭적 표현의 언어 용법(의견)이 있다.
43. Deleuze 1989, 126~155, 274~175.
44. Benjamin 1996a.
45. 이 책에서 제의에 대한 논의 근거로 특수한 제의 전통을 논할 여지는 없다. 존재의 기술들의 특이성을 존중한다면 적절히 다루어져야 하겠지만 말이다. 그러나 여기 나타난 제의에 대한 이해는 나와 케네스 딘이 오랜 협업 과정에서 하나의 특이한 제의 전통과 수년간 교전한 결과이다. 딘은 중국 남부 푸젠 지역의 도취적인 대중적 종교 관례를 연구한 민족지 학자이다. 그는 문화 혁명의 종말 이래로 그 지역 특유의 혼합주의의 부활을 경험적 세부 사항들을 통해 꼼꼼하게 추적해 왔다(Dean 1998). 그는 최근에 *Bored in Heaven: A film About Ritual Sensation*이라는 다큐멘터리 영화를 제작해 자신의 학술적 저작들을 보완했으며, 나는 이 영화의 현지 촬영과 편집에 자문 역할을 했다(Dean 2010). 여기서 제의에 관한 논의는 제의적 실천의 복잡성과, 거기서 실재적으로 체험된 잠재적 공간들의 창조를 옹호하는 것으로 시작하지 않는다. 그러한 잠재적 공간은 결국 그 공간 고유의 실용적 진리들을 사건적으로 생산하게 된다. 중국의 제의의 경우, 그 사변적 전선에서 가장 지독하게 누락된 것 중 하나는 신체적 수행에서 벌어진, 우주론적 공간의 미시적 차원과 거시적 차원 사이의 상호작용이다. 실용적인 측면에서 가장 나쁜 누락은 실천들의 현실성 — 그것들이 오래된 유물들이 아니라, 공산주의로부터의 전이로 열린 중국 최초의 "경제 특별 구역들" 중 하나였던 것으로 세계 자본주의의 관통과 연합된 당대의 사건들과 능동적으로, 통합적으로, 함께-구성적으로 서로 얽혀 있다고 하는

사실이다.

46. Massumi 2002, 58~61, 168, 179~188.

47. Langer 1953, 197.

48. 같은 책, 73.

49. 같은 책.

50. 같은 책.

51. James 1950, 155~165.

52. Langer 1953, 172, 173.

53. Panofsky 1991, 27.

54. 이것은 또한 오토포이에시스 이론의 근간이 된 "폐쇄를 통한 개방성" 원리에 대한 비평으로 받아들여져야 한다. 그 비평의 내용은 오토포이에시스가 형식적 구성 이론(비재현적 종류의 것이긴 해도)으로 회귀하며, 이는 체험된, 그리고 체험하는 창조에 대한 그것의 야심에 철학적으로 모순된다는 것이다. 오토포이에시스가 유효한 체험된 창조 이론이 되는 데 부족한 것은 비형식적 (질적-관계적) 경험의 원리이며, 이는 세계의 구성의 모든 조작에서 직접적 재료이다. 이것은 그것이 승인하거나 보증할 수 있을 객관적 배열의 여하한 개념은 물론 논리적 형식과의 관계에서 일차적인 것으로 이해되는 느낌(지각적 느낌)의 원리일 수 있을 뿐이다. 퍼스와 화이트헤드, 들뢰즈·가타리의 철학은 다음과 같은 원리를 작동시키는 가장 철저한 형이상학적 구조들이다. 요컨대 세계는, 어떤 형식이나 질서에 의해 수용된 것이 아니라 느낌이 사유와 존재론적으로 식별되지 않는 지대로 진입하게 되는 소실점에서, 말 그대로 느낌으로 만들어진다.

55. [옮긴이] 19세기 중반의 사실주의(Realism)와 구별해서 이해해야 할 것이다. 미술사적으로 이 시기 사실주의의 범위와 요건을 규정하는 데에는 복수의 견해가 있겠지만, 양식론적 관점에서 이 운동은 15세기 이래로 유럽 미술을 지배하고 있던 기하학적 원근법 체계를 타파하고자 한 모더니즘의 초기 단계로 여겨진다. 반면 본문의 '사실주의'라는 용어는 사실적 재현을 추구하는 미술 작품을 좀 더 일반적으로 지칭하는 것으로 볼 수 있다.

56. Valéry 2003b, 206~207.

57. 같은 글, 205.

58. Valéry 2003ba, 207.

59. Valéry 2003cb, 81.

60. Valéry 2003ba, 207; 강조는 원전에 의함.

61. Deleuze 2004b, 81~90.

62. Deleuze 1988a, 84, 번역 저자 수정.

63. 같은 책, 85; 번역 수정.

64. Deleuze 1990, 141.

65. 같은 책, 7.

66. Deleuze 2004b, 10~13, 31~38; Manning 2009b, 170~183.

67. Deleuze 1990, 7.

68. Valéry 2003c, 78.

69. Deleuze 2007, 388~393; Manning, 근간 b; 스타일에 대해서는 Valéry 2003c, 81.

70. Benjamin 2003, 255.

71. Benjamin 2003.

72. Artaud 1948, 34~35.

[원서에 게재된 이 시의 영역은 다음과 같다.

To understand these drawings

as a whole

one has to

1) leave the written page

to enter into

the real

but

2) leave the real

to enter into

the surreal

the extra-real ……

into which these drawings

keep on

plunging

seeing as they come from here

and seeing as they are in fact ……

but the figuration

on paper

of an élan

that took place

and produced

magnetically and

magically its

effects

and seeing as these

drawings are not the
representation
or the
figuration
of an object
or a state of
mind or fear,
of a psychological
element
or event,
they are purely
and simply the
reproduction on
paper
of a magical
gesture ― 옮긴이]

73. Deleuze 1990, 7. 여기서 가상이라 불리고 있는 것은 들뢰즈가 『의미의 논리』에서 "시뮬라크르", 또는 "순수 효과"로 부르는 것에 여러 가지 측면에서 상응한다. 『안티 오이디푸스』에서 들뢰즈와 가타리는 위장 개념에 대해 두드러지게 존재론적인 견해를 부여한다. "위장은…… 그들의 형태가 변화하는 동안 각자 분리되는 강도들 속에 늘 포섭된 그러한 불가분의 거리를 표현한다.…… 위장은…… 실재적인 것으로 가득하며, 기묘하게 다의적이다. 그것은 실재적인 것을 그 원리 너머 그것이 유효하게 산출되는 지점으로 가져간다…… 그 지점에서 그 사본은 이제 사본이기를 그치고 실재적인 것이자 그것의 인공물이…… 자연과 역사의 공연 속에 산출된 강도적 실재가 된다"(1983, 87). "차이생성적 동조", 변화 중인 "상호 포함", 변형적 "비국소적 연계"와 같은 이 책의 어휘들의 반향을 이 구절에서 들을 수 있다.
74. 이는 다시 들뢰즈의 "사물들을 갈가리 찢기" 개념으로(Deleuze 1995, 86), 그리고 2장에서 논한 사물들로 "사하라" 만들기(Deleuze 2004b, 82, 128)로 이어진다.
75. Graham 1998, 50, 53.
76. Gil 2002, 121.
77. Cunningham 1968, 90.
78. 같은 글, 91.
79. Gil 2002, 121~122.
80. Cunnningham 1968, 90.
81. Valéry 2003a, 27.

82. 같은 글, 28.

83. 같은 글.

84. Gil 2001.

85. Gil 2002, 123.

86. Valéry 2003a, 31.

87. Forsythe 2008; Manning 2009a.

88. Deleuze 1988a, 85.

89. 이 설명은 "신체의 공간" 개념에 관해 호세 질의 탁월한 무용 이론(Gil 2006)을 가장 중요한 출발점으로 삼는다. 질의 이론은 그 밖에도 이 책에 제시된 접근과 여러 점에서 공명한다.

90. Valéry 2003a, 28.

91. 같은 글, 31.

92. 같은 곳.

93. 에린 매닝은 춤에 관한 그의 저작에서 이러한 인간적 의미와 지향의 비움이 비인간적인 것이 춤추도록 할 수 있다는 것을 강조한다. 그는 윌리엄 포사이스의 "안무적 대상", 즉 자기 주변으로 춤을 활성화하는 대상의 개념을 정교하게 만듦으로써 춤 사건들의 비인간적 차원을 전개한다. 안무적 "대상"은 일반적인 의미의 대상이 아니다. 그것은 운동의 장의 촉매이다. 관여된 어떤 인간 신체든 그것이 자기를-움직이는(self-moving) 것만큼이나 장에 의해 움직여지는 한에서만 관여된다(Manning 2009b, 근간 b). 가타리의 어휘를 쓰자면 안무적 대상은 비인간적 "표현의 핵"이다(1995).

94. Langer 1953, 175.

95. 같은 책, 176.

96. 같은 책, 180.

97. Valéry 2003c, 31.

98. Langer 1953, 174.

99. Gil 2002, 125.

100. Langer 1953, 169~171.

101. 화이트헤드는 모든 시각적 지각에 내재한 눈을 "지님"에 대한 배경 인지의 관점에서 시각 특유의 정동적 색조, 혹은 유적 느낌에 대해 논한다(Whitehead 1978, 64). 모든 감각을, 그리고 전체로서의 신체를 "지님"이 있다(312~313). 그것은 모든 경험의 재료이며, 경험의 변화하는 양태들의 특이한-속성은 상당 부분 그것에서 기인한다.

102. Gil 2002, 118.

103. [옮긴이] 싱크레시스(synchresis)는 미셸 시옹이 동시발생(synchronism)과 종합

(synthesis)을 결합하여 조어한 개념이다. 그는 이것이 "특정한 음향적 현상과 시각적 현상이 동시에 발생할 때 그들 사이에서 산출되는 자발적이고 불가항력적인 접합"이라고 규정한다. 본문에서 마수미가 기술하는 때리는 장면과 비슷한 사례로, 시옹은 베리만의 영화 〈페르소나〉(1966) 프롤로그에서 못 박힌 손을 보여주는 쇼트와 여기에 겹쳐지는 망치소리를 한 가지 예로 든다. 다만 여기서 두 사람이 초점을 두는 지점은 미묘하게 다른데, 마수미가 들리는 음향이 실제 장면에서 보지 못한 광경을 관객에게 환기시킨다는 점을 이야기하는 데 반해, 시옹은 눈앞에 보이는 쇼트와 들리는 음향을 관객이 자동적으로 일치시키는 현상을 밀하고 있다. Michel Chion, *Audio-Vision: sound on screen, Claudia Gorbman* (trans.), (New York: Columbia Press, 1990), pp. 63~64.

104. Whitehead 1978, 64.

105. "차이생성적 매체" 이론에 대해서는 Andrew Murphie(2004) 참조.

106. Ashby 2010, 6.

107. Deleuze and Guattari 1987, 404~415.

108. Ashby 2010.

109. Whitehead 1978, 21, 22 외 여러 곳. Whitehead 1967a, 236: "합생(concrescence)이라는 말은 '함께 자라다'라는 뜻으로 잘 알려진 라틴어 동사에서 파생한 것이다. '구체적'(concrete)이라는 말이 완전한 물리적 실재의 개념으로 친숙하게 사용된다는 이점도 있다. 그러므로 합생은 완전한 복합적 통일성을 획득하는 많은 것들의 개념을 운반하는 데 유용하다. 그러나 그것은 관여된 창조적 새로움을 암시하는 데 실패한다. 예컨대 그것은 원초적 여건[구성 요소들]에서 발생하는 개별적 특성의 개념을 빠뜨린다." 싱크레시스, 융합-효과, 비감각적 유사성 등의 단어들은 여기서 경험의 한 사건의 복합적 통일성의 "개별적 특성" — 질적-관계적 특이성 — 의 개념을 포함한다. 화이트헤드는 이어서 "함께[공재적]"라는 말이 "철학에서 가장 잘못 사용되는 단어 중 하나"라고 말한다. 문제는 그것이 "마치 하나의 한정적 의미를 담고 있는 것처럼", 또한 마치 경험 외부에 공재성이 있는 것처럼 사용된다는 데 있다. 이런 용법에서 그것은 "소피스트적"이다. 왜냐하면, "실제로 경험 속에서가 아니라면 어떤 것도 함께[공재적]가 아니며, 경험 속의 구성 요소들로서 혹은 자기창조의 계기들인 과정의 직접성들로서가 아니라면 아무것도 어떤 의미로도 '있지' 않기 때문이다." Esse est sentiri: 존재한다는 것은 느껴지는 것이다. 존재한다는 것은 경험되는 것이다. 혹은 좀 더 근본적으로, 존재한다는 것은 경험으로 있는 것이다. 경험은 인간에 한정되지 않으며, 자연-문화 연속체를 가로질러 분포된다. 모든 것이 경험의 존재이다. "함께[공재]"를 사고하는 이런 방식의 현재의 접근이 내포하는 것 중 하나는, 화이트헤드의 기준에 의해 "상호작용"이라 명명되는 것은 소피스트적 개념이라는 점이다. 왜냐하면, 그것은 "과정의 직접성"을 가리키기 위해 사용된 것이 아

니기 때문이다. 반대로 상호작용은 경험을 매개하는 객관적으로 기술 가능한 행위들과 반응들(테크놀로지적 기능들)에 의해 규정되기 때문이다(2장 참조).

110. Manning and Massumi, 근간 b.

111. 비유기체적 생명에 대해서는 Deleuze and Guattari 1987, 499; Deleuze 2004b, 45~47.

112. Whitehead 1978, 20~21.

113. Whitehead 1967a, 236.

114. Whitehead 1978, 21; 융합에 대해서는 Whitehead 1978, 233; 1967a, 211~214.

115. Gil 2006.

116. Whitehead 1978, 184~185.

117. "주관적 강도의 범주. 느낌의 기원이 되는 주관적 목적은 직접적 주체에서, 그리고 관련된 미래에서 느낌의 강도에 있다"(Whitehead 1978, 27). "궁극의 창조적 의도"는 "각각의 통일화가 그것의 합생의 조건들을 따르는 느낌의 강도의 어떤 최고 깊이를 획득하는 것"이다(249). 이것은 "그로 인해 새로움이 세계로 들어서게 되는 범주이다"(249, 그리고 277~278 참조).

118. Barthes 1977, 19, Ashby 2010, 234에서 인용.

119. Whitehead 1978, 41.

120. Ashby 2010.

121. 같은 책, 226.

122. 같은 책, 224.

123. [옮긴이] 저자는 이 책에서 말러의 악곡을 '절대주의'로 범주화함으로써 그의 음악의 '순수성'을 부각하고 있다. 여기서 순수하다는 것은 음악 외적 서사로부터 해방되어 있다는 의미이며, 따라서 전체 악상이 언어적 이미지의 표상 아래 전개되는 표제음악에서 탈피하고자 한 절대음악의 논리에 부합하는 특성이다. 이런 식으로 말러를 절대주의자로 규정하는 것은 뒤이어 그의 작법을 '따로-구성하기'로 개념화하기 위한 포석이 된다. 이는 음악사적인 관점에서 보자면 다소 논쟁적인 서술이라 할 수 있다. 여기서 논의되는 것이 말러의 악곡에서 발견되는 한 단면에 관한 해석임을 고려할 필요도 있겠다.

124. Ashby 234, 237.

125. 같은 책, 234.

126. 같은 책, 237.

127. 같은 책, 224, 226.

128. 같은 책, 232.

129. 같은 책, 222. [브루노 발터가 슈타인바흐로 말러를 방문했던 때의 일화를 가리킨다. 당시에 세 번째 교향곡에 착수하고 있던 작곡가는 역으로 발터를 마중 나갔다.

자신의 집으로 향하는 길에 이 청년 지휘자가 산악으로 둘러싸인 주변 경관을 둘러보자 위와 같이 말했다고 한다. 브루노 발터, 『구스타프 말러: 브루노 발터, 말러의 삶과 음악을 연주하다』, 김병화 옮김, 마티, 2010 참조. 마수미가 여기서 개념화하고자 하는 '따로-구성하기[작곡하기]'는 '따로 작곡하다'로 옮긴 compose away, 즉 독일어 동사 wegkomponieren에서 유래했다. — 옮긴이]

130. 들뢰즈와 가타리는 다양체는 언제나 창조적 뺄셈에 의해 가장 강도적이고 변형적으로 획득된 것이라는 원리를 전개한다(1987, 6, 21): "빼서 변화하게 하는 것, 절단하여 변화하게 하는 것"(104). 들뢰즈는(2004b) 화가 프랜시스 베이컨에 관한 저작에서 이 과정을 길게 보여 준다.
131. Weschler 1982, 29~38.
132. 같은 책, 81.
133. 같은 곳.
134. 같은 책, 61.
135. 같은 책, 65.
136. 같은 책, 81.
137. 같은 책, 63.
138. 같은 책, 69.
139. 같은 책, 81.
140. 같은 책, 41~51.
141. 같은 책, 77.
142. Whitehead 1978, 85~86.
143. 같은 책, 19. 철학적으로 말해서 욕구와 주관적 목적의 개념은 "최종적 인과"라는 오래도록 소외된 개념을 형이상학적 그림에 다시 추가할 필요성을 주장한다. 이 시론에서 최종적 인과는 "말단으로의" 비감각적 "경향성"의 형태로 되돌아온다. 그러나 최종적 인과라는 특정한 개념을 재도입하는 데서 최종적 원인으로서의 말단이 충분 원인은 아니라는 점을 강조하는 것은 중요하다. 그것은 공통-인과적이며, 바로 그렇게 결합한 객관적 조건들(화이트헤드의 용어로는 "여건")의 기여를 요구한다. 여기서 "존재의 기술"이라 불리는 것을 구성하는 것은 말단으로의 경향성을 가지면서 합쳐진 객관적 조건들을 대신하는 이런 배경이다. 객관적 조건을 대신하는 배경은 자연히 동력인(efficient cause)이 아니다. 야기되는 인과성 이론은 "의사-인과성"(동력 인과와 충분 인과의 혼성 개념: Massumi 2002, 225~228)이라는 말로 가장 잘 기술된다.
144. Whitehead 1978, 70.
145. 같은 책, 81.
146. 같은 책, 60.

147. 같은 책.
148. 같은 책, 71.
149. 같은 책, 88~89.
150. 같은 책, 81.
151. 같은 책, 76.
152. 같은 책.
153. 같은 책, 87.
154. 같은 책, 104.
155. 같은 책, 91.
156. 같은 곳.
157. 같은 책, 92.
158. [편집자] 원서 163쪽에 수록된 어윈의 작품 〈Disc〉(1968~1969, Hirshhorn Museum)는 다음 링크에서 볼 수 있다. http://www.portlandart.net/archives/bci1_irwin-disc.jpg
159. 같은 책, 99.
160. Weschler 1982, 64.
161. Whitehead 1978, 230.
162. 윌리엄 포사이스가 춤에 대해 했던 "그 밖에 무엇?"이라는 물음에 대해서는 Erin Manning, "Choreography as Mobile Architecture"(Manning 근간 a) 참조.
163. 『철학이란 무엇인가?』에서 들뢰즈와 가타리는(1994) "그 밖에?"라는 철학의 문제에 대해 묻는다. 그들은 철학의 활동을 바로 "비철학적" 외부와의 싱크레시스적 관계의 창조적 생태 내에 다시 위치시키기 위해서 그 활동에 관한 특이하게 유적인 것을 이론화한다. 그것을 철학의 "특수성", 즉 철학을 예술이나 논리, 과학에 상반되는 것으로 만드는 것에 관한 논증이라고 본다면 이는 잘못 읽고 있는 것이다. 이 책의 목적은 그 반대로 철학을 그-밖의 것의 생태로 되돌려 보내는 데 있다. 철학의 창조적 사건을 얼마든지 많은 다른 것들과 공동-구성하는 하나의 존재의 기술로 만드는 것이다. 『천 개의 고원』은 이 두 사람의 합작들 가운데 이러한 철학적 공동-구성의 가장 강렬한 사례이다(Deleuze and Guattari 1987).
164. Rancière 2006.
165. Whitehead 1978, 20, 277~279.
166. Whitehead 1967a, 206.
167. Stengers 1997.
168. Massumi 2005; Massumi 2009, 157~158, 173; Massumi 2010a.
169. Benjamin 2002, 137.
170. Benjamin 1996c, 224

171. 같은 책, 283; 강조는 저자가 추가.

172. Benjamin 1996c, 224.

173. 같은 책, 224, 이하 모든 인용은 224~225.

174. James 1996a, 160~162; Massumi 2009, 170~173; Massumi 2010a.

175. James 1996a, 160.

176. 같은 책, 280; 본서의 서문 참조.

177. James 1996b, 272.

178. Benjamin 1996c, 224.

:: '체험된 추상의 테크놀로지' 시리즈* 서문

"신체로서 움직이는 것은 사유의 운동으로서 되돌아온다."
(시발적 상태에 있는) 주체성에 대한
(돌연변이 상태에 있는) 사회적인 것에 대한
(재창안될 수 있는 지점에서) 환경에 대한
"어느 곳에서든 시작된 과정은 모든 곳에서 반향을 일으킨다."

체험된 추상의 테크놀로지 시리즈는, 오늘날의 세계 속에서 해외의 주체적, 사회적, 윤리적-정치적 발생 과정에 대해 비판적으로, 그러나 특히 창조적으로 연구하는 학제적 범위의 연구에 바쳐진다. 제시되는 저작들은 습관적 분류에 머무르는 데 만족하지 않는, 추상적이고 구체적인, 국지적이고 전반적인, 개별적이고 집단적인 사고와 신체이다. 그것들은 이 측면들이, 형성적으로, 반향적으로 함께 도래하는 방식을 탐구한다. 비록 그것들은 결국 다시 도래하여 서로 달라지도록 하는 운동을 형성할 뿐이지만 말이다. 자율화와 관계, 발생, 복잡성, 과정, 또는 개별화와 (오토)포이에시스, 직접적 지각과 구체화된 지각, 행동-으로서의-지각, 사변적 실용주의, 사변적 사실주의, 근본적 경험론, 매개, 잠재화, 실천의 생태학, 매체 생태학, 기술성, 미시정치학, 생명정치학, 온토파워ontopower 등 가능한 패러다임은 많다. 그러나 새로운 사유와 행동이 창조적 교차점에서 동트는 것을 포착하는 것과 같은, 공통된 목적이 있을 것이다. 체험된 추상의 테크놀로지는 이 교차점에서, 그 덕분에 모든 곳의 생명이 맹아적으로 미적이고, 어느 곳의 미적인 것이든 이미 정치적인 것이라고 여겨질 수 있는 창조성을 지향한다.

"개념은 경험되어야 한다. 그것은 체험된다."

에린 매닝과 브라이언 마수미

---

* [편집자] "체험된 추상의 테크놀로지" 시리즈는 MIT 출판사에서 에린 매닝과 브라이언 마수미의 기획으로 발간되는 시리즈로, 2009년 4월부터 지금까지 총 9권의 도서가 출간되었다. 『가상과 사건』은 이 시리즈의 여덟 번째 책이다. 그밖에 시리즈에 속하는 다른 책으로 스티븐 샤비로의 *Without Criteria: Kant, Whitehead, Deleuze, and Aesthetics*, 에린 매닝의 *Relationscapes: Movement, Art, Philosophy* 등이 있으며, 마우리치오 랏자라또의 *Experimental Politics: Work, Welfare, and Creativity in the Neoliberal Age*가 2016년 11월에 출간될 예정이다. 보다 자세한 내용은 다음 링크 참조. https://mitpress.mit.edu/books/series/technologies-lived-abstraction

사고와 글쓰기 과정이 조화롭게, 대위법적으로, 때로는 행복한 불협화음 속에 다른 목소리들로 메아리치는 정도를 표현하는 것은 어렵다. 이 기획이 구체화되는 데 여러 가지 반가운 방식으로 기여해 준 모든 이들에 대한 나의 감사는 이루 말할 수 없다. 어디서부터 시작해야 할지 모르겠다. 책의 뿌리들은, 거의 10년 전에 발표되었고 그로부터 거의 10년 이전에 잉태된 『가상계』의 먼 기원들과 뒤엉켜 있다. 어떻게 끝내야 할지도 모르겠다. 이 책의 완결은 부끄럽도록 많은 수의, 진행 중인 동시 발생적인 책들의 싹트는 덩굴 속에 너무나 뒤엉켜 있다. 그 책들 중 대부분은 급증하는 가지에서 사멸할 것이 분명하다. 우선 에린 매닝에게, 날마다 시작과 끝맺음에 무능력한, 그리고 언제나 증식하는 중간에 존재하는 데서 얻을 수 있는 기쁨을 이해하지 못하는 나와 나날을 살아준 데 – 그리고 그것을 진정으로 이해할 수 있게 도와준 데 대해 감사한다. 내가 중간에 존재하기를 할 수 있는 환경이 부여된 것도 그 덕분이다. 그가 센스랩SenseLab을 건립하고, 그것이 성장하고 변형되도록 아낌없이 풍부한 상상력으로 키워 낸 덕분에, 나는 내 삶과 저작에 헤아릴 수 없이 기여한 행동-속의-사유를 위한 환경을 부여받았다. 에린, 당신이 하는 모든 것에, 그리고 무엇보다 우리가 나누는 삶에 당신이 가져다 준 사유의 강렬함과 창조적 기쁨, '사건에 대한 관심'에 대해 감사하오. 나는 또한 센스랩 참여자, 과거와 현재의, 국내외의 학생, 활동가, 예술가, 교수 들에게도 감사를 표한다. 그들이 아낌없이 아이디어와 에너지를 투여해 주지 않았다면 센스랩은 결코 결실을 맺지 못했을 것이다. 내가 길고 뒤엉킨 경로를 통해 조우해 온 논평가들과 질의자들—캐나다와 미국, 호주를 다니며 가르칠 때 만난 학생들로부터 각지에서 열렸던 많은 세미나와 강의 참가자들 모두에게 감사한다. 당신들의 흔적이 이 책 안에 깃들어 있다. 고맙게도 시간을 들여 초안에 대해 의견을 교환해 준 이들에게 개인적으로 감사를 표한다. 론 버텔슨, 에릭 보들로, 크리스토프 브뤼너, 케네스 딘, 디디에 드베즈, 셰어 도루프, 요나스 프리취, 토마스 라마르, 에린 매닝, 아리엔 뮐더, 안나 문스터, 앤드루 머피, 존 프로테비, 헬릭스 르볼레도, 스티븐 샤비로, 이사벨 스텐거스, MIT 출판사의 평가관들에게. 끝으로 내 아들 제시, 나를 진지하게 대하지 않고 나를 계속 바쁘게 만들어 준 데 대해 감사한다.

1, 2, 3장의 이전 판은 다음의 출판물들에 실려 있었다. 1장 : *The Pragmatist Imagination : Thinking about Things in the Making*, ed. Joan Ockman (Princeton : Princeton Architectural Press, 2000), 160~167 (“The Ether and Your Anger : Towards a Pragmatics of the Useless”라는 제하). 2장 : *Inflexions : A Journal for Research-Creation*, no. 1 (2008), www.inflexions.org/volume_4/issues.html#i1에서 볼 수 있다. 그 이전의 요약본은 Joke Brouwer and Arjen Muller, eds., *Interact or Die!* (Rotterdam : V2/NAi, 2007), 70~97에 실려있다. 3장 : *Diagram Work*, ed.

Ben van Berkel and Caroline Bos, special issue of ANY (Architecture New York), no. 23 (1998) : 42~47. 4장을 구성하는 부분들 중 4악장은 Joke Brouwer and Arjen Mulder, eds., *Information Is Alive : Art and Theory on Archiving and Retrieving Data* (Rotterdam : NAi Publishers, 2003), 142~151에 ("The Archive of Experience"라는 제목으로) 게재되었다. 이 책은 캐나다 사회과학과 인문학 연구회의 연구 보조금을 지원받았다.

:: 참고 문헌

Agamben, Giorgio. 2000. *Means without Ends: Notes on Politics*, translated by Vincenzo Binetti and Cesare Casarino. Minneapolis : University of Minneapolis Press [조르조 아감벤, 『목적 없는 수단』, 김상운·양창렬 옮김, 난장, 2009].

Artaud, Antonin. 1996. "50 dessins pour assassiner la magie" (1948). *Antonin Artaud: Works on Paper*, edited by Margit Rowell, 32-37. New York : Museum of Modern Art.

Ashby, Arved. 2010. *Absolute Music, Mechanical Reproduction*. Berkeley : University of California Press.

Barthes, Roland. 1977. "The Photographic Message." *Image-Music-Text*, translated by Stephen Heath, 15-31. New York : Hill and Wang.

_______. 1988. *Camera Lucida: Reflections on Photography*, translated by Richard Howard. New York : Hill and Wang [롤랑 바르트, 『밝은 방』, 김웅권 옮김, 동문선, 2006].

Benjamin, Walter. 1996a. "Analogy and Relationship." *Selected Writings*. Vol.1, *1913-1926*, 207-209. Cambridge : Harvard University Press [롤랑 바르트, 「유비와 근친성」, 『언어 일반과 인간의 언어에 대하여/번역자의 과제 외』, 최성만 옮김, 길, 2008, 291~297쪽].

_______. 1996b. "Beauty and Semblance." *Selected Writings*. Vol. 1, *1913-1926*, 283. Cambridge : Harvard University Press.

_______. 1996c. "On Semblance." *Selected Writings*. Vol.1, *1913-1926*, 223-225. Cambridge : Harvard University Press.

_______. 1999a. "A Little History of Photography." *Selected Writings*. Vol. 2, *1927-1934*, 507-530. Cambridge : Harvard University Press [발터 벤야민, 「사진의 작은 역사」, 『기술복제시대의 예술작품/사진의 작은 역사』, 최성만 옮김, 길, 2007, 151~196쪽].

_______. 1999b. "On the Mimetic Faculty." *Selected Writings*. Vol. 2, *1927-1934*, 720-722. Cambridge : Harvard University Press [발터 벤야민, 「미메시스 능력에 대하여」, 『언어 일반과 인간의 언어에 대하여/번역자의 과제 외』, 209~126쪽].

_______. 2002. "The Significance of the Beautiful Semblance." *Selected Writings*. Vol.3, *1935-1938*, 137-138. Cambridge : Harvard University Press.

_______. 2003. "The Work of Art in the Age of Its Technological Reproducibility. Third Version." *Selected Writings*. Vol.4, *1938-1940*, 251-283. Cambridge : Harvard University Press [발터 벤야민, 「기술복제시대의 예술작품(제3판)」, 『기술복제시대의 예술작품/사진의 작은 역사』, 최성만 옮김, 길, 2007, 97~150쪽].

Bennett, Jane. 2010. *Vibrant Matter : A Political Ecology of Things*. Durham : Duke University Press.

Bergson, Henri. 1988. *Matter and Memory*, translated by Nancy Margaret Paul and W. Scott Palmer. New York : Zone Books [앙리 베르그손, 『물질과 기억』, 박종원 옮김, 아카넷, 2005].

Bourriaud, Nicolas. 2002. *Relational Aesthetic*, translated by Simon Pleasance and Fronza Woods with Mathieu Copeland. Dijon : Les Presses du Réel [니꼴라 부리요, 『관계의 미학』, 현지연 옮김, 미진사, 2011].

Chion, Michel. 1994. *Audio-Vision : Sound on Screen*, translated by Claudia Gorbman. New York : Columbia University Press [미셸 시옹, 『오디오 비전 : 영화의 소리와 영상』, 윤경진 옮김, 한나래, 2004].

Cunningham, Merce. 1998. "You Have to Love Dancing to Stick with It" (1968). *In The Vision of Modern Dance : In the Words of Its Creators*, 2nd ed., edited by Jean Morrison Brown, Naomi Mindlin, and Charles H. Woodford, 88-91. Princeton : Princeton Book Publishers.

Damasio, Antonio. 1999. *The Feeling of What Happens : Body and Emotion in the Making of Consciousness*. New York : Harcourt.

Dean, Kenneth. 1998. *The Lord of the Three in One : The Spread of a Cult in Southeast China*. Princeton : Princeton University Press.

______. 2010. *Bored in Heaven : A Film About Ritual Sensation*. BluRay/DVD. Documentary film.

Deleuze, Gilles. 1978a. "Deleuze/Kant. Cours Vincennes : Synthesis and Time." March 14. http://www.webdeleuze.com/php/texte.php?cle=66&groupe=Kant&langue=2.

______. 1978b. "Deleuze/Kant. Cours Vincennes." March 21. http://www.webdeleuze.com/php/texte.php?cle=67&groupe=Kant&langue=2.

______. 1986. *Cinema 1 : The Movement-Image*, translated by Barbara Habberjam and Hugh Tomlinson. Minneapolis : University of Minnesota Press [질 들뢰즈, 『시네마 1』, 유진상 옮김, 시각과 언어, 2002].

______. 1988a. *Foucault*, translated by Séan Hand. Minneapolis : University of Minnesota Press [질 들뢰즈, 『푸코』, 권영숙 · 조형근 옮김, 새길 아카데미, 2012].

______. 1988b. *Le pli. Leibniz et le baroque*. Paris : Minuit; *The Fold : Leibniz and the Baroque*, 1993, translated by Tom Conley. Minneapolis : University of Minnesota Press [질 들뢰즈, 『주름, 라이프니츠와 바로크』, 이찬웅 옮김, 문학과 지성사, 2004].

______. 1989. *Cinema 2 : The Time-Image*, translated by Hugh Tomlinson and Robert Galeta. Minneapolis : University of Minnesota Press [질 들뢰즈, 『시네마 2』, 이정하 옮김, 시각과 언어, 2005].

______. 1990. *Logic of Sense*, translated by Mark Lester with Charles Stivale and edited

by Constantin V. Boundas. New York: Columbia University Press [질 들뢰즈, 『의미의 논리』, 이정우 옮김, 한길사, 1999].
______. 1994. *Difference and Repetition*, translated by Paul Patton. New York: Columbia University Press [질 들뢰즈, 『차이와 반복』, 김상환 옮김, 민음사, 2004].
______. 1995. *Negotiations*, translated by Martin Joughlin. New York: Columbia University Press.
______. 1997. *Essays Critical and Clinical*. Minneapolis: University of Minnesota Press [질 들뢰즈, 『비평과 진단』, 김현수 옮김, 인간사랑, 2000].
______. 2004a. *Desert Islands and Other Texts 1953-1974*, translated by Mike Taormina. New York: Semiotext(e).
______. 2004b. *Francis Bacon: The Logic of Sensation*, translated by Daniel W. Smith. Minneapolis: University of Minnesota Press [질 들뢰즈, 『감각의 논리』, 하태환 옮김, 민음사, 2008].
______. 2007. *Two Regimes of Madness: Texts and Interviews 1975-1995*, translated by Ames Hodges and Mike Taormina. New York: Semiotext(e).
Deleuze, Gilles, and Félix Guattari. 1983. *Anti-Oedipus*, translated by Robert Hurley, Mark Seem, and Helen R. Lane. Minneapolis: University of Minneapolis Press [질 들뢰즈·펠릭스 과타리, 『안티 오이디푸스: 자본주의와 분열증』, 김재인 옮김, 2014].
______. 1987. *A Thousand Plateaus*, translated by Brian Massumi. Minneapolis: University of Minneapolis Press [질 들뢰즈, 『천 개의 고원』, 김재인 옮김, 새물결, 2001].
______. 1994. *What Is Philosophy?*, translated by Graham Burchell and Hugh Tomlinson. London: Verso [질 들뢰즈, 『철학이란 무엇인가』, 이정임·윤정임 옮김, 현대미학사, 1995].
Descartes, René. 1996. *Meditations on First Philosophy*, translated by John Cottingham. Cambridge: Cambridge University Press [르네 데카르트, 『성찰』, 이현복 옮김, 문예출판사, 1997].
Eisenman, Peter. 1994. "House VI." In *House VI: The Client's Response*, edited by Suzanne Frank, 21-24. New York: Whitney Library of Design.
______. 1999. *Diagram Diaries*. London: Thames and Hudson.
Forsythe, William. 2008. *Conversation with the author*. Amsterdam, June 3.
Foucault, Michel. 1970. *The Order of Things: An Archeology of the Human Sciences*, translated by A. M. Sheridan Smith. New York: Pantheon [미셸 푸코, 『말과 사물』, 이규현 옮김, 민음사, 2012].
______. 2008. *The Birth of Biopolitics: Lectures at the Collège de France 1978-1979*, translated by Graham Burchell. New York: Palgrave-Macmillan [미셸 푸코, 『생명관리정치의 탄생: 콜레주드프랑스 강의 1978-1979』, 심세광·전혜리·조성은 옮김, 난장, 2012].

Genosko, Gary, and Andrew Murphie, eds. 2008. "Metamodeling" (special issue). *Fibreculture*, no. 12. http://twelve.fibreculturejournal.org.
Gibson, James J. 1986. *The Ecological Approach to Visual Perception*. Hillsdale, NJ : Lawrence Erlbaum.
Gil, José. 2001. *Movimento Total. O Corpo e a Dança*. Lisbon : Antropos.
______. 2002. "The Dancer's Body." In *A Shock to Thought : Expression after Deleuze and Guattari*, edited by Brian Massumi and translated by Karen Ocana, 117-127. London : Routledge.
______. 2006. "Paradoxical Body," translated by André Lepecki. *TDR : The Drama Review 50*, no. 4 : 21-35.
Goethe, Johann Wolfgang von. 1972. "Confessions of a Color Enthusiast." *Journal of Color and Appearance* 1, no. 3 (November-January) : 32-37.
Graham, Martha. 1998. "Artist's Statement" (1937). In *The Vision of Modern Dance : In the Words of Its Creators*, 2nd ed., edited by Jean Morrison Brown, Naomi Mindlin, and Charles H. Woodford, 49-53. Princeton : Princeton Book Company.
Guattari, Félix. 1989. *Cartographies schizoanalytiques*. Paris : Galilée.
______. 1995. *Chaosmosis : An Ethico-Aesthetic Paradigm*, translated by Paul Bains and Julian Pefanis. Bloomington : Indiana University Press [펠릭스 가타리, 『카오스모제』, 윤수종 옮김, 동문선, 2003].
James, William. 1950. *Principles of Psychology*. Vol. 2. New York : Dover.
______. 1978. *Pragmatism and The Meaning of Truth*. Cambridge : Harvard University Press [윌리엄 제임스, 『심리학의 원리』 2·3, 정양은 옮김, 아카넷, 2005].
______. 1996a. *Essays in Radical Empiricism*. Lincoln : University of Nebraska Press.
______. 1996b. *A Pluralistic Universe*. Lincoln : University of Nebraska Press.
Katz, David. 1935. *The World of Colour*. London : Kegan, Paul, Trench, Trubner.
Klee, Paul. 1950. *On Modern Art*. London : Faber and Faber [파울 클레, 『현대미술을 찾아서』, 박순철 옮김, 열화당, 2014].
Lamb, Trevor, and Janine Bourriau. 1995. *Colour : Art and Science*. Cambridge : Cambridge University Press.
Langer, Susanne. 1953. *Feeling and Form*. New York : Scribner's.
Lapoujade, David. 1997. *William James : Empirisme et pragmatisme*. Paris : PUF.
Manning, Erin. 2007. *Politics of Touch : Sense, Movement, Sovereignty*. Minneapolis : University of Minnesota Press.
______. 2009a. *Relationscapes : Movement, Art, Philosophy*. Cambridge, MA : MIT Press.
______. 2009b. "Propositions for the Verge : William Forsythe's Choreographic Objects." *Inflexions : A Journal for Research-Creation* no. 2. http://www.senselab.ca/inflexions/volume_3/issues.html.

______. 2009b. *Relationscapes: Movement, Art, Philosophy*. Cambridge: MIT Press.

______. 2010. "Always More Than One: The Collectivity of a Life." *Body&Society* 6, no. 1:117-127.

______. Forthcoming a. *Always More Than One: Individuation's Dance*. Durham: Duke University Press.

______. Forthcoming b. "Waltzing the Limit." In *Fascism in All Its Forms: Negotiating the Political Legacy of Gilles Deleuze and Félix Guattari*, edited by Bradley Evans and Julian Reid. London: Routledge.

Manning, Erin, and Brian Massumi. Forthcoming a. "Coming Alive in World of Texture." In *Thought in the Act: Passages in the Ecology of Experience*.

______. Forthcoming b. "Propositions for an Exploded Gallery." In *Thought in the Act: Passages in the Ecology of Experience*.

Manovich, Lev. 2005. "Understanding Meta-Media." *C-Theory.net*. October 26. http://www.ctheory.net/articles.aspx?id=493.

Marcel, Anthony. 1998. "Blindsight and Shape Perception: Deficit of Visual Consciousness or of Visual Function?" *Brain* 121, pt. 8:1565-1588.

Marks, Laura U. 2002. *Touch: Sensuous Theory and Multisensory Media*. Minneapolis: University of Minnesota Press.

Massumi, Brian. 2000. "Expressing Connection." In *Vectorial Elevation: Relational Architecture* No. 4, edited by Rafael Lozano-Hemmer, 183-208. Mexico City: National Council for Culture and the Arts.

______. 2002. *Parables for the Virtual: Movement, Affect, Sensation*. Durham: Duke University Press [브라이언 마수미, 『가상계: 운동, 정동, 감각의 아쌍블라주』, 조성훈 옮김, 갈무리, 2011].

______. 2003. "Luc Courchesne. Journal panoramique." *CVPhoto*, no. 60 (April): 26-28. http://cielvariable.ca/archives/en/component/customproperties/tag.html?tagId=256.

______. 2005. "Fear (the Spectrum Said)." *Positions: East Asia Culture Critique* 13, no. 1:31-48.

______. 2009. "National Enterprise Emergency: Steps toward an Ecology of Powers." *Theory, Culture & Society* 26, no. 6:153-185.

______. 2010a. "Perception Attack: Brief on War Time." *Theory and Event* 13, no. 3. http://muse.jhu.edu/journals/theory_and_event/v013/13.3.massumi.html.

______. 2010b. "The Future Birth of the Affective Fact." In *The Affect Theory Reader*, edited by Greg Seigworth and Melissa Greg, 52-70. Durham: Duke University Press [브라이언 마수미, 「정동적 사실의 미래적 탄생」, 그레고리 J. 시그워스·멜리사 그레그 엮음, 『정동 이론』, 갈무리, 2015, 96~125쪽].

______. Forthcoming. "Écrire comme un rat tord sa queue: animilité et abstraction." *Phi-*

losophie.
Michotte, Albert. 1963. *The Perception of Causality*. London : Methuen.
Migayrou, Frédéric. 2004. *Non-Standard Architectures*. Paris : Editions du Centre Pompidou.
Murphie, Andrew. 2004. "The World as Clock : The Network Society and Experimental Ecologies." *Topia : Canadian Journal of Cultural Studies* 11 (Spring) : 117-139.
Noë, Alva. 2004. *Action in Perception*. Cambridge : MIT Press.
Panofsky, Erwin. 1991. *Perspective as Symbolic Form*, translated by Christopher S. Wood. New York : Zone Books [에르빈 파노프스키, 『상징형식으로서의 원근법』, 심철민 옮김, 비, 2014].
Peirce, C. S. 1992a. *The Essential Peirce : Selected Philosophical Writings*. Vol. 1, edited by Nathan Houser and Christian Kloesel. Bloomington : University of Indiana Press.
______. 1992b. *Reasoning and the Logic of Things*. Cambridge : Harvard University Press.
______. 1997. *Pragmatism as a Principle and Method of Right Thinking : The 1903 Lectures on Pragmatism*. Albany : State University of New York Press.
Rancière, Jacques. 2006. *The Politics of Aesthetics : The Distribution of the Sensible*, translated by Gabriel Rockhill. London : Continuum [자크 랑시에르, 『감성의 분할 : 미학과 정치』, 오윤성 옮김, 도서출판b, 2008].
Ruyer, Raymond. 1952. *Néo-finalisme*. Paris : PUF.
Ryle, Gilbert. 1949. *The Concept of Mind*. New York : Barnes and Noble [길버트 라일, 『마음의 개념』, 이한우 옮김, 문예출판사, 1994].
Simondon, Gilbert. 1989. *Du mode d'existence des objets techniques*. Paris : Aubier [질베르 시몽동, 『기술적 대상들의 존재 양식에 대하여』, 김재희 옮김, 그린비, 2011].
______. 2005. *L'individuation à la lumière des notions de forme et d'information*. Grenoble : Million.
______. 2007. "Technical Individuation." In *Interact or Die!*, edited by Joke Brouwer and Arjen Mulder and translated by Karen Ocana with the assistance of Brian Massumi, 206-215. Rotterdam : V2/Nai.
Stengers, Isabelle. 1997. *Cosmopolitiques*, Vol. 7 : *Pour en finer avec la tolérance*. Paris : Les Empê cheurs de Penser en Rond.
Stern, Daniel. 1985. *The Interpersonal World of the Infant*. New York : Basic Books.
______. 2010. *Forms of Vitality : Exploring Dynamic Experience in Psychology, the Arts, Psychotherapy and Development*. Oxford : Oxford University Press.
Valéry, Paul. 2003a. "De la danse." *Dessin Danse Degas*, 27-37. Paris : Gallimard [폴 발레리, 「춤에 대하여」, 『드가·춤·데생』, 김현 옮김, 열화당, 2005, 22~31쪽].
______. 2003b. "Le dessin n'est pas la forme." *Dessin Danse Degas*, 205-207. Paris : Gal-

limard [폴 발레리, 「데생은 형태가 아니다」, 『드가 · 춤 · 데생』, 김현 옮김, 열화당, 2005, 123~125쪽].

______. 2003c. "Voir et tracer." *Dessin Danse Degas*, 77-82. Paris : Gallimard [폴 발레리, 「보고 그리기」, 『드가 · 춤 · 데생』, 김현 옮김, 열화당, 2005, 56~59쪽].

Wark, McKenzie. 2007. *Gamer Theory*. Cambridge : Harvard University Press.

Weschler, Lawrence. 1982. *Seeing Is Forgetting the Name of the Thing One Sees : A Life of Contemporary Artist Robert Irwin*. Berkeley : University of California Press.

Westphal, Jonathan. 1987. *Colour : Some Philosophical Problems from Wittgenstein*. Aristotelian Society Series. Vol. 7. Oxford : Basil Blackwell.

Whitehead, Alfred North. 1964. *The Concept of Nature*. Cambridge : Cambridge University Press.

______. 1967a. *Adventures of Ideas*. New York : Free Press [알프레드 노스 화이트헤드, 『관념의 모험』, 오영환 옮김, 한길사, 1996].

______. 1967b. *Science and the Modern World*. New York : Free Press [알프레드 노스 화이트헤드, 『과학과 근대세계』, 오영환 옮김, 서광사, 2008].

______. 1968. *Modes of Thought*. New York : Free Press [알프레드 노스 화이트헤드, 『사고의 양태』, 오영환 · 문창옥 옮김, 치우, 2012].

______. 1978. *Process and Reality*. New York : Free Press [알프레드 노스 화이트헤드, 『과정과 실재』, 오영환 옮김, 민음사, 2003].

______. 1985. *Symbolism : Its Meaning and Effect*. New York : Fordham University Press. [알프레드 노스 화이트헤드, 『상징활동 : 그 의미와 효과』, 문창옥 옮김, 동과서 2003].

이 책은 브라이언 마수미의 *Semblance and Event : activist philosophy and the occurrent arts* (Cambridge : 2011)를 번역한 것이다. 제목에서 드러나듯 이것은 철학과 예술론 사이의 학제學際 연구이다. 한편으로 저자는 활동주의 철학의 표제 아래 라이프니츠와 제임스, 시몽동 등의 사유를 저자 자신의 가장 큰 사상적 배경이라 할 들뢰즈·가타리 철학의 구도 안으로 소환하고 있으며, 여기에 화이트헤드의 과정 철학을 접목하고자 한다. 다른 한편 그는 벤야민의 가상 개념을 화두로 감각의 역동성, 형상形相의 역동성을 사유하는 활동주의 철학과 사건-가치를 중시하는 사건발생적 예술 개념을 평행하게 전개하면서, 과거와 현재 예술의 여러 가지 사례들을 자신의 미학적-정치적 지평 위에서 조망하고자 한다.

본문은 각기 다른 스타일로 쓰인 총 네 개의 장으로 이루어져 있으며, 특히 책의 후반을 차지하는 4장의 결론 부분은 상당히 변칙적이다. "단순한 가상이 되지 않는 이상, 또한 예술 작품이기를 멈추지 않는 한 어떤 예술 작품도 완전히 생생하게 나타날 수 없다." 저자는 '결론'이라는 소제목 아래 벤야민의 이 문장을 인용한 후, 여기에 대해 일절 주석하지 않은 채 책을 마무리한다. 독자로서는 마지막 문장에 도달한 시점에서 이 문장의 의미를 전체 논의 속에 다시 한번 반추해 보지 않을 수 없게 된다. 위의 문장은 다음과 같이 바꿔 써도 될 것이다. "예술 작품이 완전히 생생하게 나타나려면 그것은 단순한 가상이 되어야 하고, 예술 작품이기를 멈추어야 한다." 여기서 단순한 가상이 아닌 것으로 쓰인 주절의 '예술 작품'은 이 책에서 역시 벤야민을 인용해 거론하고 있는 '아름다운 가상'과 같은 의미를 가진다. 벤야민은 이 표현을 쓸 때 니체의 『비극의 탄생』을 염두에 두고 있었다. 그것은 '아폴론적인 것', 즉 로고스에 의해 규정된 예술을 가리킨다.

예술의 역사는 들뢰즈의 용어로 말하자면 예술을 영토화한 외적 규정으로부터의 탈영토화와 재영토화의 교차반복으로 이루어져 왔다. 이때의 외적 규정이란 다양한 수준에서 작동할 수 있다. 그것은 이를테면 지배적인 종교의 서사나 이데올로기일 수도 있겠고, 분과 예술의 단위에서 이루어진 장르의 양식적 순수성 논의일 수도 있다. 이 책의 예술론에는 이 두 가지 측면이 혼재되어 있지만, 그것은 전통적인 예술사적 관점과는 다른 프레임을 통해 제시된다.

저자는 활동주의 철학을 비대상 철학nonobject philosophy이라고도 표현하는데, 그렇다면 사건발생적 예술을 비대상 예술이라 부를 수도 있을 것이다. 여기서 중심에 놓이는 것은 감상의 대상으로서의 작품보다는 작품을 통해 일어나는 '잠재적 실재성의 경험', 즉 '가상'이다. 예술에서 주체-대상의 비대칭적 관계를 탈피하고자 하는 시도들이 마지막에 가서 부딪히게 되는 난제는 예술가와 감상자가 언제나 작품을 매개로 조우하게 되는 구조와 관련 있다. 예술가는 작품의 개방성, 즉 감상자와의 상호작용의 여지를 높이는 방식으로

이 문제를 해결하고자 하지만, 어떤 경우든 연출된 상황의 외부에 예술가 자신이 초월적으로 존재한다는 구도를 벗어나기 어렵다.

마수미가 '인터랙티브 아트'의 상호작용성[쌍방향성] 개념을 비판하는 논지는 여기에 근거한다. (사실 인터랙티브 아트가 표방하는 상호작용성이라든가 소통의 효용에 대한 회의적 시선은 이 장르의 탄생 이래로 상존해 왔다.) 그는 상호작용성이 기능적 거시-연속성을 수반한다는 점을 지적하며, 이것을 서사가 언어적 메타-연속성을 산출하는 현상에 비견한다. 그리고 화이트헤드의 '동시적 계기들의 상호 독립' 개념을 도입해 이러한 연속성, 즉 연접적 관계의 허구성을 설명한다. 이것은 연접적 관계가 산출하는 '내용'의 문제로 확장되고, 여기에 푸코식의 권력론이 덧붙여지면 상호작용성은 권력의 관점에서 중립적이지 않다는 비판을 피하기 어렵게 된다. 그렇다면 이야기는 다시 예술의 '자율성'으로 되돌아간다.

저자는 미학적 정치학이 "고유한 모멘텀을 가지며, 외부의 합목적성에 기대지 않는" 것일 때 자율적일 수 있다고 말한다. "예술은 수단이 아니라 목적"이라는 고티에의 유명한 주장을 떠올리지 않을 수 없는 대목이다. 실제로 이 책의 예술론은 종종 19세기 전반의 예술을 위한 예술 논의의 연장선상에 놓이는 것처럼 보인다. 그러한 인상은 저자가 '예술을 위한 예술'뿐 아니라 '예술의 정화'와 같은 표현을 냉소적인 의미 없이 쓰고 있다는 데서 강화된다. 또한, 그렇기 때문에 2장에 인터뷰어로 등장하는 아리엔 뮬더는 그의 견해가 또 다른 '낭만주의'가 아니냐고 지적하는 것이다.

두 세기 전의 예술을 위한 예술 논의가 예술의 자족성을 주장했다면, 마수미는 예술이라는 '미학적-정치적' 행위가 최고의 생생함, 즉 역동성을 얻기 위해서는 예술이 하나의 '물방울'(즉 '작은 절대자', 또는 관계적 세계)로서 다른 물방울들과 함께 도래해야 한다고 말한다. 이 책의 맥락에서 예술이 "더 이상 예술이기를 멈춘"다는 것은 예술의 해체나 자기부정을 의미하는 것이 아니라, 예술이 그것을 향유하는 이들과의 만남에서 주관적 자기창조라는 사건을 발생시키는 가상에 접근해 간다는 의미일 것이다.

책의 후반에서 마수미는 외적 목적성으로부터 자유로운 예술의 실천 방식을 두 가지로 정리한다. 하나는 그가 구스타프 말러의 작법으로 규정한 '따로-구성하기'이고, 다른 하나는 로버트 어윈의 후기 작업을 대표적인 사례로 든 '함께-구성하기'이다. 여기서 '따로-구성하기'라는 개념의 배경에는 앞서 거론한 낭만주의 예술론이 어른거린다. 옮긴이주에서도 간단히 언급했지만, 이 '따로-구성하기' 개념을 구성하기 위해 저자는 말러 음악의 '절대주의적' 속성을 의도적으로 강조하고 있다. 그러나 그것은 예술의 자족성을 추구한 끝에 예술 자체의 소외로 이어지거나 존재 의미 자체가 사라지는 과정은 아니다. 예술의 순수성은 초월적 서사에 대한 것이되 삶을 향하여 견지해야 할 태도는 아니기 때문이다. 따라서 '함께-구성하기'는 상호 독립적인 동시적 계기들을 '비관계의-관계' 속에 공명하게 만드는 '체험된 추상의 테크놀로지'를 추구한다. 짐작건대 저자는 19세기의 말러의 음악에서 20세기의 어윈의 작업으로 이어지는 '사건발생적 예술'의 커다란 나선형을 그리고 있는 듯하다.

당연한 이야기가 되겠지만, 학제 연구의 매력과 위험성은 비례 관계에 있다. 그 연구가 걸치고 있는 분야가 많을수록 해당 분과 학문의 기준을 이탈하는 오류가 발생할 가능성이 커질 수밖에 없기 때문이다. 저자의 글쓰기 스타일이나 작업 방식으로 보아 이 논의는 다양한 방식으로 확대되고 보완되어 갈 것이다. 이 책이 그리고 있는 대담한 그림은 흥미롭기도 하고 논쟁을 자극하는 세부들을 많이 갖고 있다. 오류가 없는 책이라는 것은 아마 없겠지만, 아무런 쟁점도 만들어 내지 못하는 사례는 얼마든지 있다. 이 책이 담고 있는 숱한 논의의 교차점들에서 수없이 머뭇거리는 과정이 의미 있는 논의들로 싹틀 수 있기를 바란다. 끝으로 남는 것은 번역자의 과문이나 실수 때문에 원전의 난해함이 더 커진 것은 아닐까 하는 우려이다.

2016년 7월

정유경

:: 인명 찾아보기

:: 용어 찾아보기

ㄱ

ㅅ

ㅇ

ㅈ

ㅊ

ㅋ

ㅌ

ㅍ

ㅎ

기타